权威·前沿·原创

皮书系列为
"十二五"国家重点图书出版规划项目

四川城镇化发展报告
（2015）

ANNUAL REPORT ON URBANIZATION
DEVELOPMENT OF SICHUAN (2015)

主　编／侯水平　范秋美
副主编／郭晓鸣　陈　智　张鸣鸣

社会科学文献出版社
SOCIAL SCIENCES ACADEMIC PRESS (CHINA)

图书在版编目(CIP)数据

四川城镇化发展报告.2015/侯水平,范秋美主编.—北京:社会科学文献出版社,2015.4
(四川蓝皮书)
ISBN 978-7-5097-7247-8

Ⅰ.①四… Ⅱ.①侯… ②范… Ⅲ.①城市化-研究报告-四川省-2015 Ⅳ.①F299.277.1

中国版本图书馆CIP数据核字(2015)第052948号

四川蓝皮书
四川城镇化发展报告(2015)

主　　编／侯水平　范秋美
副 主 编／郭晓鸣　陈　智　张鸣鸣

出 版 人／谢寿光
项目统筹／高振华
责任编辑／郑庆寰　王　颉

出　　版／社会科学文献出版社·皮书出版分社（010）59367127
　　　　　地址：北京市北三环中路甲29号院华龙大厦　邮编：100029
　　　　　网址：www.ssap.com.cn
发　　行／市场营销中心（010）59367081　59367090
　　　　　读者服务中心（010）59367028
印　　装／北京季蜂印刷有限公司
规　　格／开本：787mm×1092mm　1/16
　　　　　印张：20.5　字数：331千字
版　　次／2015年4月第1版　2015年4月第1次印刷
书　　号／ISBN 978-7-5097-7247-8
定　　价／79.00元

皮书序列号／B-2015-427

本书如有破损、缺页、装订错误,请与本社读者服务中心联系更换

▲ 版权所有 翻印必究

《四川城镇化发展报告（2015）》
编委会

主　　编　侯水平　范秋美

副主编　郭晓鸣　陈　智　张鸣鸣

撰稿人（以文序排列）

吴振明　卢庆芳　陈红霞　陈　智　魏　翰
刘志东　康　兰　杨　璠　曾旭晖　游翠萍
施　霞　何胜莉　鲁　译　辜仲江　盛　毅
池瑞瑞　何建兴　高　杰　王　瑗　戴旭宏
王　娟　桑晚晴　张鸣鸣　邹执寰

主编简介

侯水平 现任四川省社会科学院院长，研究员，中共四川省委、四川省人民政府决策咨询委员会副主任，四川省政协社会法制委员会副主任，四川省法学会副会长。省学术技术带头人、享受国务院特殊津贴专家。

主要从事经济法、民商法等研究，著（译）有：《物权法教程》《物权法争点详析》《证券法律责任》《证券交易法概论》《日本公司法研究》《汶川大地震灾后恢复重建相关重大问题研究》等。

范秋美 四川省统计局党组书记、局长，中国注册会计师、税务师，四川大学、西南财经大学、成都信息工程学院客座教授。长期从事经济管理、财政税收等工作，曾在国家税务总局、省财政厅、省地税局、遂宁市委市政府、南充市蓬安县政府、成都市地税局等多层级多部门担任领导职务。

获省部级表彰的重要研究成果有：《四川全面建成小康社会系列研究报告》《税收会计五十年回眸》《市场经济体制下的税收管理》《借鉴国际经验发展落后地区》《从地方税收看成都与重庆的经济发展》《四川省财政体制改革跟踪研究》《打造成渝后花园，建设川中旅游胜地》等。

摘 要

作为当前和今后一段时期的重大战略之一，党的十八届三中全会明确提出坚持走中国特色新型城镇化道路，就四川而言，新型城镇化肩负着我国东中西部地区协调发展、区域均衡的重要任务，是承接产业转移、优化我国人口空间布局的重要支撑，具有尤其特殊的价值。

四川省城镇化率从2006年的34.3%提升至2013年的44.9%，年均提高1.5个百分点，但从总体来说四川省城镇化进程滞后于全国的状况未得到根本扭转。2006年城镇化率四川省与全国的差距为10.04个百分点，到2013年仍然存在8.83个百分点的差距。四川城镇化进程滞后于全国和东中部地区，与西部部分省市也有一定差距，但"十二五"时期呈现加速发展态势，与全国的差距在缩小。在六大城镇化发展指标中，人口指标对城镇化的贡献率在降低，近十年来经济保持高速增长成为四川省城镇化进程加速的决定性因素。预计2015年城镇化率将达到47%左右。

从内部看，区域发展不平衡的矛盾突出，成都市一支独大，城镇化率达到68.4%，最低的甘孜藏族自治州城镇化率仅为24.4%，二者相差44个百分点。民族地区、革命老区和贫困山区城镇化率仅为30%左右，发展较慢和环境脆弱等问题突出。

农民工转移市民化是四川省推进新型城镇化发展过程中存在的特殊问题。农业转移人口市民化压力加大，2013年四川省外出农民工规模持续扩大，达到2455万人，其中省内转移占五成以上。当前四川省农民工发展呈现省内务工和举家外出规模持续扩大、城市务工稳定性强、劳务收入稳定增长但保障水平偏低、新生代农民工成为中坚力量等特征，以改善农民工住房条件为主要目的的"农民工住房保障行动"取得了较好的社会效益和经济效益。

就城镇发展质量而言，作为长江经济带新型城镇化建设的重要领域和

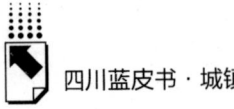

薄弱环节，四川省致力于推动城市群发展、统筹城乡制度建设以及深化重点镇管理体制改革，同时强调民族地区的城镇化发展。但近十年来，四川的土地城镇化年均增长速度快于人口城镇化增长速度，持续推进土地制度等相关改革，是扩大城镇人口规模的同时提高土地利用效率的关键所在。

四川城镇化发展进入新阶段

本书编委会

作为"理性人"的农业劳动力转化为非农就业者、发展决策者将农村地域转化为非农业地域,其根源都在于,相对于传统农业部门,非农部门的要素效率更高。对于四川这样一个发展中的地区来说,城镇化不是简单的人口集聚,而是一个通过合理配置资源,使劳动生产率、土地利用效率持续提升的过程。

1980年6月,四川人"敢为天下先",摘掉了人民公社的牌子。30多年来,四川与全国一道取得了举世瞩目的发展成就,2013年末四川人均地区生产总值达到32454元,其中非农产业增加值占87.0%,城镇常住人口占比达到44.9%,城市建成区面积达到2058平方公里,城镇居民人均可支配收入和农民人均纯收入分别达到22367.6元和7895.3元。伴随着工业化进程提速和全球化加速融合,四川不再是一个单纯地向发达地区输送生产要素和资源的西南腹地省份,而是加速融入全国乃至世界经济社会发展的大格局中。与此同时,我国进入经济发展新常态,呈现显著的阶段性特征,具有九个方面的趋势性变化。[①] 在这样一个翻天覆地的变化中,四川城镇化发展进入了一个新阶段,既有几十年量变积累产生的质变,也有外部形势变化对四川省产生的多重影响,客观描述发展形势,准确研判未来走势,提出更有针对性和前瞻性的宏观发展政策是我们的重要任务。

[①] 2014年12月9~11日在北京召开的中央经济工作会议指出,经济发展新常态具有九个方面的趋势性变化:消费需求从模仿型排浪式向个性化、多样化转变;基础设施互联互通和一些新技术、新产品、新业态、新商业模式的投资机会大量涌现;出口的低成本优势发生转化同时高水平引进、大规模走出去同步发生;新兴产业、服务业、小微企业作用更加凸显,生产小型化、智能化、专业化将成为产业组织新特征;创新成为驱动发展新引擎;市场竞争逐步转向质量型、差异化为主的竞争;环境城镇能力已经达到或接近上限;隐性风险逐步显性化,化解以高杠杆和泡沫化为主要特征的各类风险将持续一段时间;资源配置模式和宏观调控方式上要加大发挥市场机制作用。

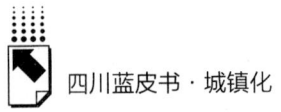

省内就业农民工规模超过省外

改革开放以来,四川省紧紧抓住劳动力比较优势,向全国特别是东部沿海地区组织输出了大量劳动力,在为全国经济增长做出巨大贡献的同时,也提升了本地劳动力非农就业能力,同时为人口的非农转移提供了充实的资本、能力的积累以及心理准备。"十二五"期间,省内务工的农民工规模快速扩大,2012年省内务工农民工数量为1292万人,这是1992年以来首次超过赴省外务工人员的数量,2013年延续了这一现象。

新生代农民工已经登上历史舞台,成为经济建设和社会发展中的主力军,与老一代农民工不同,新生代农民工具有典型的非农就业特征,受教育程度和劳动技能水平普遍较高,对城市的认同度高,融入城市意愿强烈。经过数年的调整和完善,四川省城乡统一的劳动力就业市场基本建成,新生代农民工普遍能够较好较快地适应就业市场,但完全融入城市生活还有一定差距。这部分群体的规模庞大且在"十三五"期间有进一步扩大的态势,如何使其尽快适应城市生活并居住稳定,以积极的心理参与城市建设,成为城市可持续发展关键的社会力量,是一个紧迫的、重大的、系统性的课题。

"中等收入"发展阶段人口规模化集聚和由城到乡的流动同时发生

"十二五"期间,四川省人均地区生产总值超过4000美元,进入国际公认的"中等收入"发展阶段,总体上从满足基本需求提高到满足更高层次需求,由此带来城镇化发展的三个重要变化。一是城镇发展由规模型向规模与质量并重型转变,主要表现在对城市基础设施、公共服务、社会管理、公共空间、环境质量、人文建设等方面的需求呈现爆发式的增长;二是更加注重提高要素利用效率,单一城市建设向城市群之间协同发展转变,要素向城市单向流动转为城乡之间互联互通;三是社会结构多元化和产业分工精细化引致居民需求异质化和选择主动化,进而影响经济集聚方式、规模和速度。

2013年底,四川省常住人口为8107万人,城镇化率为44.9%,与全国平均水平还有较大差距，与四川省提出的全面建成小康社会的目标也有不小距离，若要达到目标则意味着城镇人口将保持较大规模机械增长。与此同时，四川省城镇化发展出现重要变化，加上不断深化的农村各个领域的改革，"十二五"期间城镇人口向乡村流动的规模和速度都有所提高。除在特大中心城市成都出现了部分城市先富居民在周边乡村购置物业的现象外，更加值得关注的是，四川省平原、丘陵地区的农业大户中出现了一批城镇经营者。问卷调查发现，约有1/4的家庭农场主来自于城镇，大学生、城镇投资者与返乡农民工和本地大户将成为未来农业生产的主力军。

总体上看，四川省已经进入"中等收入"发展阶段，兴奋之余也面临"中等收入陷阱"的挑战。2013年四川省全面启动实施多点多极支撑发展战略、大力实施创新驱动发展战略、推进现代农业和促进服务业发展等一系列重大举措，并已初见成效。但必须清醒地认识到，建立在经济集聚基础上的人口集聚的城镇化路径才具有持续健康发展的可能性，当前人口多、底子薄、发展不完善、发展水平不高依然是基本省情，同时经济下行压力与长期结构性矛盾累积相叠加，加上经济增长的空间布局极不平衡，使得如何消化规模化人口集聚不是单纯的公共财政支出问题，更不是简单的城市建设问题，实质上是如何提高要素利用效率、充分发挥比较优势的重大问题。当前出现的城镇人口"进村务农"恰恰体现了城镇化的本质要求，通过先进生产力"下乡"形成新的要素组合，缩小城市和农村两大经济体之间的劳动生产效率差距，为城镇发展转型提供物质保证。

大抱团、小搞活，任重而道远

破解规模化人口集聚问题，着眼于发挥比较优势，提高劳动生产率，为未来人口集聚培育不竭动力的城镇化发展战略，是一条"以不变应万变"之路。就四川实际出发，城镇发展的着力点应在于"大城市抱团、小城镇搞活"。"胡焕庸线"从四川穿境而过，近十年来线两边的城镇化规模和速度对比更加显著。从规模上看，2013年末"胡焕庸线"东西两侧城镇常住人口分别为3624万人和61万人，城镇化率分别为45.9%和29.7%，东侧以0.4%（2058平方公里）的建成区面积承载了全省约45%的人口。从发展速度看，2005年东西两侧城镇常住人口分别为2821万人和40万人，城镇化率分别为33.3%和22.6%，九年间年均增加的城镇人口数分别约为89万人和2万人，城镇化率年均增长1.4个百分点和0.79个百分点。2013年12月四川省省委经济工作暨城镇化工作会议提出新型城镇化发展路径，其中引人关注的问题之一是对城镇空间布局和体系建设的宏观部署。以"胡焕庸线"为基准，着重发展东侧的"四大城市群"，让大城市"抱团"以产生经济、信息、要素的多重集聚效应，选择基础条件好、发展潜力大、区位优势明显的小城镇开展"百镇建设试点行动"，以发展县域经济、就地就近吸纳农业转移人口。

"大抱团、小搞活"从关注城市自身建设转向关注城市体系和城乡协调发展，核心在于改变过去以土地、人口等要素为重点的城市管理方式，转为更加关注有利于提升效益、降低成本、激发活力的系统性城市管理安排。其主要任务就是要有效推动大城市之间"抱团"和重点小城镇"转型"。

第一，从大城市发展表现来看，除成都外，四川省大城市功能雷同、结构单一，普遍对次中心城市、县城、集镇和周边农村的带动力不强，城市之间更多的是基于要素需要的竞争关系而非比较优势下的协作关系。其中固然有城市间交通网络不完善的影响，更深层次的原因在于城市的发展思维。在资源要素趋紧和市场需求质量化的发展阶段，在"大而全、全而大"的理念指导下城市"单枪匹马打天下"的成功概率越来越低，这已经成为普遍共识，由此产生了城市群的建设思路，这是传统的"一根筷子不如一捆筷子"的思路。问题是，城市"抱团"本身不是目的，其核心在于通过创新要素组合提升配置效率，提高劳动生产率，城市"抱团"不是冰天雪地的"取暖"，而是为全局的、长远发展的"桃园结义"。四川省大城市的资源要素禀赋存在较大差异，发展阶段和目标不同，"一捆筷子"若要结实、若要长久，必然是要素禀赋基础上理性决策的结果。鉴于此，我们必须摒弃单纯以地缘捆绑来实现群聚的传统做法，而应通过强化顶层设计和加强信息交流，充分发挥市场的作用，实现城市整体效率的提升。

第二，从重点小城镇发展表现看，客观地说，大多数的重点小城镇已经在现有制度框架下发挥了最大的能动性。2013年起，四川省开展"百镇建设试点行动"，截至2015年1月，全部300个重点镇均已确定，并在规划、资金、土地指标等方面给予一定扶持。四川省现有1800余个镇，无论从城镇个数、占有的资源数还是承载的人口规模,在全国都处于前列,从"三个一亿人"的国家目标和四川省发展现实来看,镇被寄予了"城市"的期望。因此,搞活重点小城镇不是"强镇扩权",也不是"扩权强镇",而是将重点镇转型为小城市,使之真真正正具有城市功能。其关键在于,有条件的镇从根本上改变镇管村的传统体制,形成有利于密集人口和公共空间管理的体制机制,在投融资、公共服务、管理和执法等方面深化改革创新。

统筹城乡试验成果有待全面开花

改革开放以来的城镇化发展事实上是一种要素主义城镇化,确切地说是城市保护倾向的城镇化,农村为城市发展提供了大量的低成本生产要素,且一度认为这种供给是源源不绝的,这成为改革开放前三十年城镇规模快速扩张和城市建设高速发展的重要原因。城市和乡村两个经济体之间的不对等交换在蛋糕迅速做大的同时也产生了大量的水分,经济效益偏低、发展动力趋弱、社会矛盾凸显等使城镇发展的风险与日俱增。在这一背景下,成都市于2003年开始统筹城乡改革探索,2007年正式获批国家统筹城乡改革试验区,将城乡协调发展的相关配套改革向纵深推进。尽管改革并不完美,但成都以快速发展的十年对统筹城乡做了最好的注释。2013年末,成都总人口为1187.99万,其中市区人口为564.94万,分别比2003年增加143.68万人和112.37万人;人均地区生产总值为7.67万元,是2003年的4倍,三次产业增加值结构从2003年的8.2∶45.9∶45.9优化为3.9∶45.9∶50.2;地方财政收入达到2809.82亿元,是2003年的13倍;城市居民人均可支配收入和农村居民人均纯收入分别为29968元和12985元,是2003年的3倍和3.6倍,城乡居民收入比从2003年的2.64∶1优化为2013年的2.31∶1。近几年,成都市连续入选"中国最具投资吸引力城市",被《福布斯》杂志评为未来10年全球发展最快城市第一名,被《财富》杂志列入15个全球最佳新兴商务城市;成都的国际影响力越来越大,2014年先后举办财富全球论坛、世界华商大会、西博会等都充分体现了成都对全球的吸引力,落户成都的世界500强企业数已超过了一半,在中西部地区居第一位;市民的城市认同感持续提升,2014年荣获全国"最具幸福感城市"和"最具文化软实力城市"两项大奖。

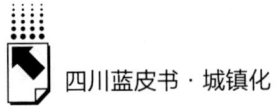

2007年3月开始的全球金融危机至今已逾7年，目前无全面复苏的迹象，我国也结束了长达数年的经济高速增长进入"新常态"，但成都在此期间依旧保持了发展活力，而且展现了更大的发展潜力和机会。其根源在于城市发展过程中紧紧抓住劳动生产率这一核心，通过盘活要素而非经济体之间的恶性竞争，使资源禀赋始终是区域发展比较优势的决定因素，同时通过改革红利发挥竞争优势。

尽管改革之路还很漫长，也存在一些不确定性，但是在一定的发展阶段，成都已经摸着石头蹚过了河。当前，四川省城镇化发展面临诸多矛盾，新旧矛盾叠加还有进一步激化的风险，让统筹城乡的种子全面开花是四川省城镇化发展在新常态、新要求中胜出的重要考量。

天府新区上升为国家战略

2014年10月14日《国务院关于同意设立四川天府新区的批复》发布，天府新区正式获批成为国家级新区。天府新区是由多个单一功能区组合在一起的复合功能区，涉及经济、社会、文化、生态等多重功能以及成都、眉山、资阳等多个行政区。作为国家战略的重要载体，在已经确定了重庆两江新区、贵州贵安新区的情况下，天府新区获批更加清楚地表明了国家调整区域经济发展格局的积极态度，表明了国家将新型城镇化的重心落于中西部地区的决心，做好天府新区这篇大文章，不仅是四川省持续发展的动力，更是关系全局的大战略。

我们期待未来几年天府新区作为新兴增长极，在经济的空间集聚、城市新区和产业园区协同、产业结构和产业体系优化、区域资源配置、高端产业创新等方面实现快速发展；更期待着天府新区能在管理机构设置、职权分配、机构协调度等管理体制方面有创新和突破，更快地调整好自身结构以适应发展新格局。

目 录

B Ⅰ 总报告

B.1 四川省城镇化发展测度和前景展望
　　…………"四川省城镇化发展测度和前景展望"课题组 / 001

B Ⅱ 农业转移人口市民化篇

B.2 四川省农民工总体状况 ………………………… 四川省统计局 / 045

B.3 四川省农民工住房保障调查
　　………………………"四川省农民工住房保障调查"课题组 / 069

B.4 文化资本视角下四川省农民工城市融入状况
　　………………………………… 游翠萍　施　霞　何胜莉 / 118

B Ⅲ 城镇发展质量篇

B.5 四川省四大城市群经济实力报告 ……………… 四川省统计局 / 132

B.6 四川省两化互动、统筹城乡发展状况 ………………… 鲁　译 / 154

B.7 四川省"百镇建设试点行动"调研报告
　　………………………………… 辜仲江　盛　毅　池瑞瑞 / 168

001

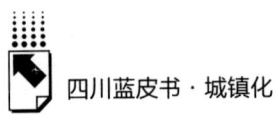

B.8 四川省民族地区城镇化概况 …………………………… 何建兴 / 187

B.9 四川省土地城镇化与人口城镇化协调发展报告 ………… 高　杰 / 201

BⅣ 案例篇

B.10 成都市新型城镇化过程中涉农社区公共服务和社会管理状况
………… "成都市村级公共服务和社会管理改革评估"课题组 / 220

B.11 四川省城郊宜居型旅游小城镇建设 …………………… 王　瑗 / 243

B.12 四川省新型城镇化进程中农业转移人口市民化公共成本研究
——以南充市顺庆区为例 ………… 戴旭宏　王　娟　桑晚晴 / 256

B.13 自流井区舒坪镇农民集中居住区就业福利状况研究 …… 张鸣鸣 / 266

BⅤ 附　录

B.14 四川省城镇化发展大事记 ……………………………………… / 285

Abstract ……………………………………………………………………… / 301

Contents …………………………………………………………………… / 303

总报告
General Report

B.1

四川省城镇化发展测度和前景展望

"四川省城镇化发展测度和前景展望"课题组*

> **摘　要：** "十一五"以来，四川省城镇化发展成就显著，城镇化率从34.3%提升至44.9%，城镇人口达到3640万人。从人口规模、产业支撑、基础设施、公共服务、资源环境和协调发展六个方面，选取了35项具体指标构建四川省城镇化发展水平的综合评价体系，并对四川省2004~2013年的城镇化发展水平及2013年各市（州）的城镇发展水平进行综合评价分析。结果表明，四川省综合城镇化水平持续走高，经济增长成为主要特征。但同时全省各市（州）城镇化进程发展总体上还相对滞后，这其中既有基础性的原因如工业化水平低下、城市基础设施薄弱，也有产业结构模式、人口基数、消费习俗差异的因素。未来四川

---

* 课题总负责人：侯水平、范秋美；执笔人：吴振明、卢庆芳、陈红霞、张鸣鸣；课题组成员：郭晓鸣、陈智、魏翰、周江、卢阳春、刘志东、康兰、杨璠、曾旭晖、何建兴、游翠萍、池瑞瑞、高杰、周俊、王瑗、邹执寰等。

城镇化发展有利条件与困难并存，预测未来四川省城镇化的发展速度与质量以及城市可持续发展水平都将会有提升，但资源环境压力依然巨大，各区域城镇化水平仍将不平衡。

关键词： 发展状况　水平测度　前景展望　四川

一　四川省城镇化发展现状特征

（一）四川省城镇化发展成就

1. 城镇化率快速提升，城镇人口加速集聚

2006~2013年，四川省城镇化率从34.30%提升至44.90%，年均提高1.51个百分点，而同期全国城镇化率年均提高1.34个百分点。四川省农村人口向城镇流动呈现加速态势，2013年全省城镇人口达到3640.04万人，比2006年增加838.08万人（见图1）。

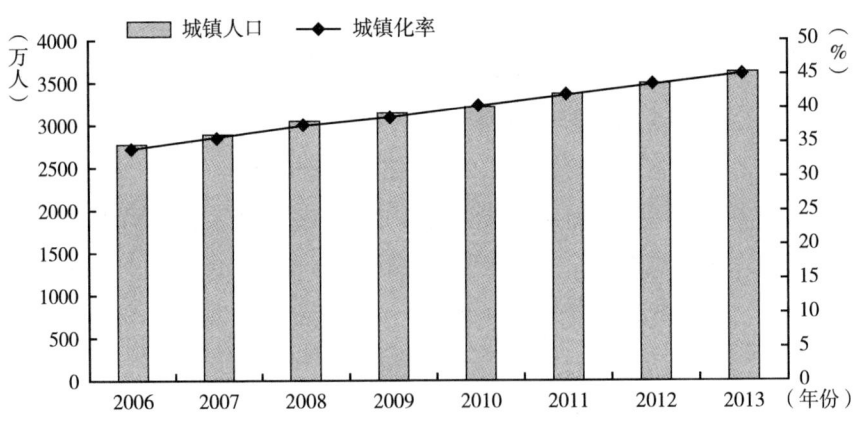

图1　2006~2013年四川省城镇人口与城镇化率

2. 城镇规模显著扩大，城市群日益成为人口和经济的主要载体

从城镇规模等级来看，2006年全省市辖区人口最多的成都市，人口达到

497.15万人;除成都市外,市辖区人口为100万~200万人口的城市有10个,占地级以上城市总量的56%;市辖区人口为50万~100万人口的城市有5个;市辖区人口50万以下的城市有2个。

到2012年,全省城镇规模显著扩大,城镇规模等级进一步优化。成都市市辖区人口增加至554.2万人,年均增速为1.83%;除成都市外,市辖区人口为100万~200万人口的城市增加到了11个;市辖区人口50万~100万人口的城市仍然为5个;市辖区人口50万以下的城市减少为1个(见表1)。

表1 四川省地级以上城市2006年和2012年市辖区人口数量

单位:万人,%

城市	2006	2012	年均增长率
成都市	497.15	554.20	1.83
自贡市	147.74	150.50	0.31
攀枝花市	68.28	68.90	0.15
泸州市	142.27	148.70	0.74
德阳市	64.21	68.30	1.03
绵阳市	116.30	124.10	1.09
广元市	91.20	93.60	0.43
遂宁市	146.41	150.00	0.40
内江市	139.59	142.20	0.31
乐山市	114.61	115.80	0.17
南充市	190.05	195.60	0.48
眉山市	83.13	86.50	0.66
宜宾市	78.54	125.20	8.08
广安市	124.06	125.80	0.23
达州市	39.92	43.80	1.56
雅安市	34.83	62.50	10.24
巴中市	131.41	138.60	0.89
资阳市	106.28	109.90	0.56

目前,四川省初步形成了成都平原城市群、川南城市群、攀西城市群和川东北城市群等四大城市群①。2012年,四大城市群以占全省52%的面积集聚了97%的人口,创造了98%的国内生产总值;其中,成都平原城市群更是以占全省16.69%的面积承载了全省41.71%的人口和实现了全省58.48%的国内生产总值,城市群日益成为四川人口和经济的主要载体(见表2)。

表2 2012年四川省四大城市群基本情况

城市群	面积（平方公里）	占全省比重（%）	常住人口（万人）	占全省比重（%）	国内生产总值（亿元）	占全省比重（%）
成都平原城市群	81146	16.69	3369	41.71	13961	58.48
川南城市群	35268	7.26	1514	18.75	4136	15.23
攀西城市群	67696	13.93	579	7.17	1863	7.60
川东北城市群	69327	14.26	2412	29.86	4610	17.19
合计	253437	52.14	7874	97.49	24570	98.50

3. 城镇产业加快转型升级,为城镇化发展提供了有力支撑

随着四川省城镇规模的扩大,各城市的产业分工更加明确,依托交通干线和江河流域,形成了成德绵广(元)、成眉乐宜泸、成资内自、成遂南广(安)达、成雅西攀等5条产业发展带,同时也带动形成了全省的城镇发展轴线,奠定了以"一核、四群、五带"为骨架的城镇化发展格局。

"十一五"以来,四川省根据城市资源环境承载力、要素禀赋和比较优势,培育形成了各具特色的城市产业体系,为全省的新型城镇化发展提供了有力支撑。目前,四川省以城镇为主要载体形成了电子信息、油气化工、钒钛钢铁及稀土、能源电力、汽车制造、装备制造、饮料食品等七大优势产业;为充分发挥城市创新载体作用,全省加快了以六大战略性新兴产业为重点的战略性新兴产业集聚区和示范基地建设;以特大城市、大城市中心城区

---

① 按照《四川省"十二五"城镇化发展规划》,成都平原城市群包括成都市、德阳市、绵阳市、眉山市、资阳市以及乐山市的主城区和夹江县、峨眉山市、雅安市的主城区和名山县等;川南城市群包括自贡市、泸州市、内江市、宜宾市,以及乐山市的除主城区和夹江县、峨眉山市外的其余城镇;攀西城市群包括攀枝花市、凉山州以及雅安市除主城区和名山县外的其余城镇;川东北城市群包括广元市、遂宁市、南充市、广安市、达州市、巴中市。

为主要载体，正在形成以物联网、云计算、云制造、文化创意、服务外包、电子商务等新兴服务业态加快发展的新格局。四川省城镇产业的转型升级，为新型城镇化发展奠定了坚实的基础，增强了全省经济活力，扩大了城镇就业容量，促进了城乡居民生活水平全面提高，为城镇化发展提供了有力支撑。

4. 城镇基础设施全面提升，城镇综合承载力持续增强

2006年以来，四川省城镇基础设施进一步完善，城镇综合承载力明显增强。2013年，全省城镇用水普及率达到91.76%，比2006年提高8.30个百分点；城镇供水综合生产能力达到871.35万立方米/日，比2006年增加99.05万立方米/日；城镇用水人口达到1711.78万人，比2006年增加502.94万人。燃气普及率达到89.68%，比2006年提高15.53个百分点；天然气供气管道达到28367.90公里、天然气用气人口达到1492.14万人，分别比2006年增加13280.90公里和588.23万人。城市道路长度达到11866.30公里，人均城市道路面积达到13.24平方米，分别比2006年增加4024.30公里和3.47平方米（见表3）。

表3 四川省2006年和2013年城镇基础设施情况对比

年份	用水普及率(%)	燃气普及率(%)	人均城市道路面积（平方米）	道路长度(公里)
2006	83.46	74.15	9.77	7842
2013	91.76	89.68	13.24	11866.30

5. 生态文明建设深入推进，城市环境质量逐步提高

随着生态文明理念逐渐融入四川省城镇化的发展进程，绿色、循环、低碳发展得到有力推动，环境保护得到强化，城市环境质量逐步提高。2013年，四川省城镇人均公园绿地面积达到11.21平方米，比2006年增加3.22平方米；建成区绿化覆盖率达到38.41%，比2006年提高4.87个百分点。城镇污水处理率和生活垃圾处理率分别达到83.23%和96.24%，比2006年分别提高了33.85个百分点和24.80个百分点。资源节约进一步加强，2013年全省单位GDP能耗下降至1.133吨标准煤/万元，约为2006年的73.14%；城镇人均日生活用水量下降至193.47升，比2006年减少12.09升（见表4）。

表4　四川省2006年和2013年城镇环境质量相关指标

年份	人均公园绿地面积(平方米)	建成区绿化覆盖率(%)	污水处理率(%)	生活垃圾处理率(%)	人均日生活用水量(升)
2006	7.99	33.54	49.38	71.44	205.56
2013	11.21	38.41	83.23	96.24	193.47

6. 城镇公共服务水平明显提高，城镇居民生活水平全面提升

近年来，四川省城镇公共服务水平明显提高。2006年，全省地级以上城市普通高等学校为69所，普通中学为1276所，小学为2811所；剧场影院数为65个；病床数约为9.41万张。2012年，全省地级以上城市普通高等学校增加至96所；普通中学、小学分别增加至4334所和6215所，分别是2006年的3.4倍和2.21倍；剧场影院数增加至155个，比2006年增加90个；病床数增加至34.55万张，是2006年的3.67倍（见表5）。

表5　四川省地级以上城市2006年和2012年公共服务情况对比

城市	普通高等学校(所)		普通中学(所)		小学(所)		剧场影院数(个)		病床数(张)	
	2006	2012	2006	2012	2006	2012	2006	2012	2006	2012
成都市	27	52	205	494	270	510	14	20	31013	85000
自贡市	2	2	68	134	183	406	2	4	4915	13428
攀枝花市	2	2	48	60	170	63	3	4	4585	7954
泸州市	4	5	61	218	60	296	2	5	4051	18751
德阳市	5	5	31	154	38	227	5	8	2799	14663
绵阳市	11	9	63	236	110	438	2	17	5497	25069
广元市	1	2	59	183	93	250	8	32	6696	13442
遂宁市	1	1	61	167	322	218	2	7	2816	12921
内江市	2	2	90	188	265	311	3	9	3067	16887
乐山市	1	3	79	216	190	433	1	1	4432	14124
南充市	4	4	132	512	97	256	10	3	5067	23160
眉山市	1	2	56	233	54	196	1	3	2278	11571
宜宾市	2	2	43	304	157	1308	2	7	6560	20288
广安市	1	1	64	275	337	242	1	5	1435	10821
达州市	2	2	25	380	92	328	4	11	2319	19471
雅安市	3	2	27	72	87	257	1	3	2645	8387
巴中市	0	0	91	197	92	217	1	11	1934	12160
资阳市	0	0	73	311	194	259	3	5	2033	17428
合计	69	96	1276	4334	2811	6215	65	155	94142	345525

四川省城镇居民收入和消费保持了较快的增长速度,城镇居民生活水平全面提升。2006年,四川省城镇居民人均可支配收入为9350元,2013年达到22368元,年均增速为13.27%,超过同期GDP增速。从消费来看,2006年四川省城镇居民人均消费性支出为7525元,2013年达到16343元,年均增速为11.72%(见图2)。

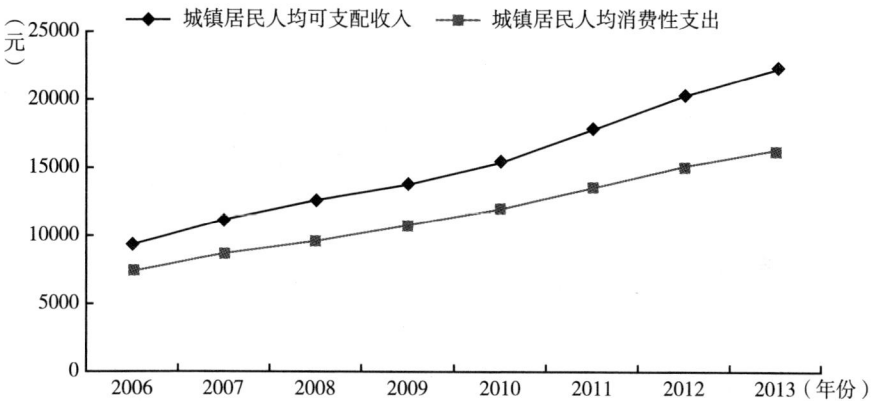

图2 2006~2013年四川省城镇居民人均可支配收入和人均消费性支出

7. 统筹城乡发展成效显著,城乡二元结构逐步改善

四川省作为西部内陆地区的传统农业大省和人口大省,在城镇化发展中坚持统筹城乡发展,以建设成都国家级统筹城乡综合配套改革试验区为突破口,四川统筹城乡发展成效显著。

2006~2013年,城镇居民人均可支配收入从9350元提高到22368元,农村居民人均纯收入从3002元提高到7895元,城乡居民收入比减小,城乡居民收入相对差距逐渐缩小。从消费角度来看,2006~2013年,城镇居民人均消费支出从7525元提高到16343元,农村居民人均生活支出从2395元提高到6127元,城乡居民消费支出比减小。城乡居民不仅消费支出差距缩小,而且消费支出结构日渐趋同。近年来,农村居民家庭设备用品支出、交通和通信支出增长迅速,城乡恩格尔系数更加接近(见图3)。

城乡生产要素自由流动障碍逐步消除,城乡二元结构逐步改善。四川省通过改革户籍制度,逐步形成城乡统一的劳动力市场,加快建设城乡统筹的社会

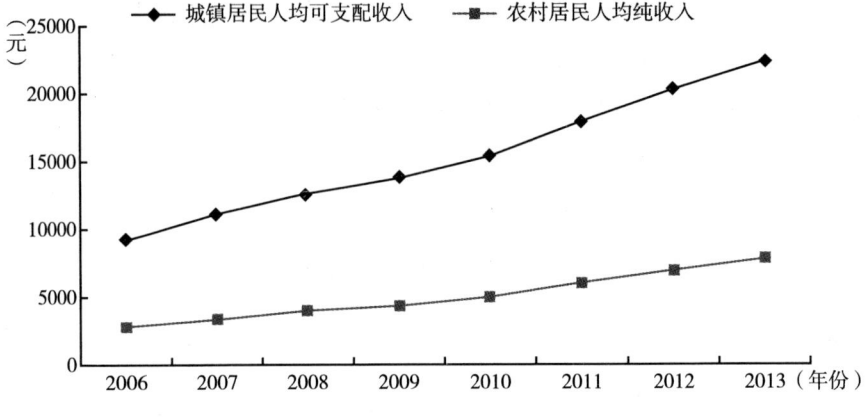

图3　2006~2013年四川省城乡居民收入

保障体系,有效促进了劳动力的自由流动;通过创新投融资方式,搭建政府投融资平台,发展新型农村金融组织,发挥政府对社会资本的引导作用,使资金加速向农村、农业流动,为农村和农业发展提供了资金保障;通过推进以农村土地为重点的生产要素市场改革,有效促进了生产要素在城乡间的自由流动。

8. 保障城镇化健康发展的体制机制逐步完善

四川省深入实施"三大发展战略",加快推进新型城镇化,正逐步完善保障城镇化健康发展的体制机制。

通过深入推进成都综合配套改革试验区建设和自贡市、德阳市、广元市等省级试点,创新体制机制,有效促进了生产要素在城乡间自由流动,加快了城镇基础设施向农村延伸、公共服务向农村覆盖,为完善全省城镇化健康发展体制机制提供了经验和示范。

通过进一步推进户籍制度改革、创新行政区域管理,以推进撤乡建镇、推动城市群建设等方式,进一步破除阻碍城镇化健康发展的体制机制。赋予常住人口在10万人以上的县城具有县级市的部分管理权限和职能;建立以市、区、街道、社区服务组织为主体的服务网,完善社区基本服务体系;积极推进数字化城市建设,建立GIS(地理信息系统)和网络信息管理系统,全面提高城镇管理效率;加快推进"四大城市群"发展,鼓励有条件的地区和城市打破行政壁垒,共同推进新型城镇化发展,这些措施都为四川省城镇化健康发展提供了有力的保障。

（二）四川省城镇化发展的薄弱环节

1. 城镇化的总体进程仍然滞后

四川省城镇化进程滞后于全国发展水平的问题未发生根本改变。2006年四川省城镇化率与全国城镇化率的差距为10.04个百分点，2013年仍然存在8.83个百分点的差距，与全国城镇化发展水平的差距仍然明显（见图4）。

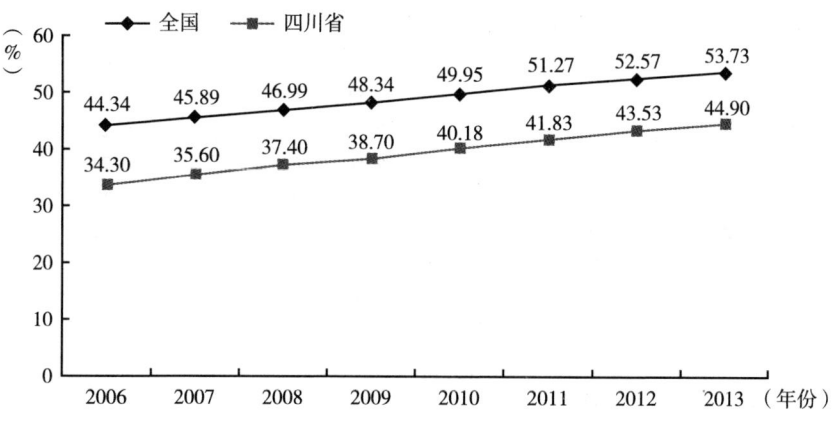

图4　2006～2013年全国和四川省的城镇化率

与全国经济发展水平相近的省份相比，四川省城镇化发展水平相对较低。如与四川人均GDP同处于30000元左右的安徽、江西、海南等省份，2013年城镇化率分别达到了47.86%、48.87%、51.10%，均高于四川省44.90%的水平（见表6）。

表6　全国各省（区、市）2006年和2013年城镇化率对比

单位：%，百分点

地区	2006	2013	2013年比2006年提高
北　京	84.33	86.30	1.97
天　津	75.73	78.28	2.55
河　北	38.77	46.51	7.74
山　西	43.01	52.56	9.55
内蒙古	48.64	58.71	10.07
辽　宁	58.99	66.45	7.46
吉　林	52.97	54.20	1.23

续表

地区	2006	2013	2013年比2006年提高
黑龙江	53.50	56.90	3.40
上海	88.02	88.02	-0.68
江苏	51.90	62.85	10.95
浙江	56.50	62.96	6.46
安徽	37.10	47.86	10.76
福建	50.40	60.76	10.36
江西	38.68	48.87	10.19
山东	46.10	52.17	6.07
河南	32.47	42.40	9.93
湖北	43.80	54.51	10.71
湖南	38.71	47.96	9.25
广东	63.00	67.76	4.76
广西	34.64	44.82	10.18
海南	46.10	51.10	5.00
重庆	46.70	58.34	11.64
四川	34.30	44.90	10.60
贵州	27.46	37.83	10.37
云南	30.50	39.31	8.81
西藏	21.13	22.75	1.62
陕西	39.12	51.31	12.19
甘肃	31.09	40.13	9.04
青海	39.26	48.51	9.25
宁夏	43.00	52.02	9.02
新疆	37.94	44.47	6.53

2. 城镇化发展差距与区域发展不均衡矛盾相互交织

从四川省内部来看，2013年城镇化率最高的为成都市，达到69.4%，最低的为甘孜藏族自治州，仅为25.81%，二者相差43.59个百分点；从人均GDP来看，2013年最高的为攀枝花市，达到65001元，最低的为巴中市，为12556元，前者约是后者的5.18倍，二者相差52445元（见表7）。

以全省城镇化率和全省人均GDP为坐标，各市（州）的城镇化率和人均GDP散点分布图可以看出，所有点分布于第一和第三象限，城镇化率与人均GDP的分布呈现明显的"同高同低"的特征，即高城镇化率的区域人均GDP也较高，反之亦然。这反映了四川省各市（州）间城镇化发展差距与区域发展差距矛盾相互影响、相互交织，使得城镇化发展问题更加复杂（见图5）。

表7 2013年四川省各市（州）城镇化率和人均GDP

单位：%，元

区域	城镇化率	人均GDP	区域	城镇化率	人均GDP
全省	44.90	32454	南充市	40.89	21059
成都市	69.40	63977	眉山市	38.95	28934
自贡市	45.52	36745	宜宾市	42.45	30093
攀枝花市	63.43	65001	广安市	34.29	25933
泸州市	43.29	26848	达州市	37.80	22632
德阳市	45.86	39573	雅安市	39.80	27317
绵阳市	45.09	31237	巴中市	34.77	12556
广元市	37.80	20443	资阳市	36.89	30514
遂宁市	43.11	22517	阿坝藏族羌族自治州	34.59	25728
内江市	42.67	28735	甘孜藏族自治州	25.81	17809
乐山市	44.53	34863	凉山彝族自治州	30.57	26556

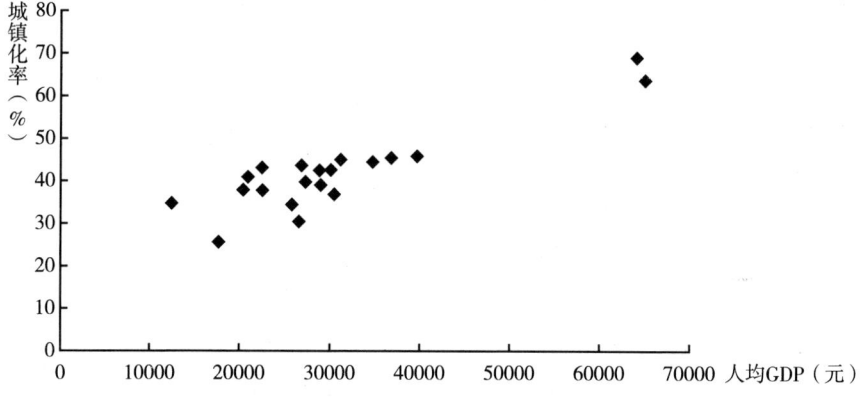

图5 四川省2013年各市（州）城镇化率与人均GDP散点分布

3. 城镇体系和结构有待完善

目前，四川省初步形成了由1个特大城市、12个大城市、5个中型城市、1个小城市和若干小城镇构成的省域城镇体系①，城镇体系为"橄榄形"（见图6），中型城市和小城市发育不足；城市群发展还处在初级阶段，尚未形成

---

① 数据来源：四川省统计局。

联系紧密、分工明确的一体化发展格局；区域性中心城市发展不充分，对区域的辐射带动作用还不明显；小城市和小城镇功能较弱、规模偏小，对人口和产业的集聚能力不足，未充分发挥联系城市与农村的纽带作用。

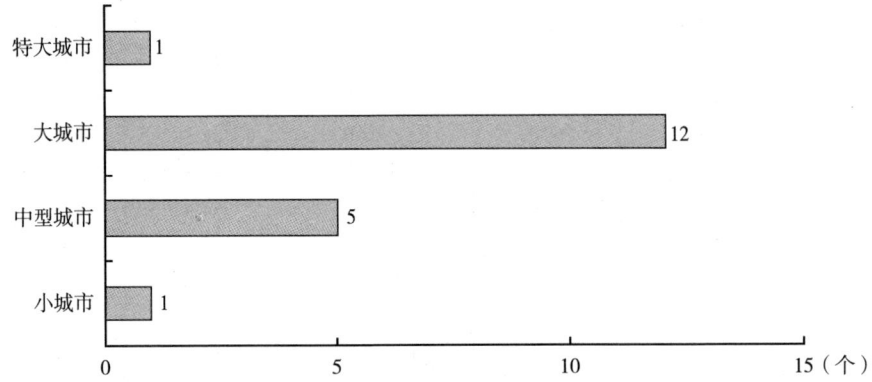

图6　2013年四川省地级及以上城市规模等级情况

注：按照2014年11月21日发布的《关于调整城市规模划分标准的通知》，新的城市规模划分标准以城区常住人口为统计口径，城区常住人口50万以下的城市为小城市；城区常住人口50万以上100万以下的城市为中等城市；城区常住人口100万以上500万以下的城市为大城市；城区常住人口500万以上1000万以下的城市为特大城市；城区常住人口1000万以上的城市为超大城市。

4. 城镇资源利用方式粗放低效

四川在城镇化发展过程中，土地、能源等资源利用方式粗放低效，城镇人口的集聚速度低于资源消耗增长的速度，城镇资源环境约束趋紧。2006~2013年，全省城区建成区面积由1272.88平方公里增加到2058.11平方公里，7年间城区面积扩大了785.23平方公里，年均增长7.11%。与此对应，2013年全省城镇人口为3640.04万人，比2006年增加了838.08万人，年均增长4个百分点。

四川省城镇化发展过程中存在着城市空间无序开发，重经济发展、轻资源节约和环境保护，重城市建设、轻管理服务等问题，使得城镇资源利用方式粗放低效问题更加凸显。当前，不仅在特大城市成都，而且在人口规模较小的县城，城市交通普遍拥挤；城镇污染防控能力总体不足，污水处理、垃圾处理能力不能适应新型城镇化发展需求；大中型城市的城中村、城乡接合部等都成为外来人口集聚区，这些区域的人居环境、治安环境有待提升。

5. 农业转移人口市民化进程滞后

农业转移人口已经成为我国产业工人的主体，2013年四川省外出务工农民达到2455万人，占全省农村户籍人口的37%，其中省内转移1247万人，省外转移1208万人。受城乡分割的户籍制度影响，四川省农业转移人口及其随迁家属，未能在教育、就业、医疗、养老、保障性住房等方面享受城镇居民的基本公共服务。城镇内部形成新的城市人口二元结构，农民工普遍存在流动性大、从业不稳定、收入不高、居住条件差、保障水平低等问题，各方的配套政策赶不上农业转移人口不断增长的需求。同时，农业转移人口市民化进程滞后，现有农业转移人口要兼顾农业生产和经营，这使得农业更加粗放化、短期化，不利于现代农业发展；农村留守儿童、妇女、老人问题日益突出，给经济发展、社会稳定带来诸多风险。

6. "老少边穷"地区城镇化发展困难突出

四川省"老少边穷"地区城镇化发展滞后、困难突出，已经成为新型城镇化发展的"短板"。2013年，革命老区、贫困地区相对集中的广安市、巴中市，城镇化率仅为34.29%和34.77%，与全省平均水平相差近10个百分点；而"三州"地区的城镇化率仅为30%左右，与全省平均水平差距较大。四川省"老少边穷"地区城镇化发展普遍面临着动力不足的难题，一是经济发展水平较低，如2013年巴中市人均GDP为12556元，仅为全省人均GDP的38.69%；二是城市产业发展不充分，这些区域多数以农业为主，工业发展以矿产开采和粗加工等资源型产业为主，服务业发展较为缓慢和滞后，缺乏吸纳就业人口的持续动力；三是"老少边穷"地区大多数处在高山峡谷地带，基础设施建设成本高、难度大；同时，这些区域又属于生态环境脆弱区，不具备大规模、高强度城镇化发展的条件，城镇化发展受水、土地等资源约束较强。

二 四川省城镇化发展测度

（一）四川与全国城镇化发展进程比较

四川省城镇化水平总体落后于全国平均水平，"九五"和"十五"期间，四川省城镇化率年均仅提高0.89个百分点，但"十一五"以来，城镇化速度明显加快，城镇化率年均提高1.44个百分点，与全国城镇化发展的差距开始缩小，城镇化率年均增速比全国高0.43个百分点。

1. 四川城镇化进程

四川省城镇化进程与全国整体进程颇为相似，但也有所不同。1949年新中国成立之时，四川城镇化率仅为3.4%，和全国其他省市一致，发展缓慢甚至个别时期有所停滞，直到20世纪70年代末，城镇化率仍不足10%。

改革开放以后，四川城镇化发展开始进入稳定增长时期。1982年第三次全国人口普查结果显示，四川省城镇化率超过10%，达到14.27%。但由于城镇化发展的底子薄、基础弱、发展不平衡的基本省情，以及历史、地理、政策等多方面原因，四川城镇化率始终低于全国平均水平，且提高速度较缓。1990年第四次全国人口普查，四川省城镇化率为21.29%。2000年第五次全国人口普查，四川省城镇化率为26.69%。1990~2000年，全省城镇化水平仅提高了5.4个百分点。

进入21世纪以来，随着四川经济社会快速发展，城镇人口集聚加速，城镇化率不断提高。特别是在2007年12月，省委九届四次全会做出统筹规划和协调推进新型工业化与新型城镇化互动发展的决策部署，四川省驶入发展的快车道。第六次全国人口普查资料显示，2013年四川省城镇化率达到44.9%，与2000年相比提高了18.21个百分点（见表8）。

表8 四川与全国城镇化率比较

单位：%，百分点

年份	全国	四川省	与全国的差距
1949	10.64	3.40	-7.24
1964	17.00	9.72	-7.28
1982	21.13	14.27	-6.86
1990	26.41	21.29	-5.12
2000	36.22	26.69	-9.53
2001	37.66	27.20	-10.46
2002	39.09	28.20	-10.89
2003	40.53	30.10	-10.43
2004	41.76	31.10	-10.66
2005	42.99	33.00	-9.99

续表

年份	全国	四川省	与全国的差距
2006	44.34	34.30	-10.04
2007	45.89	35.60	-10.29
2008	46.99	37.40	-9.59
2009	48.34	38.70	-9.64
2010	49.95	40.18	-9.77
2011	51.27	41.83	-9.44
2012	52.57	43.54	-9.03
2013	53.73	44.90	-8.83

近几年，四川省城镇化率的增势强劲，反映了全省城镇化进程的快速推进。但是，我们也应清醒地看到，四川省城镇化发展水平与全国和发达省（市）相比，仍有较大差距，且在短期内难以超越。2013年全国城镇化率为53.73%，四川省比国家低8.83个百分点，在全国位列第24，在西部地区位列第5，位于重庆、宁夏、陕西、青海之后（见表9）。

表9 全国各地区城镇化率变化情况

地区	2000年		2013年		2013年比2000年提高百分点	位次上升数
	城镇化率（%）	位次	城镇化率（%）	位次		
全 国	36.22	—	53.73	—		—
北 京	77.54	2	86.29	2	8.75	0
天 津	71.99	3	82.00	3	10.01	0
河 北	26.08	26	48.11	21	22.03	-5
山 西	34.91	15	52.56	16	17.65	1
内蒙古	42.68	9	58.69	9	16.01	0
辽 宁	54.24	5	66.45	5	12.21	0
吉 林	49.68	7	54.20	13	4.52	6
黑龙江	51.54	6	57.39	11	5.85	5
上 海	88.31	1	89.61	1	1.30	0
江 苏	41.49	11	64.11	6	22.62	-5
浙 江	48.67	8	64.01	7	15.34	-1
安 徽	27.81	23	47.86	23	20.05	0
福 建	41.57	10	60.76	8	19.19	-2

续表

地区	2000年 城镇化率（%）	位次	2013年 城镇化率（%）	位次	2013年比2000年提高百分点	位次上升数
江 西	27.67	24	48.87	19	21.20	-5
山 东	38.00	14	53.76	14	15.76	0
河 南	23.20	30	43.80	27	20.60	-3
湖 北	40.22	12	54.51	12	14.29	0
湖 南	29.75	21	47.96	22	18.21	1
广 东	55.00	4	67.76	4	12.76	0
广 西	28.15	22	44.82	25	16.67	3
海 南	40.11	13	52.74	15	12.63	2
重 庆	33.09	18	58.35	10	25.26	-8
四 川	26.69	25	44.90	24	18.21	-1
贵 州	23.87	28	37.84	30	13.97	2
云 南	23.36	29	40.47	28	17.11	-1
西 藏	18.93	31	23.72	31	4.79	0
陕 西	32.26	20	51.31	18	19.05	-2
甘 肃	24.01	27	40.12	29	16.11	2
青 海	34.76	16	48.44	20	13.68	4
宁 夏	32.43	19	51.99	17	19.56	-2
新 疆	33.82	17	44.48	26	10.66	9

2. 四川与其他省城镇化进程比较

从我国东部（江苏、浙江、山东）、中部（安徽、江西、河南）、西部（重庆、贵州、陕西）地区各选三个省（市），选取新型城镇化指标体系中的部分指标与四川进行对比。

从人口规模的城镇化率来看，2013年四川省城镇化率低于东部地区与中部地区，与西部地区的三省（市）对比，四川的城镇化率低于重庆和陕西（分别低13.45、6.41个百分点），高于贵州（高7.06个百分点）。从产业支撑方面来说，四川省人均GDP与非农产业增加值明显低于东部整体水平，与中部地区各省保持相当水平，在西部地区，低于重庆和陕西，高于贵州。人均GDP和非农产业增加值比东部的江苏、浙江和山东低一半多。四川R&D支出占GDP的比重高于中部和西部地区，分别比东部地区的江苏、山东低0.25和

0.06个百分点。从上述分析中可以看出,四川省总体经济发展水平不高,产业支撑不强是制约四川省新型城镇化进程的重要原因。同时,四川省R&D支出占GDP的比重基本处于较高水平主要得益于近几年加快推进新型工业化,加快推进产业结构调整升级的举措,新型工业化进程的加快推进成为四川省新型城镇化发展的重要支撑。

在基础设施建设方面,四川省人均固定资产投资、每十万人日供水综合生产能力和燃气普及率,与东中西的九个省(市)相比,均处于较低水平,仅高于贵州省的水平。可见四川省基础设施的建设还相对薄弱,城镇承载功能不强,不利于产业的集聚和人才的吸引。从公共服务方面,四川省千人执业医师数高于中部和西部省市,低于发达的东部地区,万人拥有专任教师数处于最低水平,城镇基本医疗保险覆盖率处于中等水平。教育资源和投入的不足,是四川省当前面临的重要问题,同时也是制约四川省未来可持续发展的重要瓶颈。

在资源环境方面,四川省人均公园绿地面积与其他9个省(市)比较,仅高于河南省和贵州省,万元地区生产总值能耗仅低于贵州,高于其他8个省(市),这也说明四川省在城镇化发展过程中,环境保护的压力仍旧比较大。

(二)四川省城镇化发展测度

1. 城镇化发展水平的界定

城镇化是人口向城镇聚集、城镇规模扩大以及由此引起一系列经济社会变化的过程,其实质是经济结构、社会结构和空间结构的变迁(魏后凯,2013)[①]。城镇化发展是一个复杂的社会过程,涉及以下四个方面:其一,城镇工业的集聚以及第三产业高度发展,创造了大量就业机会,带来城镇人口的集聚,这是城镇化过程的基本动力;其二,人口向城市的集中,特别是农村人口不断向城市的集聚,促使城市面积扩张和规模扩大,这是城镇化的核心;其三,城镇在一国或地区的社会经济活动中的作用及其辐射能力的增强,彰显了城镇的功能,这是城镇化过程中的重要源泉;其四,以人口集中、产业高度集聚为特征的城镇地区范围不断扩大,地域景观发生变化,这是城镇化最直观的

---

① 中国社会科学院"城镇化质量评估与提升路径研究"创新项目组:《中国城镇化质量综合评价报告》,2013。

表现（张秀娥，2013）①。

城镇化受到经济发展、人口结构、社会进步、环境变化、生活方式改变等众多因素的影响，不能单纯依靠人口城镇化率来衡量，在推进城镇化进程时，应该更多地关注城镇化的质量。

城镇化的核心是人口城镇化。农村人口转化为城市人口是城镇化的直接结果，其表现为人口向城市聚集，农业人口比重逐年下降。随着城镇化的深入，城市的规模也会不断扩大，人口将在不同产业间合理分布。

经济是社会的物质基础，只有把经济蛋糕做大，才能充分满足城镇化过程中的各种物质和精神文明需求，城镇化"量"的内涵才会更具体。城镇化的过程中，大量农村人口转移到城镇，如果没有稳定的就业，就不能获得稳定的收入来源，在生活压力之下，就容易从事抢劫、偷盗、贩毒等犯罪行为，影响城镇社会稳定和公共安全，还可能出现拉美等国家快速城镇化过程中的贫民窟现象。稳定的就业还是享受养老、医疗等社会保障的基础，也是农村转移人口融入城镇的基础。因此，城镇化的健康发展必须要有发达的工业化支撑，来提供足够的就业机会，工业化是城镇化的发动机。城镇化要建立在以制造业为基础的实体经济基础上，防止"产业空心化"。要发展服务业尤其是高端生产性服务业，推进制造业转型升级，巩固城镇化的实体经济基础。②

城镇化只是一种手段，不是冷冰地追求"城镇化率"，而是要让每一位工作和生活在城市的人拥有共同美好的生活。③ 作为其核心内容的人口城镇化，不仅要推进农村人口向城镇转移，而且要保证进城人口能够在城镇安居乐业，避免"半城镇化"现象的出现。首先，城市要有良好的道路、交通、医院、学校、图书馆、健身场所等基础设施和公共服务设施，为城镇居民提供良好的出行、看病、子女上学、锻炼身体等公共服务。其次，要建立完善的养老、医疗、失业、住房、教育等社会保障网络体系，为居民提供良好的社会保障。最

---

① 张秀娥：《城镇化建设与农民工市民化的关系》，《社会科学家》2013 年第 12 期。
② 辜胜阻、杨威：《反思当前城镇化发展中的五种偏向》，《中国人口科学》2012 年第 3 期，第 2~8 页。
③ 段成荣、邹湘江：《城镇化人口过半的挑战与应对》，《人口研究》2012 年第 2 期，第 45~49 页。

后，要保证城镇社会基本公共服务的均等化，即城镇户籍人口与非户籍人口之间在各项基本公共服务方面享有平等的权利，让城镇非户籍人口也能够在城镇安居乐业。

资源环境是城镇得以存在和发展的基石。在现实的城镇化中，长期过分追求发展速度，忽视资源的合理利用和环境保护，会造成经济发展的不可持续性，资源环境的保护与社会的经济发展产生矛盾。城镇化的内涵包括了可持续发展的观点，即在城镇化过程中要合理处理经济发展与生态环境的关系。城镇化的质量如何，可以根据资源环境的好坏做出判断。健康城镇化是中国的长远战略，也是保护资源环境的重要因素，资源环境指标应成为城镇化建设中的一个重要考虑因素。

城镇化建设还要考虑城乡统筹协调发展。共同富裕是社会主义的本质和奋斗目标，是我国全面建设小康社会的重要内容。根据国家统计局公布的数字显示，2013年我国城镇居民人均可支配收入为26955元，农村居民人均纯收入为8896元，城镇是农村的3倍，如果再考虑养老、医疗、教育等社会基本保障方面的差别，城乡差距就更大了。现阶段我国城镇化的主要任务是积极推进城镇化，特别是要着力解决城镇化中的失衡问题和半城镇化问题，使得城镇化沿着城乡利益相互融合的轨道健康发展。①

综上所述，城镇化水平的提高，不仅要提高人口的城镇化率，而且要构建坚实的产业基础作为支撑，并提高城镇居民的生活幸福感，提高城镇资源的使用效率，提升城镇的环境质量，并兼顾城乡统筹发展，逐步缩小城乡差距，实现共同富裕。

2. 城镇化水平综合评价指标体系构建

根据以上对城镇化水平界定，本评价遵循代表性、综合性、可获得性原则，选取人口规模、产业支撑、基础设施、公共服务、资源环境、协调发展六个方面构建城镇化水平综合评价指标体系。再综合各方面专家的意见，将指标体系分为三个层次。一级指标6个，二级指标20个，三级指标35个（见表10）。这一指标体系符合四川省作为一个西部人口大省，经济增长迅速、经济

---

① 汪海波：《我国现阶段城镇化的主要任务及其重大意义》，《经济学动态》2012年第9期，第49~56页。

总量大而经济均量小，区域差异明显，特色农业优势明显并在经济中比重较大，城乡统筹发展且农民生活水平提高明显等实际特征，①能够比较系统地反映城镇化发展水平的内涵。

表10 城镇化发展水平综合评价指标体系

一级指标	分值（分）	二级指标	分值（分）	三级指标	分值（分）
人口规模	17.5	城镇人口	10.5	城镇人口比重(%)	10.5
		建成区人口	7.0	建成区人口密度(人/平方公里)	3.5
				建成区人口增速/建成区面积增速	3.5
产业支撑	21.6	经济水平	4.7	人均GDP(元)	4.7
		非农产业	5.2	每万人非农产业增加值(亿元)	2.6
				非农产业就业比重(%)	2.6
		科技研发	4.5	R&D支出占GDP的比重(%)	4.5
		信息化水平	4.9	每百户互联网用户数(户)	4.9
		文化产业	2.3	每十万人文化产业增加值(万元)	2.3
基础设施	17.1	固定资产投资	4.0	人均固定资产投资(元)	4.0
		市政设施	9.4	建成区供(排)水管道长度(公里/平方公里)	3.0
				每十万人日供水综合生产能力(万立米/日)	3.2
				燃气普及率(%)	3.2
		公共交通	3.7	每万人公交车、出租车、地铁拥有量(标台)	3.7
公共服务	15.4	文化生活	2.0	城乡居民教育文化娱乐支出(元)	2.0
		医疗卫生	4.7	每万人医疗卫生机构数(个)	1.2
				每万人床位数(张)	1.2
				千人口执业(助理)医师数(人)	2.3
		教育水平	4.5	万人拥有专任教师数(人)	2.1
				小学儿童净入学率(%)	1.2
				初中三年巩固率(%)	1.2
		社会保障	4.2	城镇基本医疗保险覆盖率(%)	4.2

① 卫言：《四川省新型城镇化水平及指标体系构建研究》，硕士学位论文，四川师范大学，2011。

续表

一级指标	分值（分）	二级指标	分值（分）	三级指标	分值（分）
资源环境	14.7	城市绿化	4.6	人均公园绿地面积（平方米）	2.3
				建成区绿地率（%）	2.3
		环境保护	5.3	污水处理厂集中处理率（%）	1.0
				生活垃圾处理率（%）	1.0
				空气污染综合指数（%）	1.1
				单位GDP能耗（吨标煤/万元）	2.2
		土地集约	4.8	亿元GDP建设用地规模（公顷/亿元）	4.8
协调发展	13.7	居民收入	4.0	城镇居民人均可支配收入增速与人均GDP增速之比	1.4
				农村居民人均纯收入增速与人均GDP增速之比	1.4
				城乡居民收入比	1.2
		居民消费	5.5	城乡居民人均消费性支出（元）	4.2
				城乡恩格尔系数	1.3
		社会管理	4.2	公众安全感指数	4.2

评价数据的权重采用德尔菲法（专家打分法）设置。一级指标权重之和为100分，其中人口规模为17.5分、产业支撑为21.6分、基础设施为17.1分、公共服务为15.4分、资源环境为14.7分、协调发展为13.7分。二级指标权重之和也为100分。其中，每个一级指标下属的二级指标权重之和，等于其隶属的一级指标权重。例如，一级指标"产业支撑"下，有经济水平、非农产业、科技研发、信息化水平、文化产业等5个二级指标，其权重之和等于21.6分。三级指标权重之和也为100分。其中，每个二级指标下属的三级指标权重之和，等于其隶属的二级指标权重。例如，二级指标"市政设施"下，有建成区供（排）水管道长度、每十万人日供水综合生产能力、燃气普及率等3个三级指标，其权重之和等于9.4分。

评价指标中既有正向指标，又有逆向指标，需要进行标准化处理。体系里共有27个正向指标，8个逆向指标。8个逆向指标分别是：建成区人口增速/建成区面积增速、空气污染综合指数、单位GDP能耗、亿元GDP建设用地规模、城镇居民人均可支配收入增速与人均GDP增速之比、农村居民人均纯收入增速与人均GDP增速之比、城乡居民收入比、城乡恩格尔系数。

本报告通过以下简易方式进行标准化，用数学方法表达为：

$$F_i = \begin{cases} \dfrac{X_i}{\text{Max}X_i} & (X_i \text{ 为正向指标}) \\ \dfrac{\dfrac{1}{X_i}}{\text{Max}\dfrac{1}{X_i}} & (X_i \text{ 为逆向指标}) \end{cases}$$

其中 F_i 表示标准化后的数值；X_i 表示第 i 项指标实际值；$\text{Max}X_i$ 表示第 i 项指标最大值。

新型城镇化综合得分是由单指标综合而成，其合成方法采用线性加权综合法。综合指数：

$$F = \sum_{i=1}^{6} W_i \times \sum_{j=1}^{n_i} W_{i,j} \times \sum_{k=1}^{n_{i,j}} W_{i,j,k} \times F_{i,j,k}$$

其中 F 是各评价对象的综合指数，W_i 表示一级指标（本文即是人口规模、产业支撑、基础设施、公共服务、资源环境和协调发展）的权重，$W_{i,j}$ 表示第 n_i 个二级指标的权重，$W_{i,j,k}$ 表示 n_i 个二级指标对应的第 j 个三级指标的权重，$F_{i,j,k}$ 表示第 n_i 个二级指标对应的第 j 个三级指标的分值，其中 $\sum_{i=1}^{6}=20$，$\sum n_{i,j}=35$。评价采用 2004~2013 年四川省及各市（州）的相关数据，数据来源为历年四川省及各市（州）"统计年鉴"、历年《中国城市统计年鉴》、历年《中国城市建设统计年鉴》、历年各城市"统计公报"等。

3. 四川城镇化水平测量

根据上面的计算，求得四川省 2004~2013 年各年的人口规模、产业支撑、基础设施、公共服务、资源环境、协调发展的数据，并得到各年的综合城镇化水平，该综合指标比较全面地反映了 2004 年以来四川省经济、社会、基础设施的建设水平。

根据综合指标测算的四川省城镇化水平，可以看到自 2004~2013 年，四川省综合城镇化水平获得了显著的提升，综合城镇化水平得分从 2004 年的 54.74 分增加到 2013 年的 94.35 分，增长了 72%，表明四川省的城镇化水平获得了较大的发展。2013 年的 6 个一级指标得分较之 2004 年均有不同程度增长（见表 11）。

同时，根据前面的计算可以得到 2004~2013 年四川省人口规模、产业支撑、基础设施、公共服务、资源环境、协调发展对综合城镇化贡献的趋势，如图 8。

表11 2004~2013年四川省综合城镇化水平计算结果

单位：分

年份	人口规模	产业支撑	基础设施	公共服务	资源环境	协调发展	综合城镇化评分
2004	8.92	9.32	10.59	9.29	7.44	9.15	54.71
2005	10.69	9.27	10.87	9.82	7.95	10.21	58.81
2006	9.99	10.62	10.91	10.19	8.75	10.25	60.71
2007	10.89	11.01	11.95	10.57	9.53	9.21	63.16
2008	12.90	11.72	12.82	10.64	9.72	9.42	67.22
2009	13.56	13.15	13.77	11.97	11.71	11.51	75.67
2010	16.10	15.39	13.87	12.45	12.13	11.10	81.04
2011	14.47	16.73	15.08	13.39	13.21	11.34	84.22
2012	16.00	18.39	15.83	14.24	13.95	11.86	90.27
2013	15.11	20.69	17.01	14.76	14.57	12.21	94.35

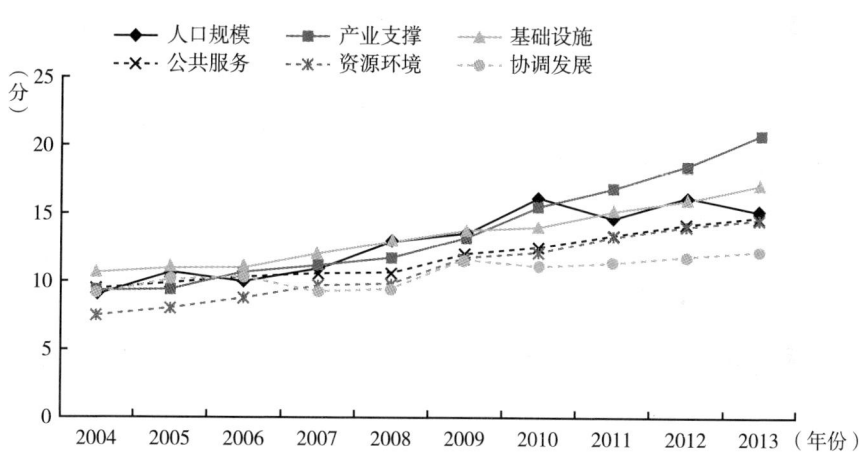

图7 2004~2013年四川省城镇化子系统对综合城镇化的贡献

图7展示了四川省2004年以来综合城镇化中的人口规模、产业支撑、基础设施、公共服务、资源环境、协调发展的综合得分以及演变过程。

第一，四川省的人口规模综合评价值由2004年的8.92分上升到2013年的15.11分，增长了69%。从图8可以看出，人口规模在综合评价指标中波动最大，其对综合城镇化的贡献在2010年时达到最高，2011年有所下降。

第二，四川省的城镇化进程表现为经济的高速增长，经济城镇化在综合城镇化进程中居于主导地位。产业支撑的综合评价值由2004年的9.32分增至

2013年的20.69分,增长了122%。从图8中可以看出,其对综合城镇化的贡献一直保持上升趋势,这说明了四川省经济一直保持着高速的增长,已经成为影响四川省城镇化进程的决定因素。

第三,四川省的城镇化进程也表现为基础设施的城镇化。基础设施的综合评价值由2004年的10.59分增至2013年的17.01分,增长了60%。从图8中可以看出,在以经济为主导的城镇化发展模式中,基础设施建设对综合城镇化的贡献逐渐上升。

第四,城镇化的进程中,不仅要追求城镇化"量"的增长,更要注重城镇化"质"的提高。公共服务的内容可以提高城市人口的生活水平、生活质量。公共服务的综合评价值由2004年的9.29分到2013年的14.76分,增长了59%。近年来,四川省对文化、教育、卫生的投入不断加大,而以人为本的统筹城乡医疗保障体系的建立,效果显著,成为拉动城镇化水平快速增长不可忽视的动力。

第五,资源环境反映了人们的城镇化观念由量到质的转变,注重生态环境与城市的可持续发展。四川省的资源环境综合评价值由2004年的7.44分到2013年的14.57分,增长了96%。由此可见,资源环境成为助推四川城镇化新的动力。

第六,协调发展这一指标的综合评价值由2004年的9.15分增至2013年的12.21分,增长了33%。说明四川省城乡统筹发展效果显著。城乡居民持续增收,差距明显缩小,城乡收入二元结构进一步改善(见表11)。

4. 各市(州)城镇化水平测量

经测算,2013年四川省21个市(州)城镇化发展水平综合分值如表12。

表12 2013年四川21个市(州)城镇化水平综合测度

单位:分,位

区域	人口规模	产业支撑	基础设施	公共服务	资源环境	协调发展	城镇化发展综合得分	名次
成都市	15.01	18.54	15.85	14.10	13.13	12.84	89.47	1
自贡市	9.62	9.39	6.67	10.15	9.59	11.15	56.57	5
攀枝花市	10.74	13.63	9.94	12.13	9.29	12.16	67.89	2
泸州市	8.53	7.80	7.07	9.67	8.75	11.07	52.89	8
德阳市	9.73	11.34	6.68	10.76	9.52	11.96	59.99	4
绵阳市	7.73	14.43	9.11	11.08	8.53	11.31	62.19	3

续表

区域	人口规模	产业支撑	基础设施	公共服务	资源环境	协调发展	城镇化发展综合得分	名次
广元市	6.98	7.12	6.38	10.49	8.41	10.76	50.14	14
遂宁市	9.51	7.64	6.47	9.35	8.28	11.11	52.36	9
内江市	8.81	7.21	5.26	9.15	8.18	10.95	49.56	15
乐山市	7.74	10.06	7.78	10.60	8.53	10.91	55.62	6
南充市	7.78	7.02	6.63	9.97	8.84	10.32	50.56	13
眉山市	8.03	7.11	6.99	9.07	8.55	10.97	50.72	12
宜宾市	7.49	8.44	6.32	9.68	9.11	10.43	51.47	11
广安市	6.78	6.16	6.14	9.50	8.89	10.18	47.65	17
达州市	9.12	6.44	5.05	8.59	7.98	10.45	47.63	18
雅安市	9.89	8.57	6.66	10.01	8.84	9.55	53.52	7
巴中市	6.16	5.15	6.15	8.43	8.92	10.21	45.02	19
资阳市	8.87	6.35	6.52	10.35	9.04	10.89	52.02	10
阿坝州	6.95	7.01	6.22	9.71	8.99	9.58	48.46	16
甘孜州	4.09	4.73	5.44	9.65	9.00	9.68	42.59	21
凉山州	7.55	1.72	5.60	8.33	9.64	10.04	42.88	20

从结果可以看出，2013年四川省城镇化综合发展水平呈"橄榄形"。综合得分60分及以上的城市有4个，50~59分的有10个，50分以下的有7个（见表13）。

表13 21个市（州）城镇化发展水平综合分值分布情况

分值	数量（个）	市（州）
70分及以上	1	成都
60~69分	3	攀枝花、绵阳、德阳
50~59分	10	自贡、乐山、雅安、宜宾、广元、泸州、遂宁、眉山、资阳、南充
50分及以下	7	内江、阿坝、广安、达州、巴中、凉山、甘孜

从各单项指标可以看出，产业支撑带动城乡发展成效明显，成为城镇化发展最强劲动力，攀枝花、绵阳、德阳、乐山产业支撑得分都在10分以上。2013年，攀枝花市城镇化综合得分为67.89分，位居全省第2；绵阳为62.19分，位居第3；德阳为59.99分，位居第4；乐山为55.62，位居第6。

从城镇化综合得分上看，成都的综合城镇化发展程度已经处于城镇化的先进水平。成都作为全国统筹城乡综合配套改革试验区，城市发展快速，商业金融发达，人均GDP、消费能力和水平均较高，6个子系统中得分显著高于其他城市。2013年，成都综合得分达到89.47分，甘孜州得分最低，只有42.59分，两者相差46.88分，差距明显。从区域分布上看，川南城市群城镇化发展水平接近，整体高于川东北城市群，少数民族地区发展较为滞后。

广元、遂宁、广安、南充、达州和巴中6市均属于20世纪80年代后新建或扩建的城市，城镇化发展水平差异较大。2013年，遂宁综合得分为52.36分，在全省位居第9。南充综合得分为50.56分，在全省位居第13，广元综合得分为50.14分，在全省位居第14。广安、达州、巴中三市城镇化综合得分接近，分别居全省第17、18、19位。

少数民族地区城镇化整体水平不高。阿坝州公共服务和协调发展在其城镇化发展中的表现比较突出，成为全省少数民族地区城镇化发展水平最高的一个州。2013年阿坝州新型城镇化综合得分为48.46分，居全省第16位。凉山州和甘孜州则发展较为滞后，分别为42.88分和42.59分，居全省第20和第21位。

5. 进一步的说明

本报告在对城镇化发展水平内涵进行界定的基础上，从人口规模、产业支撑、基础设施、公共服务、资源环境、协调发展六个方面，构建了包含35个三级指标的城镇化综合评价指标体系，并基于2004～2013年的系统数据，对四川省10年的城镇化发展及2013年21个市（州）的城镇化发展水平进行了评价。总的来看，评价结果能够较好地反映四川城镇化发展状况。但是，由于数据的可获性，本次评价还有三个有待完善之处。

首先，城镇化发展的评价应该包含三个大的方面：一是城镇化发展质量和水平；二是城镇等次结构（国际性大都市、全国性大城市、区域性大城市、中等城市、小城市、小城镇）；三是城镇个性特色（区位特色、环境特色、产业特色、文化特色等）。城镇化发展评价指标体系仅完成了对城镇化发展质量和水平的评价，其他两方面的评价尚未实现，有待后续研究。

其次，由于城镇化发展评价依赖大量人口、经济、社会、资源环境等指标数据，而部分指标无法获取全国或其他省（市）数据，故尚不能开展与全国或其他省（市）的横向比较研究。

最后，在城镇化指标体系构建过程中，许多具有重要评价意义的指标因为部门统计的不成熟、不完善或尚未建立有关统计制度，而无法获取有关数据。诸如城镇保障性住房覆盖率、湿地面积、农村转移人口落户城镇数、控制性详规覆盖率、信息服务业产值、信息化发展有关数据、防震减灾有关数据、水电气及通信等有关数据。今后对城镇化的综合评价，还将进一步搜集整理农民市民化相关数据，把市民化因素加入评价体系，使城镇化评价指标体系更加全面系统。

（三）基于城镇化水平测度的基本判断

1. 经济粗放型高速增长是四川城镇化快速发展的基本动力

对四川省综合城镇化水平的定量分析表明四川省城镇化和综合水平与人口城镇化呈现正相关关系，四川省城镇化的发展以经济的高速增长为主要特征，次要特征是资源环境的可持续利用。但在测算分析的同时也发现了四川省的土地城镇化速度快于人口城镇化速度。2004~2013年全省建成区面积由1393.94平方公里增加到2058.11平方公里，建成区扩大了664.17平方公里，年均增长4.42%。与此对应，2013年全省城镇人口为3640.04万人，比2004年增加了975万人，年均增长3.52%。城镇人口的集聚速度低于建成区面积扩大的速度，城镇化发展更多地体现为土地的城镇化。

2. 各市（州）城镇化发展水平的主要制约因素各异

各市（州）城镇化进程发展速度较快，但总体上还相对滞后，制约各市（州）城镇化进程的主要问题，各地表现不一。第一，产业支撑强度不够。部分城市经济发展水平低，有些地区的人均GDP偏低。如2013年，巴中市人均GDP为12556元，远低于全省32454元的水平；部分城市产业结构水平低，还处于工业化初期阶段，如甘孜、阿坝、凉山以及巴中等地；部分城市的科技研发力量不足，如广安、达州、广元等地在R&D经费上投入所占的GDP比重较低；部分城市信息化普及偏低，如凉山、甘孜、资阳、内江等地每百户家庭中，互联网用户数不足5户。第二，城镇基础设施和公共服务建设的滞后，不能满足新型城镇化快速发展的需要，部分城市的基础设施不够完善，排水截污不畅，城市交通普遍拥挤，城市综合功能和承载力还需加强。如达州、内江等地。第三，城镇生态环境脆弱，节能减排压力大成为城市城镇化发展的短板。一些城镇污染控制力总体上还比较脆弱，污水处理、垃圾处理设施和公共绿地建设还不适应城镇发展和环境保护的需求，如巴中、内江、达州等地。有的城市生态环境脆弱，目前的经济发展方式、产业结构和能源消费结构给节能减排工作带来巨大压力，如攀枝花、乐山、广安等地。

三 四川省推进新型城镇化发展的前景展望

（一）四川省推进新型城镇化发展的有利条件和不利因素

城镇化进程受到经济社会、制度政策等多种因素影响，其中经济和政策不仅决定了城镇化的发展方向，还决定了发展途径。改革开放以来，四川省经济的快速发展，为新型城镇化发展奠定了基础，但当前，四川省新型城镇化面临的外部挑战依然严峻、转型发展的要求也十分迫切，未来对四川省城镇化进程有较大影响的因素主要有以下几个方面。

1. 有利条件

（1）政策因素

第一，全面深化改革带来的深远影响。党的十八届三中全会审议通过的《中共中央关于全面深化改革若干重大问题的决定》（以下简称《决定》），是中央全面深化改革的重大部署，必将为加速四川城镇化进程提供了良好的政策机遇。一是深化经济体制改革。深化经济体制改革是全面深化改革的重点，根本要求是使市场在资源配置中起决定性作用，重点是巩固和发展公有制经济，坚持公有制的主体地位，毫不动摇地鼓励、支持、引导非公有制经济发展，加快形成企业自主经营、公平竞争，消费者自由选择、自主消费，商品和要素自由流动、平等交换的现代市场体系，着力清除市场壁垒，提高资源配置效率和公平性；并建立现代财政制度，发挥中央和地方两个积极性；推动对内对外开放相互促进、引进来和走出去更好结合，促进国际国内要素有序自由流动、资源高效配置、市场深度融合，加快培育参与和引领国际经济合作竞争新优势，以开放促改革。通过这些举措使市场在资源配置中起决定性作用，充分释放市场经济体制的效率，有利于推动经济更有效率、更加公平、更可持续发展，为城镇化进程增添了新的动能。二是深化户籍管理制度改革。中国目前的城乡二元户籍制度，限制了农村人口向城镇地区自由流动，是中国城镇化道路上的一道藩篱。为此，《决定》要求推进农业转移人口市民化，逐步把符合条件的农业转移人口转为城镇居民。创新人口管理，加快户籍制度改革，全面放开建制镇和小城市落户限制，有序放开中等城市落户限制，合理确定大城市落户条件，严格控制特大城市人口规模。2013年，中央经济会议再次提到户籍改革，提出到2020年城乡户籍完成统一的目标。2014年7月30日，国务院出台《关于进一步推进户籍制度改革的意见》，启动中国新型户籍制度的整体构建，取消农业户口与非农业户口性质区分和由此衍生的蓝印户口等户口类型，统一登记为居民户口，体现户籍制度的人口登记管理功能。启动中国新型户籍制度的整体构建，合理引导农业人口有序向城镇转移。有序推进农业转移人口市民化的一系列政策，有利于进城农民获取公平的发展权利，有利于合理布局大中小城市和小城镇，合理引导人口分布，实现工业化、信息化、城镇化和农业现代化同步发展。三是深化社会保障制度改革。《决定》提出，必须推进社会事业改革创新，深化教育领域综合改革，健全促进就业创业体制机制，形成合理有序的收入分配格局，建立更加公平可持续的社会保障制度，深化医药卫生体制改革，建立最严格的覆盖全过程的食品药品安全监管制度。这些重要举措可有助于实现发展成果更多更公平地惠及全体人民，有利于解决好人民最关心最直接最现实的利益问题，也是推动城镇化进程的重要路径。加快社会事业改革，在就业、教育、文化、体育、卫生、环保、社保、社会救助等方面提供全方位服务，提升城市公共服务水平，提高扩大城镇公共服务覆盖面的可能性，稳步推进城镇基本公共服务常住人口全覆盖。更重要的是，《决定》要求把进城落户农民完全纳入城镇住房和社会保障体系，在农村参加的养老保险和医疗保险规范接入城镇社保体系，可进一步减少农村居民进城的环节和成本。

第二，城镇化成为国家扩大内需的重要战略选择。加速城镇化，一是有利于扩大投资。农民工市民化，能促进城镇体系的完善、城镇规模的扩大、城建水平的提升，而逐步形成辐射作用大的城市群，促进大中小城市和小城镇协调发展，是推动城镇化的重要内容，有利于扩大投资规模。据测算，每增加1个城市人口可带动城镇固定资产投资50万元①。以2011年数据计算，如果将城镇化速度加快1.32个百分点，即多增加约2100万城镇人口，将新增投资10.5万亿元，占全年固定资产投资总额的34%，由此引发的投资增长不仅可以缓解钢铁、水泥等行业产能过剩的压力，同时也能为新转入的城镇人口创造出大量就业机会。② 二是可促进农民消费方式转变，扩大消费规模。大量农民进城落户成为市民后，其消费倾向和消费结构也将随之发生变化，一方面从农产品生产者转变为农产品消费者，另一方面会大量增加工业品消费。经济学家迟福林认为未来10年我国城镇化率还有10~15个百分点的提升空间。③ 如果农村人均消费水平提高到城镇居民平均消费水平的60%，按2013年数据测算，平均每年新增消费规模将超过4万亿元。为此，李克强总理一再强调，要保持经济持续健康发展，必须将长期立足点放在扩大内需上，把"四化协调"发展和城镇化这个最大内需潜力逐步释放出来。

第三，四川具备加快城镇化的政策优势。四川地处祖国西南，是西部地区重要的经济中心、深化内陆开发的实验区、统筹城乡发展的示范区和长江上游生态安全的保障区，享有众多的区域政策优势。一是新一轮西部大开发战略。在我国区域发展总体战略中，新一轮西部大开发战略处于优先地位，国家相应出台了包括财政、税收、土地和产业等扶持政策，进一步加大了对西部地区基础设施建设、特色优势产业培育、生态建设和环境保护、社会建设和民生改善等方面的支持力度。四川省是西部地区的经济大省、人口大省、资源大省，必将在新一轮西部大开发中获得更快更好的发展，为加快城镇化发展提供了重要的外部环境。二是成渝经济区发展战略。成渝经济区是国家实施区域协调发展的战略重点，是国家"两横三纵"城镇化战略格局的重要组成部分，涵盖了四川省资源环境承载能力强、经济人口集聚条件好的城镇化主要地区。国家建设成渝经济区和成渝城镇群为四川省加快城镇化发展提供了战略支撑，必将加

---

① 《〈光明日报〉迎接十八大特刊·城镇化篇》，http://politics.gmw.cn/2012-10/22/content_5446261_2.htm。
② 马志刚：《城镇化事关发展全局》，《经济日报》2012年2月24日，http://theory.people.com.cn/GB/49154/172093 31.html。
③ 唐智慧：《为人口城镇化发展把脉的人——记著名经济学专家迟福林》，《财经界》2013年第10期。

快四川省城镇化进程。三是藏区发展政策。中央第四次西藏工作会议以来，国家以改善民生为核心，在藏区基础设施建设、特色产业发展、解决贫困问题、民生改善等方面给予了大力支持，同时，四川省委省政府也要求根据中央的藏区发展精神，紧紧抓住发展、稳定、民生三件大事，确保四川藏区经济社会跨越式发展，努力建设团结、民主、富裕、文明、和谐的社会主义新藏区，这些都对推动民族地区城镇化进程具有重要意义。四是乌蒙山和秦巴山区集中连片贫困地区扶贫政策。国务院《中国农村扶贫开发纲要（2011—2020年）》要求，加大对连片特困地区的投入和支持力度，着力解决制约发展的瓶颈问题，促进基本公共服务均等化，从根本上改变连片特困地区面貌，这对加快四川省秦巴——乌蒙山区集中连片贫困地区经济社会发展具有重要意义，有利于实现区域城镇化均衡发展。

（2）经济因素

第一，经济全球化的进一步加深。经济全球化将会在以下四个方面对我国城镇化进程产生积极的影响。一是提升了城市国际化水平，有利于更广泛地集聚要素，提升城市形象和城市影响力。二是加快了城市管理体制改革和发展方式转变，有利于进一步增强城市发展活力，增强城市的承载力。三是通过学习借鉴国外各种各样的城镇化经验，有利于不同地区找到适合自身的城镇化道路，实现区域协调发展。四是积极吸取发达国家和地区城镇化教训，有利于加快转变城镇发展方式，降低城镇化成本，减少城市病，提升城镇化质量。

第二，全球经济呈现复苏迹象。世界银行2014年1月份发布的《全球经济展望报告》称，经过五年的全球金融危机后，全球经济的尾部风险已经消退，高收入国家增速加快和中国的持续强劲增长支撑着发展中国家经济增长走强，刺激对发展中国家出口产品的需求，发展中国家和高收入经济体的增长率终于逐渐走出谷底，预计2015年和2016年全球GDP增长率分别达3.4%和3.5%。[1] 国际货币基金组织在2014年7月公布的《世界经济展望报告》更新内容中预测发达经济体2015年增长将有所增强，预计2015年全球经济增长率

---

[1] 世界银行最新发布的《全球经济展望报告》称全球经济处于转折点，http://www.chinadaily.com.cn/hqgj/jryw/2014-01-15/content_11041966.html。

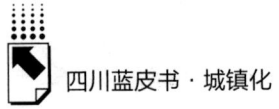

仍为4%，但也警告全球经济存在下行风险。①

第三，我国经济增长中长期的趋势不会改变。我国总体上仍处于工业化城镇化中期阶段，仍有较大的发展空间。世界银行2014年4月7日发布的《东亚及太平洋地区经济展望》预计，2015年和2016年，我国经济增幅为7.5%，增长速度放缓但增速稳定。②根据世界银行此前的预测，我国2016~2020年年均增速降至7.0%，到2030年年均增速将降至5%左右。经济合作与发展组织（OECD）2013年11月发布的《全球经济展望报告》认为，我国2014~2018年年均增速将达到7.7%③。综合各种预测，虽然我国经济已经进入中低速增长区间，但增长的中长期趋势不会改变，城镇化动力不会削弱。

第四，四川省经济将会保持持续稳定增长。"十二五"以来，四川经济社会呈现"两化"双双加速、跟进跨越并存、内外开放联动的新特征。2011~2013年，四川省GDP从21026.7亿元增加到26260.8亿元，全社会固定资产投资从15141.6亿元扩大到21049.2亿元，出口额从290.4亿美元增加到419.5亿美元，社会消费品零售总额从8006.6亿元增加到10561.4亿元，④各项经济指标均迈上了新的台阶，经济社会发展的基础更加牢固。同时，随着"三大发展战略"深入推进和进一步深化改革，四川发展活力进一步释放。深化体制机制改革将进一步释放经济发展活力；多点多极战略支撑发展战略将会推动中等城市及县域经济发展，进一步协调区域发展水平；创新驱动战略的实施将会进一步增强经济发展后劲，集聚发展活力；优势产业培育战略有利于进一步增强产业支撑能力；四川人均地区生产总值已经超过3000美元，消费结构将进一步从发展型向享受型升级，住房、汽车、电子通信、高档电器等将继续成为消费热点，城镇居民在奢侈品、住房改善、旅游医疗养老以及文化生活等方面的需求都会有明显增强，这些为四川经济持续发展提供了强大的推动力，四川省城镇化将呈现更快更好的发展势头。

---

① 《IMF预计2015年全球经济增长率仍为4%》，http://www.chinairn.com/news/20140725/170206441.shtml。
② 《世界银行：中国经济年中季度性增长可能加快》，http://news.sina.com.cn/w/2014-04-08/005629882284.shtml。
③ 《2014年中国经济市场的走势》，http://www.worlduc.com/blog2012.aspx?bid=21840760。
④ 数据来源：《四川省统计年鉴2014》。

(3) 技术因素

第一，世界迎来了新一轮技术革命。2008年国际金融危机爆发后，在世界各国的共同推动下，全球进入了一个新的创新密集和产业振兴时代，新的产业革命以智能、低碳、普惠为特征，全球范围内新产品、新业态也正加速形成，高成长性、高带动性、高附加值的新兴产业发展速度明显加快，信息技术、生物工程、航天航空、可再生能源等新技术正在酝酿新的突破，全球范围内新兴产业发展进入加速成长期。高新技术和知识经济会推动社会生产力的增长和社会经济结构的重大调整，从而为城镇化加速前进提供了新的动力。如信息化技术进一步渗透，赋予城镇化新的内涵，对城镇化带来深远影响。信息化、网络化、服务化逐渐成为城镇化的重要动力；发达的信息技术和设备，有利于改善城镇空间结构；信息化、网络化有利于实现城市与乡村之间人流、物流、能量流、资金流、信息流的畅通，加强城乡联系；信息化技术密集、清洁型的产业将取代高消耗、高污染的工业，减少对自然资源的依赖，优化城市生态环境。

第二，我国的"创新红利"正在加快形成。高新技术和知识经济的蓬勃发展，虽然对中国赶超发达国家提出了严峻挑战，但也为中国实行跨越式战略、实现跨越发展提供了新的历史机遇。目前，发达国家技术进步对经济增长贡献率高达80%，我国则仅为10%，未来技术进步对经济增长贡献还有巨大空间。随着我国逐步放弃"以资源促发展""以市场换技术"和"以利润换资本"等要素和投资驱动的发展方式，逐步转向主要依靠创新驱动，进一步加大对科技创新的投入，将提高全要素生产率对经济增长的贡献，为经济增长注入新动力。

第三，四川"创新驱动"发展战略成效显著。四川是我国的科研、高等教育、国防科技工业和高新技术产业基地，是西部唯一的国家技术创新工程试点省。在四川省委省政府创新驱动发展战略的推动下，一是创新能力稳步提升。2013年，四川拥有独立研究开发机构266个、普通高等院校99所，拥有科技人员33万人，国家创新型企业和创新型试点企业26家、高新技术企业1800家。二是战略性新兴产业迅速成长。2013年，新一代信息技术、新能源、高端装备制造、新材料、生物、节能环保六大战略性新兴产业实现总产值5418.7亿元，实现销售产值5296.9亿元，销售产值占全省规模以上工业的比重达到15.1%。三是五大高端成长型产业发展潜力巨大。五大高端成长型产业是四川七大优势产业中的高端产业，是国家七大战略性新兴产业中的产业高端，是四川能够实现重点突破、率先发展、抢占市场领先地位、引领产业转型升级的重点领域。由于五大高端成长型产业中的页岩气、航空和燃机、信息安全、新能源汽车等均为国家战略产业，纳入了国家发展战略，无论是市场前景还是政策支持力度均拥有较大的优势，因此，未来具有较大的发展空间，能够实现跨越式发展。

（4）法治因素

党的十八届四中全会通过的《中共中央关于全面推进依法治国若干重大问题的决定》提出要加快建设社会主义法治国家。四川省委出台了《关于贯彻落实党的十八届四中全会精神全面深入推进依法治省的决定》，谱写法治四川建设宏伟新篇章，确保在四川城镇化过程中，法治起到引领和规范作用。

第一，法治是城镇建设规划科学合理的可靠保障。城镇建设中的首要一环就是规划立法。规划性立法可明确城市发展的整体思路以及各区域协调性发展，同时按照法治国家的要求，规划立法的制订、修改、通过等各个环节，并全程公示，接受利益相关方质询，公示结果，明确公众有参与城市规划制定的权利，并深度参与城市规划的制定[①]。这样便保证了公众的参与权以及政府行为的合法性及有效性。

第二，法治是推进绿色城镇化的可靠保障。绿色城镇化是新型城镇化的应有之义。目前，四川省城镇化中生态系统质量不高、工农业生产污染严重、乡镇居民健康受到环境污染的损害、城市边缘地带环境脏乱、城乡之间环境冲突加剧等问题日益严重，因此，在推进城镇化过程中，坚持低碳、环保的理念，走出一条绿色城镇化道路，是当前协调推进城镇化的主要任务之一。法治的形成和实行过程，就是要用严格的法律制度保护生态环境，加快建立有效约束开发行为和促进绿色城镇化的过程。

第三，法治是有效平衡各利益相关方的可靠保障。城镇化建设中，不可避免地涉及土地以及房屋的征收或征用等关系到公民个人利益的问题，正确处理

---

① 解其斌、刘艳梅：《国外以法治方式推进城镇化的经验对我国的启示》，《理论视野》2014年第4期。

社会公共利益和公民个人利益、公权与私权的冲突等问题需要法治的协调和保障。需要法治来承认土地房屋等私有财产是绝对不可侵犯的，只有为满足公共利益的需要，国家才可以限制公民的私有财产，而且必须给予合理的正当的补偿。同时，完善社会保障立法可实现对失地农民基本权利的保护，一方面保障新进城农民基本生存权，赋予新进城农民平等的市民身份，享有与城市居民同等的社会保障，[①] 另一方面保障新进城农民的劳动就业权利，确保新进城农民不会因失业而陷入困境。

（5）社会服务和文化因素

第一，城市文化活力进一步释放。城市是多种民族、多种文化相互混合相互作用的大熔炉，城市文化具有明显的多元化特征，这种特征是城市文化保持活力的根本所在。近年来，营造城市文化优势已经被提升到营造经济优势、科技优势同等重要地位，四川省各个城市都将建设文化名城作为自身的重要发展目标，从树立文化形象、提高市民素质、打造文化品牌、优化文化环境、培育文化氛围、增强文化活力等方面大力加强城市文化建设，城市文化发展呈现蓬勃向上的势头。城市文化的加快发展，进一步强化了其多元化的特征，为每个市民提供了更多的行为空间和选择机会，对农村居民形成了更强有力的吸引力。

第二，城市文化进一步开放。包容性是城市文化的又一重要特征，其已经成为所有城市具有的重要精神特征。随着体制机制的改革，特别是就业制度的取消，体制内和体制外市民的差异大大缩小，原有居民和新移民间的鸿沟逐渐弥合，城市公共服务也不再以职业、出生、地域等为标准，相反更加强调服务的公平和质量，城市的文化更具有包容性，新居民不仅可获得物质条件的满足感，还能迅速融入当地文化，融入当地生活圈，安居立业，获得深层次满足感。城市更加包容、更加开放，有利于消除农民的疑虑，减少融入城市生活的成本，降低城镇化风险。

第三，城市公共服务更加完善。近年来，四川省城市公共服务产品的种类和数量大幅增加，公共服务产品的质量和效率得到提高，在住房、养老、社

---

① 解其斌、刘艳梅：《国外以法治方式推进城镇化的经验对我国的启示》，《理论视野》2014年第4期。

保、医疗、教育等公共服务方面的社会改革与经济改革同步协调推进，有效防范和化解了社会矛盾与社会风险，从而保证了社会的稳定与和谐。城市公共服务水平的提升，不仅改变了城市形象，提升了居民生活质量，而且大大提高了城镇化质量，为新移民带来更好的公共服务提供了可能性。

2. 不利因素

（1）世界经济再平衡面临重重困难

第一，世界经济增长模式调整困难。2008年金融危机彻底打破了稳定的世界经济增长格局，加速了全球金融、产业、分工体系重构。全球经济失衡的原因错综复杂，世界经济增长模式的调整不容乐观。

第二，发达经济体和新兴经济体发展前景不明。经济复苏的持续疲软，经济政策的显著变化特别是因投资者担心美国2015年将实行紧缩货币政策而导致流动性和汇率剧烈波动，2014年9月15日，经济合作与发展组织（OECD）表示下调对美国和其他主要经济体的增长预测。此外，虽然新兴经济体仍然是全球经济增长的重要动力，但发达经济体极度宽松货币政策的结束，可能会导致金融市场动荡以及新兴经济体汇率急剧下滑，加上新兴经济体自身的经济结构问题，未来可能会产生较大的负面影响。为此，世界银行调低了新兴经济体的发展预期，IMF甚至不再将新兴经济体视为全球经济的活力引擎。

第三，国际政治局势将会对世界经济产生重要影响。随着国际关系格局的变化，国际政治对全球经济的影响越来越大。随着俄美争斗、乌克兰问题、中东问题的升级，以及苏格兰公投等地区问题的激化，全球经济的风险进一步增加，将对全球经济产生重大冲击，造成全球经济增速放缓影响，影响出口增长；造成国际金融动荡，进一步引发新兴经济体FDI流入大幅波动；美元可能再度走软，削弱我国出口的竞争力，提升输入型通胀压力。

（2）我国转变发展方式压力巨大

第一，调结构转方式难以在短期内见效。消费方面，由于国民收入分配结构不合理，内需增长乏力。产业方面，金融危机后，外部需求减少，短期内难以恢复到危机前的水平，而且需求结构的调整的压力也明显在增大[1]。发展方

---

[1] 迟长胜：《后金融危机时代中国经济结构调整难度加大》，http://finance.ifeng.com/news/special/hgjjxs/20100418/2066229.shtml。

式方面,收入水平提高和生产要素成本上升带来的负效应增强,劳动力、资源和土地这些低成本优势也开始减弱。

第二,国际化负面影响进一步凸显。我国过去 30 多年的经济快速增长,主要得益于全球化红利、人口红利和资源要素投入红利,国际金融危机爆发后,长期生产低附加值产品的产业发展空间趋于狭窄,加上外部市场需求的调整及各种贸易保护主义重新抬头,使我国参与的第一波全球化红利基本透支,全球化带来的负面影响将进一步凸显,内部产业严重失衡弊病进一步暴露。

(3) 存在制度障碍

第一,"严格控制大城市"在实践中被误读。四川近 20 多年来的城镇化道路始终在执行国家推进城镇化的方针,即"严格控制大城市规模、合理发展中等城市和小城市"。但在实践中,严格控制大城市被理解为"控制中等城市发展成为大城市",使一些具有良好发展条件的中等城市推迟了向大城市迈进的过程,如绵阳、德阳、宜宾、自贡等中等城市的发展速度一直很慢。

第二,土地制度障碍。土地所有制是农村规划布局制定与实施的重大障碍。我国农村实行土地集体所有制,各村民小组在制定规划时以村或村民小组为基础,进行土地的开发与建设,容易各自为政,很难做到统一。同时,土地的稀缺性价值日益明显,加之特有的资产保值增值功能,农民更加不愿意放弃土地。另外,土地市场不健全等多种因素的存在,使得土地流转依然存在重重困难。①

第三,户籍制度。目前,许多地方的户籍改革实践多是停留在取消形式上的户籍差别,依托在户籍身份上的一系列差别待遇的改革进展缓慢。深化户籍制度改革的关键在于赋权和增利,即通过一系列制度改革,赋予农民与市民同等权利,分享同等利益,获得同等待遇,最终改变城乡居民的身份差别。② 户籍制度直接与就业、住房、医疗、教育、养老以及其他社会福利紧密联系在一起,政府需要投入不少财力才能使农民转变为名副其实的真正市民。保证原有市民基本公共服务水平稳定的前提下,马上实现城镇基本公共服务常住人口全覆盖,是有难度且不现实的。③

---

① 史金善:《农村城镇化的障碍及政策建议》,《仲恺农业技术学院学报》2002 年第 3 期。
② 许经勇:《户籍制度改革重在赋权和增利》,《人民日报》2013 年 8 月 11 日,第 5 版。
③ 南方日报评论员:《户籍制度既要怀抱理想又要尊重现实》,《南方日报》2014 年 7 月 2 日,第 2 版,http://news.hexun.com/2014 - 07 - 02/166235250.html。

第四,税收制度。目前,我国城市税种结构多是鼓励城镇招商引资、做大经济总量,城市财政收入主要来源于增值税、营业税以及土地使用权出让收益。这种税种结构的设置没有起到鼓励外来移民的作用。

(4) 产业发展和城市扩张的相互制约

第一,工业发展与城镇建设互扰互限。如工业生产会对城市水环境产生重要影响,又如工业噪声会扰乱城市居民正常的学习、工作和生活秩序,此外,工业发展可能还会引起对人文风貌、自然环境等的破坏。正是由于工业发展可能会对城市发展带来上述影响,所以城市发展也会对工业发展提出种种要求,如为了保护环境要求企业必须严格污染治理,为了防止噪声扰民必须让有些企业远离人群,为了保护自然环境和历史遗迹必须限制企业发展空间等,这些要求都会增加企业的经营成本,不利于工业发展。

第二,工业与城镇争水争地争能。如在缺水的地区,增加工业用水可能就要减少城市居民生活用水;又如,增加工业用地势必会减少城市绿化、基础设施建设、公共服务等公共用地,影响居民生活质量提升。此外,工业和城镇之间还存在争夺能源的情况,近年来,很多地区要么为了工业限制居民用电,要么为了保民用限制工业用电,在天然气供应方面也存在民用与工业用气之争等。

第三,工业与城镇基础设施重复建设。由于工业与城市发展的不同步,很多地区工业基础设施和城市基础设施都无法做到同步规划、同步建设。工业园区基础设施和城市市政设施各自为政,互不衔接,造成市政设施在低水平上不合理的重复建设,影响城镇基础设施建设投资规模效益。

(5) 人口城镇化成本高昂

第一,政府财政压力巨大。截至2013年底,四川省常住人口为8100万人,如果不考虑未来新增人口和劳动力,也不考虑失业或未就业的劳动年龄人口,按照到2020年达到全国城镇化平均水平61.03%计算,还有1400万左右农村人口需要转移。目前,关于每转移一个农村人口的政府投入的测算差距较大,基本上在2.5万~10万元,以中位数即7万元计算,转移1400万人,需要约10000亿元的投入,平均每年投入1700亿元左右,这是一个相当大的资金量。

第二,农民个人经济压力大。转移农村人口自身的经济压力也十分巨大,根据中国社会科学院《中国城市发展报告NO.6》,一个农民工市民化的个人成本为10.1万元。① 对于普通农民来说这也是一笔不小的压力。在没有适当的成本分担机制情况下，农民市民化将是一个非常复杂的过程。

第三，农民个人机会成本巨大。主要体现在三个方面，一是计划生育政策，农村普遍实行的是二孩政策，在国家没有全面放开计划生育政策的背景下，放弃农村户口很可能就失去生育二胎的机会。二是土地政策。农村土地征用、土地出让金的分配和使用、土地价格形成机制以及农村土地承包经营权流转等方面，都存在问题和缺陷，不仅导致了土地的粗放使用，也制约了农村人口有效地向城镇迁徙集中。三是农村住宅问题。目前，很多地方的农村住宅多为2~3层的钢筋混凝土或砖瓦房，花费巨大的住宅，增加了农民进入城镇的机会成本，再加上原有宅基地（包括房屋拆除）退耕还田的巨大机会成本，这些均使农民进退两难。

（6）资源和生态环境挑战

第一，生态环境的制约。四川虽然幅员辽阔，有一定的环境容量，但由于地形复杂多样，各地人口发展不平衡，城镇化面临着严重的环境问题。一方面，现有城市化地区环境压力较大。目前，四川省流域面积超过100平方公里的1049条河流中，80%都受到不同程度污染。另一方面，由于四川人口多集中在成都平原和盆地周围，资源能源消耗集中，环境压力较为集中，随着城镇化的加速发展，成都平原地区对资源环境的要求亦会加速，可持续发展压力巨大。此外，经济社会发展不平衡，大城市和中小城市之间发展不均衡，城市和乡村之间发展不均衡，催生的各种各样的"城市病"也是影响城镇化质量的重要因素。

第二，土地资源限制。据测算，四川省城镇化水平每提高1个百分点，耕地面积减少4.65万公顷。若2020年城镇化率达到全国的平均水平（61.03%），还需要提高20多个百分点，耕地面积将减少100多万公顷，这将会突破全省耕地面积保护红线。与之相对应，城镇化水平每提高1个百分点，需要建设用地为7900公顷。如果到2020年四川省城镇化率达到全国平均水平（61.03%），需要新增建设用地17万公顷，建设用地总规模将达到1820900公顷，将超过规划中确定的2020年1812800公顷的水平，缺口为8000多公顷，城市建设用地的指标将十分紧张。

---

① 张占斌主编《中国新型城镇化健康发展报告（2014）》，社会科学文献出版社，2014，第181页。

(7) 四川第三产业发展滞后

发达国家城市化的经验表明,随着经济水平的不断提高,一个国家第三产业的发展程度与城镇化进程呈现高度的正相关,一个国家或地区第三产业的发展是城市经济的强大动力。一些实证研究表明,城镇化率与第三产业从业人员占整个社会从业人员比重互为双向因果关系,相互促进。[1] 第三产业的发展可有效地促进专业化和社会化大生产,增强城市发展的后劲,提高城市生活质量和人口质量,还可以带来健全的社区、便捷的交通教育等,可有力地促进城市功能的建设。如城市物流,可拉动城镇的进一步发展,带动周边商贸、商业、产业、居住氛围的发展,推进区域产业快速集聚。然而,四川第三产业虽然经过近年来的发展,已经成为吸纳劳动力的重要渠道,但还发展缓慢、不均衡,制约着城镇化的推进。

第一,总量相对不足。从发展水平来看,四川省第三产业总体规模较小。2013年,四川第三产业增加值为9256.1亿元,增长9.9%,占GDP的比重为34.5%,这个占比低于全国46.1%的比重。对新型城镇化的带动力不仅弱于发达省份,还达不到全国平均水平。

第二,区域发展不平衡。四川省第三产业区域发展存在较大差距,平原地区的第三产业发展总量较大、速度增长较快,而丘陵地区、民族地区、革命老区、贫困山区第三产业的发展水平较低,进展缓慢,因此,对新型城镇化发展的制约程度也不同。

(二) 四川省新型城镇化发展的预测

1. 城镇化仍将以较快速度推进,人口异地城镇化规模缩小

虽然"十一五"以来,四川省城镇化进程大大加速,但与全国水平相比,城镇化率低了近10个百分点,且未突破50%大关,仍有加速发展的空间。据《四川省"十二五"城镇化发展规划》确定的发展目标,到2015年四川省城镇化率将达到47%,在"十二五"期间,年均提高1.5个百分点左右,到2020年达到53%。[2] 无论是年均增长1.5个百分点还是年均增长2个百分点,

---

[1] 吕一清、何跃:《城镇化进程与第三产业发展相互关系实证研究——以成都市为例》,《决策咨询通讯》2010年第6期。
[2] 《四川省"十二五"城镇化发展规划》,四川省人民政府网站。

城镇化速度都仍处于加速区间，远远高于"十一五"之前的情况。当然，今后一个时期，除常住人口中农村人口加速转移外，还有两个因素影响四川人口城镇化率提升：一是人口异地城镇化规模增速将趋缓，就地城镇化人口增加。二是异地城镇化人口回流将成为本地城镇化的重要动力。2008年金融危机以来，东部地区产业加速向中西部转移，西部发展机会增多，吸引了部分异地城镇化人口回流。此外，由于思想意识、生活习惯等原因，外出人口将倾向于定居在出生地城镇地区，成为"新市民"。

2. 多极多层次的城市体系进一步完善，成都引领作用继续增强

根据四川省省委十届三次全会提出的多点多极支撑发展战略目标，到2017年全省将形成10个经济总量超过2000亿元、5个超过1500亿元的市（州）。随着多点多极支撑发展战略的深入推进，目前，以成都特大中心城市为核心，20个区域中心城市为依托，300个左右中小城市和重点镇为骨干，1500个左右小城镇为基础，大中小城市和小城镇协调发展的布局合理、层级清晰、功能完善的省域城镇体系加快形成，"一核、四群、五带"为骨架的城镇空间布局结构进一步完善。截止到2013年，四川有12个市（州）GDP突破1000亿元，其中成都突破9000亿元，绵阳、德阳、宜宾、南充接近1500亿元，剩下的9个市（州）中有4个接近1000亿元。同时，城市建成区面积超过100平方公里的城市有5个，接近100平方公里的城市有5个。大城市经济总量的不断增长，建成区面积的持续增加，极大地提升了城市集聚人口的能力。预计到"十二五"末，全省将会形成10个左右的百万人口特大城市，10个左右的50万人口大城市。全省原有的"核心-边缘"城镇空间结构模式将逐步被网络化的区域城镇空间结构取代，城市人口分布将更加合理均衡。但成都特大中心城市的引领作用仍将持续，在全省城镇化进程中的关键地位不会改变。区域性中心城市集聚能力仍有待加强，小城市和小城镇人口集聚能力仍较弱。

3. 城镇群成为城镇化的重要载体和表现，区域间差距进一步扩大

城镇群、城市带已经成为21世纪城镇化的一个突出特点。目前，四川省以城镇群为主体形态的城镇化空间格局已具雏形，今后一段时间内，区域性中心城市与周边城镇之间的联系更加紧密，城镇群的辐射带动能力更强，以城镇群为主体形态的城镇化发展格局引导区域人口和产业合理布局。成都平原城镇群在着力提升产业竞争力、推进产业优化升级的基础上,进一步强化西部综合交通主枢纽、西部通信枢纽、西部物流商贸中心、西部金融中心和西部科教中心地位,成为西部地区最具竞争力的城镇群。川南城镇群通过打造"中国白酒金三角核心区",建设国家重要的资源深加工和现代制造业基地,加强与川、滇、黔、渝及其周边地区开放合作,成为综合交通枢纽、成渝经济区重要的大城市集群、成渝经济区新的重要经济增长极。构建以攀枝花市和西昌市大城市为中心的攀西城镇群,积极开展与贵州省六盘水市、滇西北和滇东北等区域的合作,打造四川南向开放的桥头堡。加快建设国家级战略资源创新开发试验区,将会带动金沙江流域、安宁河谷流域的发展。以南充市、达州市和广元市、遂宁市、广安市、巴中市等大城市为中心的川东北城镇群,将会成为西部重要的能源化工基地和农产品深加工基地,成为连接我国西北、西南地区的新兴经济带。与此同时,依托交通干线与江河流域,成德绵广(元)、成眉乐宜泸、成资内自、成遂南广(安)达、成雅西攀等5条各具特色的城镇发展带,将会逐步成为引导全省产业和城镇合理布局的重要城镇发展轴。但各城镇群的城镇化进程步伐并不一致,成都平原城镇群因其强劲的经济发展动力,推动人口城镇化率持续提升,将会在全省率先实现城镇化,但增速会逐渐稳定;川东北城镇群人口城镇化率较低,仍将有较快的增速和较大的提升空间,未来一段时间内增速将会引领全省;川南城镇群经济基础较好,城镇化步伐会进一步加速,但面临着老工业城市转型等压力,对其城镇化速度有一定的影响;攀西城镇群由于攀枝花的人口城镇化率已经达到相当高的水平,因此,未来的潜力主要是凉山州,受资源型产业发展势头下降等影响,总体速度不会太快。

4."四化"水平同步提升,工业化仍占主导地位

坚持"四化"同步,推进四川现代化健康发展,是四川省委的重大战略决策。"四化"同步是一个深度融合、整体互动的系统工程,既是城镇化的内在动力,又是城镇化的必然要求,也是城镇化水平提升的重要标志。信息化与工业化深度融合,将加快传统工业的转型升级,加快制造业服务化进程,带动生产性服务业发展,培育新的经济增长点,为城镇化和农业现代化提供持续动力。工业化城镇化良性互动,以产业的增长促进城镇的扩张,以城镇综合承载能力的增强支撑产业发展,有序推进产业园区化、园区城镇化、产城一体化。城镇化和农业现代化相互协调,进一步推动城乡产业发展、城镇体系、基础设施、道路交通、环境保护、土地利用和新农村建设等相互衔接，注重城乡要素平等交换和公共资源均衡配置，形成以工促农、以城带乡、工农互惠、城乡一体的新型工农、城乡关系。推动信息化与农业现代化的协调发展，促进现代信息技术与农业相互契合发展，全面推进信息技术在农业生产、经营、管理、服务中的应用，夯实农村信息化基础，加快信息技术武装现代农业步伐，助力农业产业化经营跨越式发展，开创农业信息服务新局面。收入差距逐步缩小，城乡公共服务均等化的体制将逐步建立，统一的产权制度、价格制度、就业制度、教育制度等保障制度也将逐步建立健全。国家统筹城乡综合配套改革试点为四川省加快城镇化发展增添了强劲动力。但由于四川省工业化仍处在工业化中期，工业化水平决定了信息化、城镇化、农业现代化的水平，要实现"四化"同步，工业化仍是核心主导动力。

5. 城镇化质量将进一步提升，"伪城镇化"问题逐渐得到缓解

一方面，城市公共服务水平进一步提升。通过进一步加强城镇公共服务设施建设，完善教育、科技、文化、卫生、体育、就业和社会保障等公共服务设施，提高公共服务设施利用率，满足城乡居民日益增长的公共服务需求。另一方面，"伪城镇化"现象逐渐消除。户籍制度的深化改革，中小城市和小城镇落户条件的进一步放宽，非农业产业和农村人口有序向中小城市和建制镇转移加速。城镇养老、失业和医疗保险等社会保障体系进一步完善，基本公共服务要更好地覆盖农业转移人口，加强对进城务工人员合法权益的保障，将流动人口纳入基本公共服务均等化范围，加强对流动人口基本公共服务的供给，逐步建立流动人口在医疗卫生、就业、养老以及子女教育等方面的相关保障制度，最终实现流动人口与当地居民享有同等的基本公共服务，确保农业转移人口真正转化为城镇居民。

6. 城市可持续发展水平进一步提升，但环境和资源压力仍然巨大

建设低碳城市，减少城市的二氧化碳排放量，是当今世界各国城市发展的方向，正成为未来城市化发展过程中的新亮点。在城市可持续增长理念指导下，城市发展日益理性，在城市规划和发展中处理好城市化与经济、社会、资源、环境、生态方面的关系，形成彼此间的良性互动。城市建设注重环境问题，兼顾长期与短期效益，加强生态建设，追求经济、生态和社会等之间的平衡，构建资源节约型和环境友好型城镇，促进城镇发展与资源环境相协调；强调地方提供基础设施和公共服务等方面的财政能力，争取政府在基础设施上以最小的投入满足最大限度地需求；加强中心城市中自然与人文资源的保护，对城市中的历史文化资源进行保护，对城市中存在的历史文化街区、古建筑及优秀近代建筑，杜绝乱拆乱建。深入开展城市历史文化研究，鼓励从自然地理与历史文化的实际情况出发，充分挖掘本地优势、弘扬优秀地方文化，突出地方特色，达到提升城市品位，优化城市人居环境的目的。强调社区在凝聚社会力量方面的重要性；努力促使社会分配实现公平，提高公众参与的重要性。但总体来看，问题的长期积累导致城市环境日益恶化，特别是土地资源短缺、土地利用率不高等问题很难在短时间得到彻底改变。

7. 城乡一体化将会取得较大进展，但仍面临重重困难

党的十八大报告提出要加快完善城乡发展一体化体制机制，促进城乡要素平等交换和公共资源均衡配置，形成城乡一体的新型工农、城乡关系。四川省委省政府也将"两化互动、城乡统筹"作为"三大发展战略"之一，要求加快解决城乡分割分治的问题，建立完善城乡统筹发展新机制，构建现代城乡新形态，加速形成城乡一体化发展新格局。同时，要求运用统筹城乡综合配套改革试点经验，因地制宜推进"三个集中"，深化户籍制度、农村土地产权制度、社会保障制度等改革，加强城乡规划、基础设施、产业发展、公共服务和社会管理等"五个统筹"，促进新型工农、城乡关系的形成，激活城乡发展活力①。与此同时，随着藏区"三大民生工程""四大片区"连片扶贫攻坚规划、县域经济发展战略以及彝家新寨建设等各项重大战略部署的有效实施，极大地推动了民族地区、革命老区、贫困地区的发展速度，改善了贫困人口特别是农村贫困人口的生活状态，有利于加快欠发达地区城乡一体化进程。但受四川省城市辐射带动能力较弱以及县域经济发展水平不高、区域发展不平衡、农村空心化等因素的影响，未来较长一段时间内，四川城乡二元结构局面难以从根本上得到改变，城乡统筹、城乡一体化将是一项艰巨而长期的任务。

---

① 见《王东明书记在四川省委十届三次全会上的讲话》《中共四川省委四川省人民政府关于加快推进新型工业化新型城镇化互动发展的意见》。

农业转移人口市民化篇

Migrant Workers Urbanism Reports

B.2 四川省农民工总体状况

四川省统计局＊

摘　要： 本章分析了农民工发展的新特点。并以抽样调查为基础，从生活现状及诉求、就业和社会保障、市民化意愿等三个方面把握四川省农民工的总体特征。该调查显示，进城务工人员在城市生活的稳定性较强、整体社会保障水平不高、对户籍农转非的顾虑较多、劳动权益保障水平不高。进城务工人员希望改善生活、工作和住房条件，当遇到特殊困难时能够获得必要的救济。

关键词： 农民工　市民化　进城务工人员　四川

＊ 曾旭晖根据四川省统计局进城务工人员调查报告编辑整理。曾旭晖，博士，四川省社会科学院农村发展研究所副研究员，主要研究方向为农村发展。

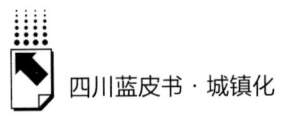

四川是农业人口转移输出大省，2013年转移输出农民工2455万人，约占全省农村户籍人口的37%，其中省内转移1247万人，省外转移1208万人。促进农业转移人口市民化具有显著的社会经济效益，是实现以人为本的新型城镇化的重要途径。

一是农业转移人口群体大，农民工进城务工时间长，对经济社会发展影响重大。但是，农民工在城乡之间去留未定，直接影响城乡人口、经济、社会的深刻变动，直接影响城乡政策取向。推动农业转移人口市民化，既有利于产业稳定发展，又有利于社会保持稳定。

二是农业转移人口市民化明显滞后，难以均等享受城市基本公共服务和社会保障，形成新的城市人口二元结构。农民工普遍存在流动性大、从业不稳定、收入不高、居住条件差、保障水平低等问题，各方的配套政策赶不上农业转移人口不断增长的需求。

三是要实现农业现代化，推进以新型农民为主体的集约化、规模化经营，亟须加快农业转移人口市民化。当前，在农村打工经济的影响下，农业经营兼业化、粗放化和短期化现象突出，严重制约了现代农业经营体系的建立。加快农业转移人口市民化，将农村剩余劳动力有序转移到城镇，从而培育新型农业经营主体，为农业现代化创造有利条件。

农业转移人口的重点是进城务工人员。进城务工人员有了稳定的市民化预期，才能带动配偶和子女的随迁，在城市安家落户。

一　农民工发展的新特点

除传统的规模庞大、流动性强、自我保障能力弱等基本特征外，由于城乡关系和经济社会发展的深刻变革，四川省农民工还呈现以下四大新特征。

（一）农民工总量持续增加，省内务工和举家外出规模持续增加

当前四川省农民工规模呈现四个方面的显著趋势。

一是农民工总量持续增加。从2003年起，四川省农民工总量持续增长，到2013年农民工总量为2455万人，年均增幅达6%。据推测，这种增长态势将持续到2018年，届时四川省农民外出务工总量将达到2600万人。

二是省内外农民工就业规模日趋平衡（见图1）。受东中部经济发展速度趋缓以及西部大开发战略等多重影响，省内农民工数量呈现快速增长态势，到2012年首次超过省外，达到1292万人。图1显示了2003~2013年农民工流向变化，从2003年省内外农民工规模比0.45：1，上升到了2013年的1.03：1。可以预见，随着四川省多点多极、"两化"互动等发展战略的深入推进，省内农民工数量攀升的趋势还将持续。

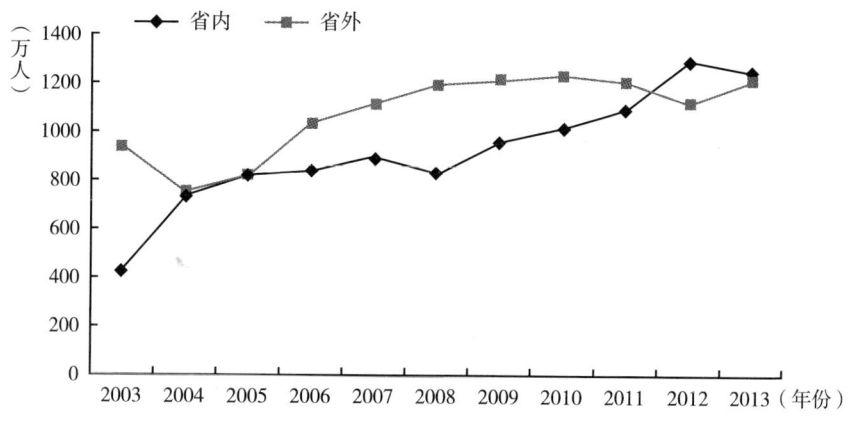

图1 四川省农民工转移输出发展态势——分省内和省外转移

三是省内分市（州）农民工转移输入量分布极不均衡。省会城市成都作为西部特大城市，是省内转移农民工最主要的目的地。根据《四川统计年鉴2013》，用年末城镇常住人口减去年末户籍非农业人口，可以估算城镇外来（非本地户籍）人数，这部分人多算了离开成都的成都城市户籍人数，同时又少算了进入成都的外地城市户籍人数，假定这两者大致能相互抵消，这样剩下的就是外出输入的农民工总量。从图2中看到，成都一家独大，有254万农民工留在城市务工，占全省转移输入农民工总量的1/4。

用年末户籍农业人口减去年末常住农村人口，估算出转移输出的农民工数量，包括进入本地城区务工的农民工和到外地务工的农民工。从农民工转移输出数据来看（见图3），总量排在前面的主要是几个人口较多的地区（成都除外），转移输出占当地农业人口的比重为30%~40%。但是我们的数据不能区分转移到本地城区务工的农民工和输出到外地的农民工。

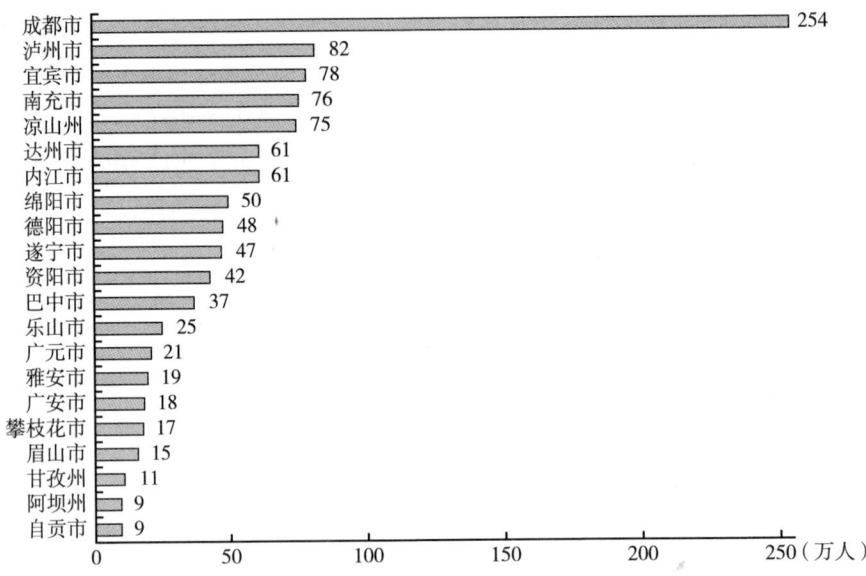

图 2　四川省农民工转移输入发展态势——分市（州）转移输入

资料来源：根据《四川统计年鉴 2013》计算整理。

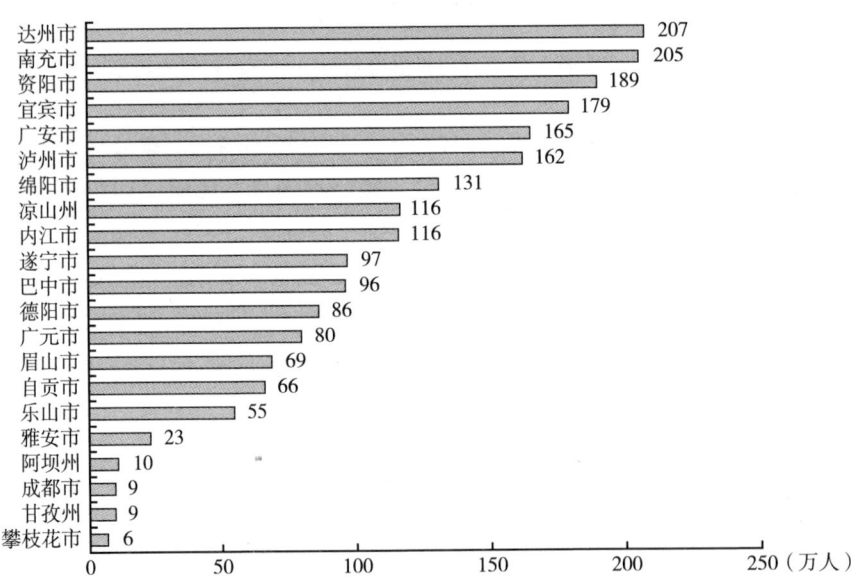

图 3　四川省农民工转移输出发展态势——分市（州）转移输出

资料来源：根据《四川统计年鉴 2013》计算整理。

四是农民工举家外出务工数量持续增加。根据《2012年全国农民工监测调查报告》，2012年举家外出农民工有3375万人，约占全部外出务工者的13%，比2008年增加18%，呈现逐年递增态势。四川省农民工举家外出户数约占乡村总户数的1/3，随着城市基本公共服务如教育、卫生等覆盖力度增强以及农民工自身发展能力的提升，农民工举家外出务工规模将会持续扩大。

（二）农民工劳务收入稳定增长，但与城镇居民相比仍有较大差距

从2003年至今，四川省农民工年均劳务收入持续攀升，2013年达到11706.72元，是2003年的3.4倍，年均增幅12.23%。

然而，农民工收入水平与城镇居民相比仍有较大差距。如图4，2013年四川省城镇居民人均可支配收入为22368元，是农民工劳务收入的近2倍。值得注意的是，城镇居民可支配收入年均增幅达11.77%，与农民工收入增幅基本持平。这表明，农民工劳务收入与城镇居民可支配收入之间的绝对差距将进一步扩大。从趋势线推算，到2018年二者之间的差距将从当前的10661元扩大到17749元。

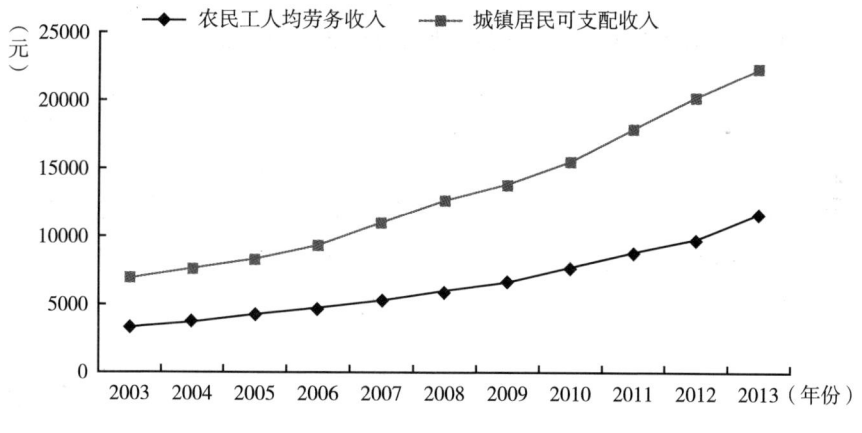

图4 农民工与城镇居民收入水平比较

（三）新生代农民工成为中坚力量，具有显著的群体性特征

与改革开放同龄的新生代农民工已经成为务工的主力军，目前四川省新生农民工占农民工总体的55.7%。成长过程、学习背景、就业能力、经济社会

环境和制度政策变化，使新生代农民工具有与传统农民工截然不同的特点。

一是从结构上看，新生代农民工出生于1980年以后，未婚比例较高①，这表明大部分新生代农民工将在外出务工期间解决恋爱、结婚、生育甚至子女教育等问题。与老一代农民工相比，新生代农民工特别是新就业群体，由于工作经验较少、技能熟练程度较低，收入水平明显偏低。

二是从发展能力和意愿看，新生代农民工受教育程度和参加职业培训比例较高，择业时不仅看重工资水平，也关注工作环境和职业前景。新生代农民工对城市文化、生活方式有较多认知和高度认同，有着强烈地融入城市的意愿，调查显示，超过七成的新生代农民工打算在城市买房②。这表明，城市将成为新生代农民工发展的主要空间。

三是从就业行为和生活方式看，新生代农民工主要集中在制造业，就业稳定性比老一代农民工显著提高，就业主要流向地级以上的大中城市。新生代农民工在城市的消费水平较高，他们中只有少部分人将主要收入寄回家，③ 这表明新生代农民工具有较强的支付意愿。

（四）农民工居住压力日渐增加，住宿条件无显著改善

农民工住房仍是以雇主或单位提供住宿为主，但从最近几年的居住情况变化看，单位宿舍、生产经营场所提供住房的比重呈现显著下降态势，独立租赁住房所占比重也下降明显，但与他人合租住房比重上升，另一明显变化态势是务工地自购房比重下降、乡外从业回家居住比重上升（见图5）。从外出受雇农民工的居住负担看，58.8%的农民工由雇主或单位提供免费住宿或住房补

---

① 2011年针对四川省内新生代农民工的问卷调查显示，未婚者占75.97%；2011年国务院农民工办课题组发布数据显示新生代农民工中约有70%未婚。四川省社会科学院：《新生代农民工价值取向研究》，2011；国务院农民工办课题组：《新生代农民工发展问题研究》，中国劳动社会保障出版社，2011。
② 四川省社会科学院：《新生代农民工价值取向研究》，2011。
③ 国务院农民工办课题组研究表明，2009年新生代农民工平均寄回带回的收入金额为5564元，占外出从业总收入的37.2%，而老一代农民工平均寄回带回的收入金额则为8218元。2011年四川省社会科学院针对省内农民工的问卷调查表明，只有16%的受访者将收入主要部分寄回家，49%受访者的主要收入都在城市消费。

贴,不提供住宿但有住房补贴的农民工比上年略有增长。① 考虑到近几年城市房价及房租价格的快速上涨,以及农民工住房主要来源之一的棚户区、城中村改造力度加大,农民工住房变化态势表明,农民工居住压力较大,且这种压力还在日益增加。

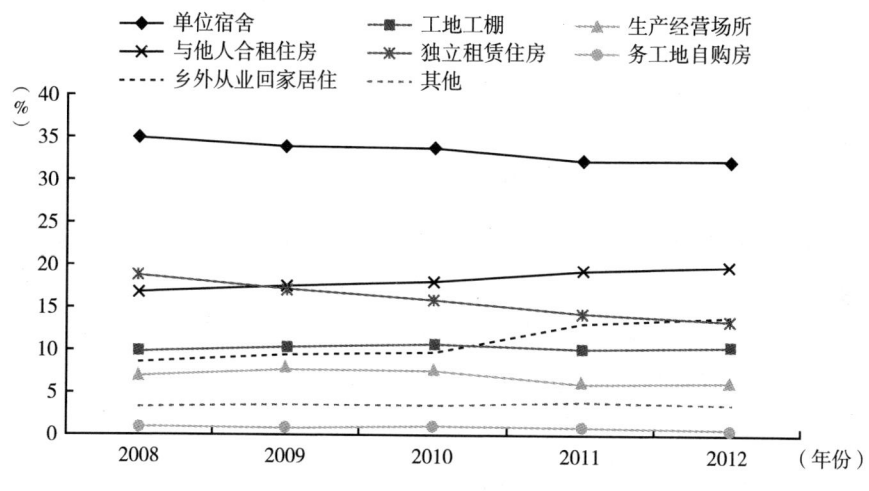

图 5　农民工居住变化情况

与此同时,农民工居住面积和设施条件并无显著改善。根据住建部在八个地市对新生代农民工居住状况的调查②,农民工家庭居住空间与当地城镇市民的人均居住面积相比差距较大,"群租"现象依然存在,虽然产业园区用工单位提供的职工宿舍设施较为齐全、居住环境较为理想,但绝大多数其他类型农民工宿舍以及农民工自行解决的住房居住条件较差,部分住所还存在较多安全隐患。

二　进城务工人员生活现状及诉求

为了全面地掌握四川省进城务工人员最新的动态,四川省统计局于 2014

---

① 国家统计局:《2012 年全国农民工监测调查报告》,2013 年。
② 住房城乡建设部住房保障司课题组:《新生代农民工住房保障体系研究》,出自国务院农民工办课题组《新生代农民工发展问题研究》,中国劳动社会保障出版社,2011,第 198～204 页。

年4~5月组织开展了2014年四川省进城务工人员现状抽样调查。调查采用面访方式，抽选成都、自贡、攀枝花、德阳、绵阳、内江、南充、宜宾、达州等9个市进行调查。调查对象为年龄18~65岁并在调查城市居住半年以上的进城务工人员，主要在工厂、建筑工地、住宿餐饮零售点、居住小区、农贸市场、批发市场等进城务工人员集中地随机抽样进行访问。调查共计完成有效样本3000个，其中成都市完成600个，其余8个市各完成300个。我们将调查结果分作四个部分进行详细分析，分别是生活现状及诉求、就业和社会保障、市民化意愿以及主要结论。

总体来看，目前有近半数的进城务工人员举家向城市迁移，随迁子女教育、城镇购房等市民待遇需求较大。有48.5%的进城务工人员与配偶、子女一起在务工城市生活，其中随迁子女正在接受义务教育的占46.2%；目前进城务工人员务工居住条件为自购房的占22.5%，在没有购房的进城务工人员中，未来三年有城镇购房打算的占23.7%，其中有购买政府保障性住房需求的进城务工人员占有购房打算人群的34.9%。

（一）进城务工人员的年龄和学历

在受访的进城务工人员中：男性占59.7%，女性占40.3%；年龄在18~29岁的占31.5%，30~39岁的占23.3%，40~49岁的占29.8%，50~65岁的占15.4%，平均年龄为37.6岁；学历为初中及以下的占63.7%，高中/中专/职高的占25.3%，大专/本科的占10.9%，硕士及以上的只有0.1%，有高中及以上学历者近四成，整体学历水平较前几年有所提高。

分地区看：成都市进城务工人员平均年龄为33.5岁，其他调查城市为38.6岁，成都市进城务工人员年龄结构更加年轻化；在学历方面，成都市进城务工人员的整体学历水平高于其他城市，其中学历为高中/中专/职高的比例（32.0%）较其他城市（23.7%）高8.3个百分点，大专/本科及以上的比例（17.3%）较其他城市（9.3%）高8个百分点。

（二）进城务工人员与家人生活的状况

在问及受访进城务工人员"目前与家人生活的状况"时，表示"与配偶、子女一起生活在务工城市"的比例最高，占48.5%；其次是"未婚，单身一人生活在务工城市",占21.2%;"夫妻生活在本市,子女老人在农村老家留守"的占14.0%;表示"子女已独自成家立业"的占9.6%;"配偶及子女在农村老家留守"的占6.7%。

分地区看:成都市和其他城市的进城务工人员与家人生活的状况存在一定差异,主要表现为成都市进城务工人员"与配偶、子女一起生活在务工城市"的比例较其他城市低11.5个百分点,而"未婚,单身一人生活在务工城市"的比例较其他城市高15.6个百分点。这与成都市作为特大型城市,房价及生活成本相对较高有较大的关系。

(三)进城务工人员居住状况

在问及受访进城务工人员"目前进城务工的居住条件"时,表示是"单独租房"和"自购房"的比例较为突出,分别占41.8%和22.5%(见图6)。

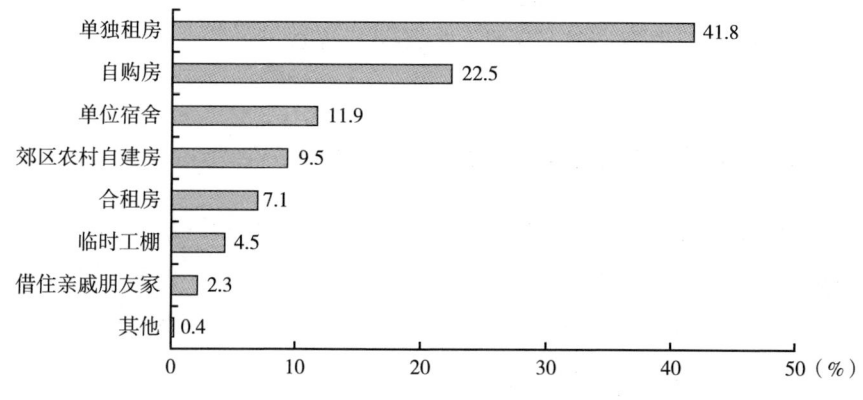

图6 进城务工人员务工居住条件

分地区看:成都市和其他城市的进城务工人员务工居住条件为"单独租房"的比例都较高且相差不大,不同的是,受相对较高房价的影响,成都市居住条件为"合租房"的比例(16.7%)明显高于其他城市,而"自购房"的比例(12.3%)则较其他城市低12.8个百分点。

从不同年龄、学历等人群的"自购房"情况看,总体趋势为:年龄越大、学历越高、进城务工累计时间越长、个人月收入越多,居住条件为"自购房"的比例越高。

（四）进城务工人员住房需求

目前没有在务工城市购房的受访进城务工人员中（占调查样本总量的77.5%），表示未来三年"有"在城镇购房打算的占23.7%。分地区看：成都市"有"城镇购房打算的比例为24.3%，其他城市为23.5%，无明显差异。在不同人群分组中：年龄较小、学历越高、进城务工累计时间较长、个人月收入越多的进城务工人员中未来三年有购房打算的比例更高。

进一步问及未来三年有购房打算的进城务工人员"是否有申请购买政府保障性住房需求"时，表示"有"的占34.9%。其中，成都市进城务工人员中表示"有"的比例为18.8%，其他城市为39.8%，成都市较其他城市低21个百分点。分不同人群看：年龄在30~39岁和40~49岁的进城务工人员的需求比例明显高于其他年龄段；学历为大专/本科及以上和初中及以下的需求比例相对较高；进城务工累计时间2~5年、10年以上的需求比例较其他进城务工年限的务工人员略高；个人月收入在3000元及以下的需求比例在不同收入段中最高。

（五）进城务工人员申请政府保障性住房

在受访者中，表示是"申请条件门槛过高，没有申请资格"和"对相关政策不了解"的比例分别达44.8%和34.4%，另外有5.2%的表示"没有遇到什么问题"（见图7）。分地区看：成都市进城务工人员主要集中在"申请条件门槛过高，没有申请资格"这一选项；其他城市则集中在"申请条件门槛过高，没有申请资格"和"对相关政策不了解"两个方面。

（六）进城务工人员随迁子女的教育

调查显示，在与配偶、子女一起生活的受访进城务工人员中（占调查样本总量的48.5%），表示随迁子女"正在接受义务教育"的占46.2%，"尚未到或超过义务教育年龄"的占52.1%，"已中途辍学"的占1.7%。分地区看，成都市进城务工人员中，随迁子女正在接受义务教育的比例稍高，为50.8%，其他城市为45.2%。

在随迁子女正在接受义务教育的受访进城务工人员中，表示随迁子女入学

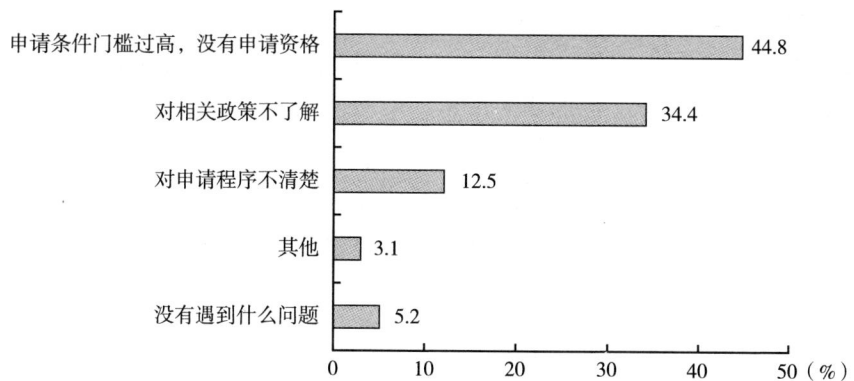

图7　进城务工人员申请购买政府保障性住房遇到的主要问题

注：选择"其他"的主要表示"政府公开相关信息比较晚，来不及申请"。

"非常方便"的占14.3%，"比较方便"的占42.0%，"基本方便"的占22.6%，三者比例相加为78.9%，另外表示"不太方便"或"很不方便"的占21.1%。分地区看，成都市进城务工人员中表示随迁子女接受义务教育方便的比例为76.7%，其他城市为79.3%，总体差异不大。

在问及表示随迁子女接受义务教育"不太方便"或"很不方便"的主要原因时，表示"申请入学的限制条件太多，标准太高"的比例最高，占46.5%；其次是"办理入学手续烦琐"，占31.0%；"进入公办学校困难"的占29.6%（见图8，此题为多选，相加不等于100%）。

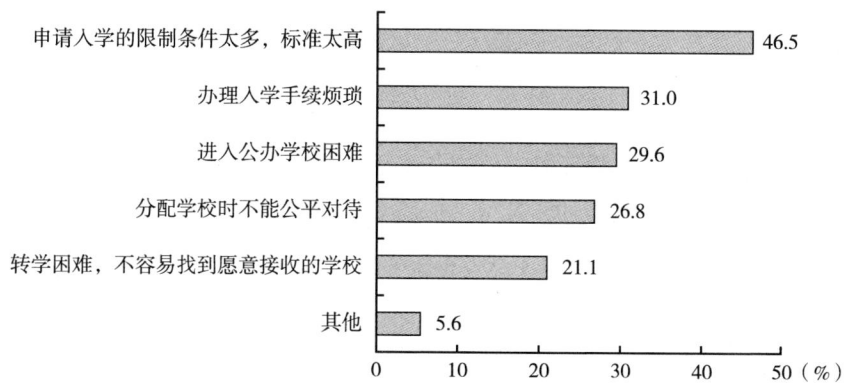

图8　进城务工人员子女接受义务教育不方便的主要原因

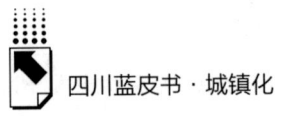

不同调查地区进城务工人员子女接受义务教育不方便的主要原因存在一定差异,其中成都市主要包括"申请入学的限制条件太多,标准太高""办理入学手续烦琐"和"进入公办学校困难"三个方面,其他城市则主要集中在"申请入学的限制条件太多,标准太高"方面。

三 就业和社会保障

总体来看,进城务工人员的就业行业比较集中,社会保障水平不高,合法劳动权益维权意识不强是当前四川省进城务工人员就业和社会保障的主要现状。在受访的进城务工人员中,到目前为止进城务工累计时间不到2年的占17.1%,2～5年的占25.9%,6～9年的占15.5%,10年及以上的占41.5%,进城务工累计时间平均为6.6年。分地区看,成都市进城务工人员进城务工累计时间平均为5.6年,其他城市为6.8年。

目前进城务工人员的社会保险或商业医疗保险参保率为82.5%,但主要是参加新型农村合作医疗保险,参加社会养老保险、失业保险等城镇社会保险的比例都较低;在单位上班的进城务工人员中,与工作单位签订劳动合同、工作单位为其购买了保险或住房公积金的比例都不到四成;有26.8%的进城务工人员表示在进城务工期间遇到过不公对待,遇到时有四成多选择忍气吞声。

(一)进城务工人员从事的行业与工作职位

进城务工人员中,目前从事批发与零售业、建筑业和服务业的比例占68.4%,从受访进城务工人员目前从事的行业看:"批发与零售业"的比例最高,占27.5%;其次是建筑业,占21.9%;再次是"服务业",占19.0%(见图9)。

分地区看:成都市和其他城市的进城务工人员均以从事服务业、批发与零售业、建筑业的居多;不同的是,成都市从事服务业的比例最高,达到25.3%,较其他城市高7.9个百分点;其他城市从事批发与零售业的比例排第一位,较成都市高5.6个百分点。

分不同学历的人群看:学历越高的进城务工人员中从事批发与零售业的比例越低,从事制造业的比例越高;初中及以下和大专/本科及以上的进城务工人员中从事建筑业的比例都较高;高中/中专/职高的进城务工人员从事服务业

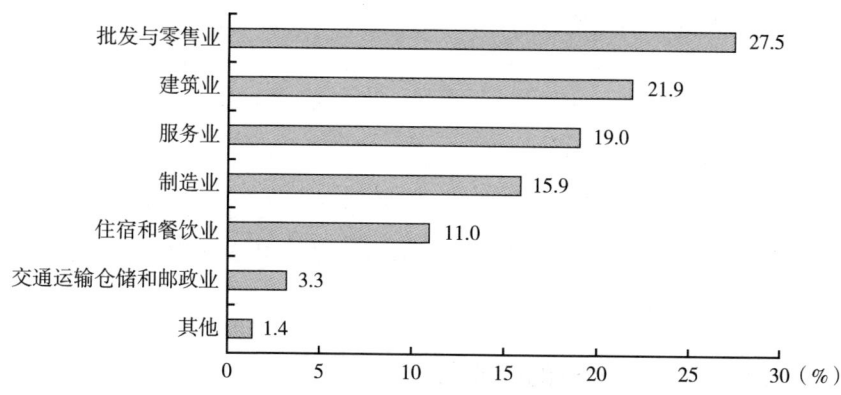

图 9　进城务工人员目前从事的行业

注：选择"其他"的主要是从事"通信""教育""装修"等行业。

的比例在不同学历人群中最高。

进城务工人员的工作职位（或工作性质）以个体/私营业主、服务人员和生产施工一线工人为主（占 70.2%）。"个体/私营业主"的比例最高，占 30.7%（从调查了解的情况看，主要包括蔬菜、水果、小商品批发零售商店业主和住宿餐饮店老板）；其次是"服务人员"，占 20.7%；再次是"生产、施工一线工人"，占 18.8%（见图 10）。

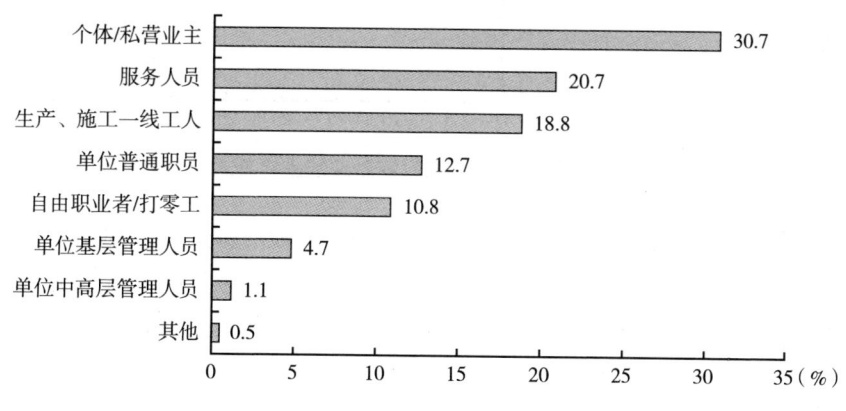

图 10　进城务工人员目前的从业状况

从不同人群分组看：成都市进城务工人员中，"服务人员"的比例最高，其他城市则是"个体/私营业主"比例最高；年龄在 18~29 岁的进城务工人员中,"服务人员"的比例最高,30岁以上的各年龄段中,均是"个体/私营业主"的比例最高;学历为初中及以下、高中/中专/职高的进城务工人员中,"个体/私营业主"比例均最高,大专/本科及以上的进城务工人员中,"单位普通职员"的比例最高。从事制造业和建筑业的进城务工人员中,"生产、施工一线工人"的比例均最高,从事批发与零售业、交通运输仓储和邮政业的进城务工人员中,"个体/私营业主"的比例最高,从事住宿和餐饮业、服务业的进城务工人员中,"服务人员"的比例最高。

(二)进城务工人员的就业与收入

自己临时寻找、自主创业和亲朋好友介绍是进城务工人员目前就业的三种主要方式。三种方式所占比例分别为33.8%、32.5%和27.7%,相加为94.0%(见图11)。成都市进城务工人员就业主要方式与其他城市无明显差异。

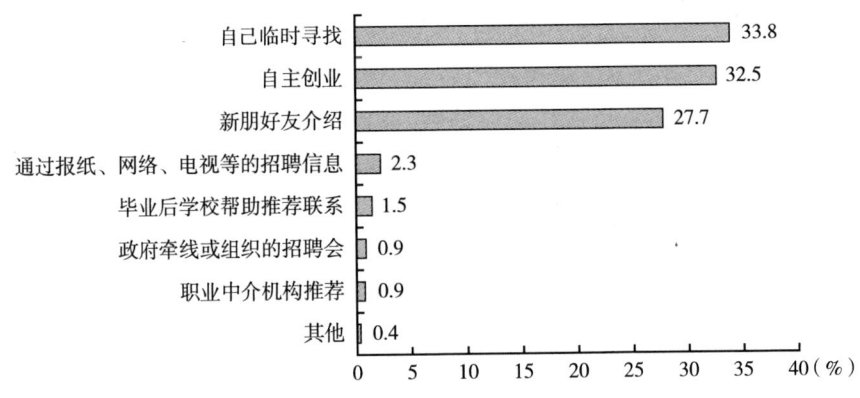

图11 进城务工人员目前就业的主要方式

受访进城务工人员目前个人月收入在1001~2000元和2001~3000元的居多,所占比例分别为36.1%和30.8%,两者相加占66.9%(见图12),通过计算,受访进城务工人员平均个人月收入为2694元。与2013年四川省城镇全部单位就业人员月平均工资(3483元)相比,低了22.7%,近800元[①],与城镇私营单位就业人员月平均工资较为接近。

---

① 由于数据搜集方式、调查口径、计算方法等不同,进城务工人员平均个人月收入与四川省2013年城镇全部单位就业人员月平均工资的对比结果仅供参考。

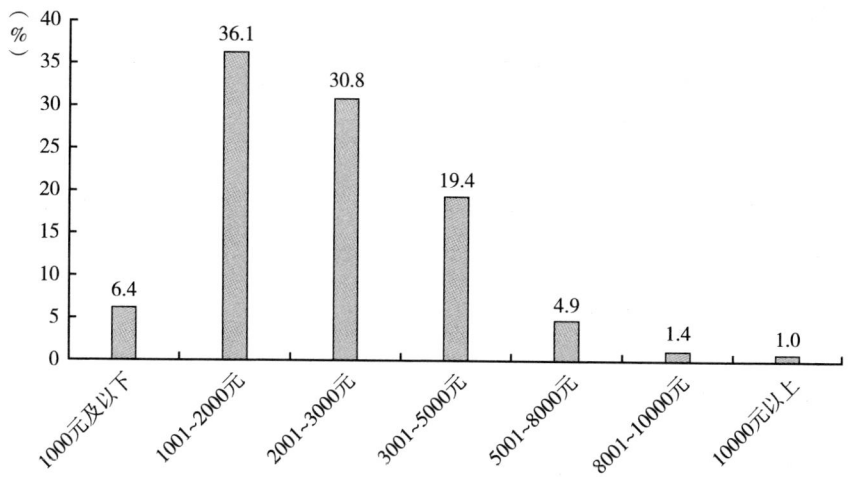

图12 进城务工人员目前个人月收入情况

从不同人群分组看：成都市进城务工人员平均个人月收入为3013元，较其他城市高396元；年龄越大的进城务工人员平均个人月收入越低；学历越高的务工人员平均个人月收入越高；不同行业中，从事建筑业、交通运输仓储和运输业的进城务工人员平均个人月收入排前两位，分别为3462元和3031元，批发与零售业、服务业排倒数后两位，分别为2447元和2211元。

（三）进城务工人员的社会保障

在问及受访进城务工人员"目前参加过哪些社会保险和医疗保险"时，表示"什么都没参加过"的占17.5%，表示参加了"新型农村合作医疗保险"的比例最高，占68.0%；其次是"社会养老保险"，占29.9%；再次是"失业保险"，占13.5%；选择"商业医疗保险"的占6.0%（此题为多选，相加不等于100%）。

分地区看：成都市进城务工人员中"什么都没有参加过"的比例（21.7%）较其他城市（16.5%）略高5.2个百分点，参加社会养老保险的比例（35.0%）较其他城市（28.7%）高6.3个百分点，参加失业保险的比例（24.0%）较其他城市（10.9%）高13.1个百分点，参加新型农村合作医疗保险的比例（54.7%）较其他城市（71.3%）低16.6个百分点。

在单位上班的进城务工人员中，单位为其购买保险或住房公积金的不到四成，表示"什么都没买过"的占60.9%。表示购买"工伤保险"的比例最高，占30.1%；其次是"养老保险"，占26.0%；再次是"医疗保险"，占25.3%；另外，表示购买"失业保险"的占17.6%，"生育保险"的占14.5%，购买"住房公积金"的占8.6%（此题为多选，相加不等于100%）。

从不同人群分组看：成都市在单位上班的进城务工人员中，单位为其购买保险或住房公积金的比例为35.3%，较其他城市高13.1个百分点；年龄越小、学历越高的进城务工人员，工作单位为其购买保险或住房公积金的比例越高；不同行业中，从事制造业的进城务工人员工作单位为其购买保险或住房公积金的比例最高，为53.1%，批发与零售业最低，只有5.6%。

（四）进城务工人员的失业与劳动保障

在进城务工过程中有失业经历的占46.5%，失业时在当地劳动部门进行过失业登记的只有5.2%。调查显示，受访进城务工人员在进城务工过程中有过失业经历的占46.5%，其中表示有"1次"或"2次"失业经历的占24.4%，有"3~5次"的占12.3%，有"6次及以上"的占9.8%，平均失业次数为3.1次。分地区看：成都市进城务工人员中有失业经历的占50.3%，平均失业次数为2.8次；其他城市有失业经历的占45.5%，平均失业次数为3.2次。

在问及有失业经历的进城务工人员"失业时有没有到当地劳动部门进行过失业登记"时，表示"有"的只有5.2%，成都市该比例为4.6%，其他城市为5.3%，无明显差异。

除去个体/私营业主和自由职业/打零工的人群，在单位上班的受访进城务工人员中，表示与工作单位签订了劳动合同的占39.6%。从不同人群分组看，成都市进城务工人员中签订劳动合同的比例为45.9%，较其他城市高7.2个百分点；年龄偏小的进城务工人员中签订合同的比例较高；学历越高的进城务工人员签订合同的比例越高；不同行业中，从事制造业的进城务工人员签订合同比例最高，为61.0%，住宿和餐饮业最低，为17.4%。

（五）进城务工人员的职业培训

受访进城务工人员中，表示免费接受过政府机构组织的基本职业技能培训的只有5.9%。成都市进城务工人员中表示接受过政府机构组织培训的比例（10.3%）较其他城市（4.8%）高5.5个百分点。

在问及受访进城务工人员"为了提高务工技能，目前最需要哪些类型的培训"时，选择"专业技术、实用技能培训"的比例最高，占51.1%；其次是"创业、经营培训"，占38.1%；再次是"法律知识、自我权益保护培训"，占32.4%（见图13，此题为多选，相加不等于100%）。

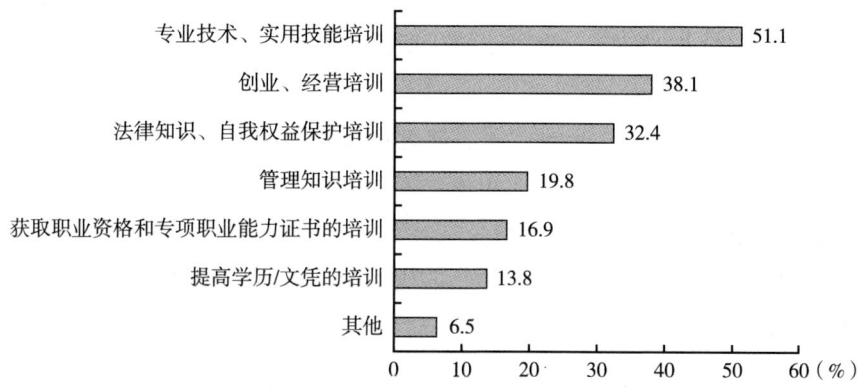

图13 进城务工人员目前最需要的职业技能培训

注：选择"其他"的受访者主要表示"不需要"。

四 市民化意愿

总体来看，进城务工人员对农村既得利益的维护和对城市生活存在较大顾虑，这是不愿意转成城镇户口的主要原因。一方面，农村户口比城镇户口更有优势，特别是农村土地的预期增值收益很大；另一方面，即使转为城市户口，也难以解决养老、住房和就业问题。如果转为城镇户口，多数进城务工人员希望家中土地维持现状不变和有偿流转，希望农村住房维持现状不变。

（一）进城务工人员表示习惯城市生活

在问及受访进城务工人员"对当前城市生活的习惯程度"时，表示"非常习惯"的占17.5%，"比较习惯"的占43.5%，"基本习惯"的占32.7%，三者比例相加为93.7%,另外表示"不太习惯"的占3.6%,"很不习惯"的占0.7%,"说不清楚"的占2.0%。在不同分组人群中,不同地区、不同年龄、不同学历的进城务工人员表示习惯城市生活的比例均无明显差异,都在90%以上。

(二)转为城镇户口的顾虑

目前明确表示愿意将户口转为城镇户口的进城务工人员只有10.7%,表示视情况而定的占32.7%,农村户口比城镇户口更有优势是不愿意转户的首要原因。

当问及受访进城务工人员"是否愿意将农村户口转为城镇户口"时,明确表示"愿意"的只有10.7%,表示"视今后情况而定"的占32.7%,表示"不愿意"的占56.6%。对于进城务工人员不愿转为城镇户口的主要原因,表示"农村户口比城镇户口更有优势"的比例明显较高,占51.6%(见图14,此题为多选,相加不等于100%)。

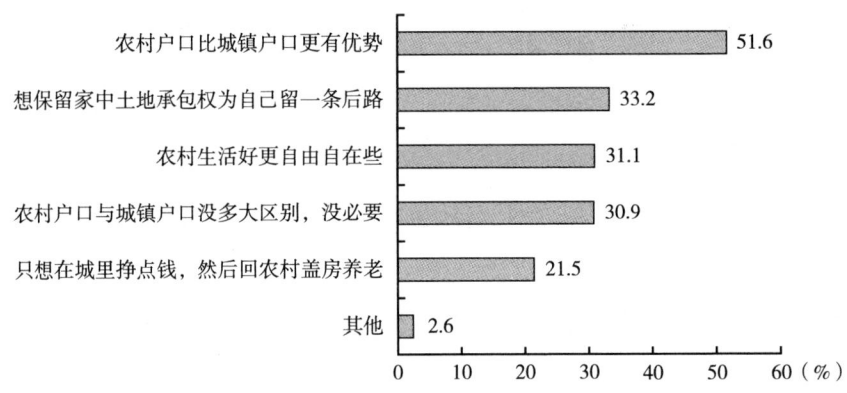

图14 进城务工人员不愿转为城镇户口的主要原因

注:选择"其他"的主要表示"农村自然环境更好""城镇工作无保障,转了没用"等。

从不同人群分组看:成都市和其他城市的进城务工人员中愿意转户的比例基本一致;年龄较大、学历较低的进城务工人员中愿意转户的比例相对较高;平均个人月收入越高的进城务工人员愿意转户的比例越低;对于不愿转户的主要原因,各类人群不愿转户的首要原因均为"农村户口比城镇户口更有优势",而选择比例为第二位的原因中,各类人群存在一定差异,如,年龄较小的进城务工人员中选择"农村户口与城镇户口没多大区别,没必要"的比例排第二位,年龄较大的选择"想保留家中土地承包权为自己留一条后路"的比例排第二位。

在问及受访者"如果转为城镇户口,最担心哪些问题"时,有10.3%的表示"没有什么担心的",表示担心"养老得不到解决"的比例最高,占50.4%;其次是"住房没有保障",占44.4%;再次是"失业或找不到工作",占38.5%(见图15,此题为多选,相加不等于100%)。

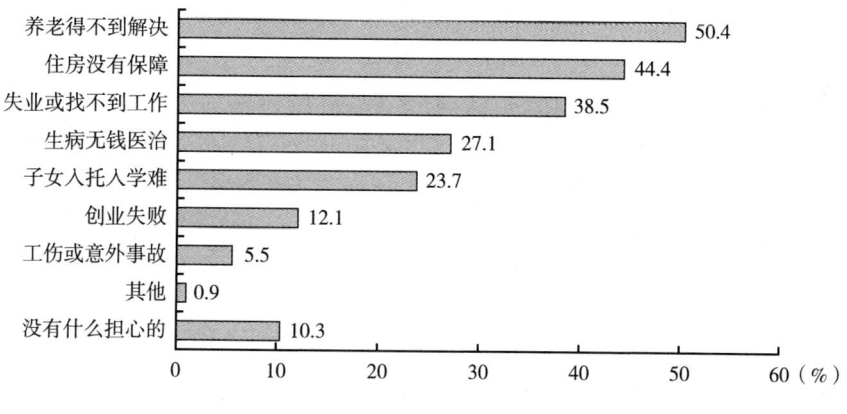

图15 进城务工人员转为城镇户口最担心的问题

在不同地区、年龄、学历、进城务工累计时间、平均个人月收入的进城务工人员中,转为城镇户口担心的三大问题都主要集中在"养老得不到解决""住房没有保障""失业或找不到工作"三个方面。

(三)转为城镇户口时对政府的期望

在问及受访者"如果转为城镇户口,需要政府提供哪些相应条件"时,表示希望"能够及时提供保障性住房"的比例最高,占57.3%;其次是"简化申请程序,门槛条件不要过高"(如户籍限制、社保缴纳年限等),占44.5%;再次是"广泛宣传,明确可以享受的市民公共服务待遇",占34.3%(见图16,此题为多选,相加不等于100%)。

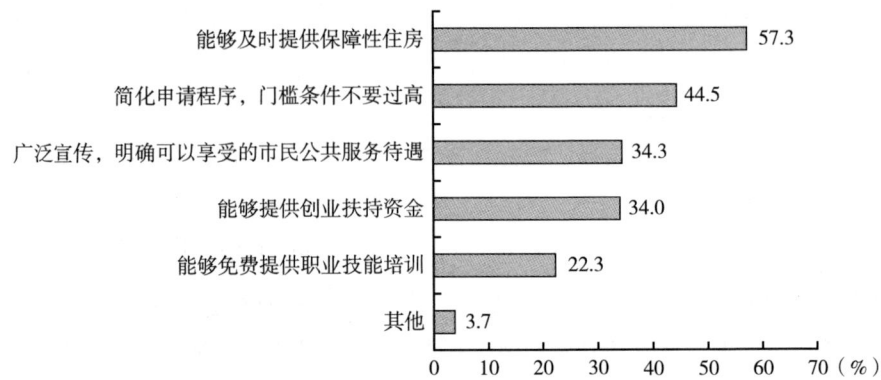

图16 进城务工人员转为城镇户口需要政府提供的条件

注：选择"其他"的受访者主要表示"不需要"。

（四）农村土地和房屋的处置情况与处置意愿

在问及受访者"进城务工后，家中承包土地的耕种情况"时，表示由"家里其他亲属耕种"的比例明显较高，占45.3%，其中值得注意的是，表示家中土地"闲置，无人耕种"的占16.4%（见图17）。

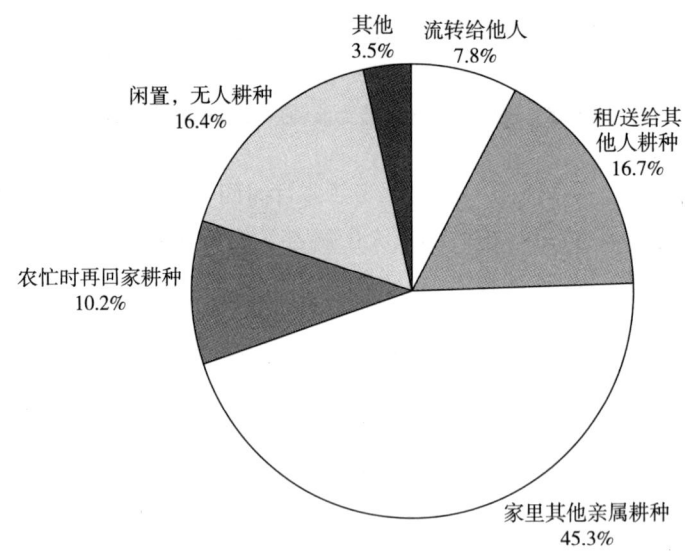

图17 进城务工人员进城务工后家中土地的耕种情况

注：选择"其他"的受访者主要表示"土地被征用"或"已退耕还林"。

在不同分组人群中：成都市进城务工人员将家中土地闲置的比例为22.3%，较其他城市高7.4个百分点；年龄较小、进城务工累计年限较短的进城务工人员将家中土地闲置的比例较高；学历越高、平均个人月收入越高的进城务工人员将家中土地闲置的比例越高。

在问及受访进城务工人员"如果转为城镇户口，希望家中承包土地最好怎样处置"时，表示希望"维持现状不变"的比例最高，占35.7%；其次是"有偿流转给其他人承包"，占23.6%；再次"以土地承包权入股农业开发合作社、公司"，占18.2%；另外，选择"存入土地银行分红领息"的占13.9%，选择"村（社）集体有偿回收承包权"的占7.3%，选择"其他"（主要表示"没考虑过"或"随大流"）的占1.2%。

分地区看，成都市进城务工人员中，希望家中土地"维持现状不变"的比例（28.3%）较其他城市（37.6%）低9.3个百分点。在不同年龄段的进城务工人员中，年龄越小希望"维持现状不变"的比例越低，其中年龄在18~29岁的进城务工人员中希望"维持现状不变"的为30.2%，50~65岁的为42.9%。

在问及"如果转为城镇户口，希望农村住房如何处置"时，表示希望"维持现状不变"的比例明显较高，占57.4%；其次是"确定产权可以上市自由买卖"，占21.1%；再次"以房屋产权入股农业开发合作社、公司"，占11.9%；另外，选择"村（社）集体有偿回收房屋产权"的占8.3%，选择"其他"（主要表示"已被占"或"租给他人"）的占1.3%。

分地区看，成都市进城务工人员中希望农村住房"维持现状不变"的比例（54.3%）与其他城市（58.2%）相差不大。在不同年龄段的进城务工人员中，年龄越小希望"维持现状不变"的比例越低，希望"确定产权可以上市自由买卖"的比例越高，其中年龄在18~29岁的受访者中希望"维持现状不变"的占52.6%，希望"确定产权可以上市自由买卖"的占25.4%；50~65岁的受访者中希望"维持现状不变"的占67.1%，希望"确定产权可以上市自由买卖"的占12.1%。

（五）进城务工人员的权利保障

在问及受访者"进城务工期间遇到过哪些不公正对待"时，表示"都没有遇到过"的占73.2%，表示遇到过"随意加班加点或加班后少给甚至不给报酬"和"变相克扣工资甚至拖欠或拒发工资"的比例较为突出,分别占14.3%和12.3%(见图18,此题为多选,相加不等于100%)。

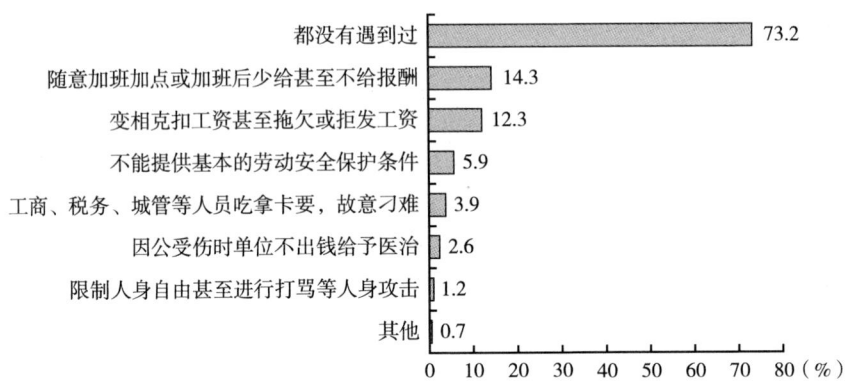

图18 进城务工人员务工期间遇到不公正对待的情况

对于受访者遇到不公正对待时的主要处理方式,选择"忍气吞声"的比例最高,占46.8%;其次是"辞掉工作另谋出路",占25.5%;"向有关政府部门投诉"的占9.4%;选择"寻求法律援助"的占7.4%;"找老乡亲朋帮助解决"的占5.4%;"通过媒体进行曝光"的占2.5%;选择其他方式(主要是表示直接找领导或老板沟通)处理的占3.0%。总体来看,当前进城务工人员遇到不公正对待时,选择积极维权的只占少数。

五 主要结论

从2014年四川省进城务工人员的调查来看,我们可以得出以下结论。

第一,目前进城务工人员在城市生活的稳定性较强。首先,有多达四成的被调查对象在城市工作生活在10年以上,进城务工的平均时间也达到6.6年。其次,举家随迁的比例很高,占近五成。最后,在城市已购房或打算购房的进城务工人员已占到两成多。

第二,进城务工人员的整体社会保障水平不高。调查显示,尽管对"专业技术、实用技能培训""创业、经营培训"和"法律知识、自我权益保护培训"的需求量较高,但是只有极少数进城务工人员有机会接受政府组织的职业技能培训。在与配偶、子女一起生活的进城务工人员中，只有不到一半的随迁子女正在接受公立学校的义务教育。能够参加城市社会保障的进城务工人员并不多。目前进城务工人员的社会保险或商业医疗保险参保率较高，但以参加新型农村合作医疗保险的居多，参加城镇社会保险的比例较低。总体上看，当前进城务工人员的职业技能培训、保障性住房、随迁子女义务教育等需求较多，享受城镇社会保险的比例较低，相关保障工作应同步跟进，让进城务工人员的社会福利待遇进一步与城市并轨。

第三，在转为城市户籍方面，进城务工人员顾虑较多。虽然绝大多数被调查的进城务工人员表示习惯城市生活，但真正愿意落户城市的很少。究其原因，主要是对农村承包土地、房产等既得利益的维护，以及对城市养老、住房和就业存在较大顾虑。进城务工人员作为农村落户者和城镇就业者，在市民化进程中面临双重利益和双重问题的权衡考量，就目前情况看，加快推进农业转移人口市民化，需进一步满足进城务工人员的市民待遇诉求，做好权益保障工作。

第四，进城务工人员目前的劳动权益保障水平不高，维权意识不强，相关工作有待进一步加强。在被调查的进城务工人员中，有超过1/5的人认为自己遇到过不公正的对待，特别是"随意加班加点或加班后少给甚至不给报酬""变相克扣工资甚至拖欠或拒发工资"等。遇到不公正对待时，近一半的进城务工人员选择"忍气吞声"。在单位上班的进城务工人员中，与用人单位签订劳动合同的比例只有四成，用人单位为其购买保险或住房公积金的比例也只有四成。总体来看，目前进城务工人员的合法劳动权益没有得到很好的保障，自身维权意识不强，相关工作需进一步加强。

第五，改善生活工作住房条件及当遇到特殊困难时进行救济是进城务工人员目前对政府帮助的两大诉求。调查结果显示，目前进城务工人员对政府帮助工作的诉求以选择"帮助改善生活、工作、住房条件"的比例最高；其次是"当遇到特殊困难时，进行救济"；"帮助解决子女进城读书问题"和"监督用工单位购买社会保险"的选择比例并列排第三名（见图19，此题为多选，相加不等于100%）。

分地区看：成都市进城务工人员对政府帮助的主要诉求与其他城市存在一定差异，其中成都市希望"帮助解决子女进城读书问题""监督用工单位购买社会保险""当遇到特殊困难时，进行救济"的比例排前三名，而其他城市希

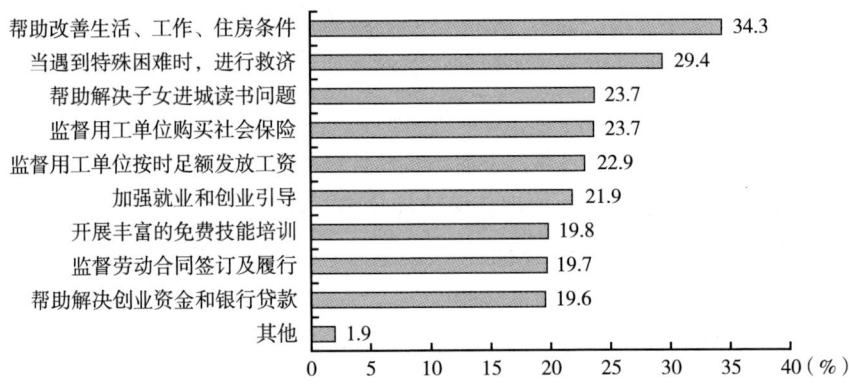

图19　进城务工人员目前对政府帮助的诉求

望"帮助改善生活、工作、住房条件""当遇到特殊困难时，进行救济""监督用工单位按时足额发放工资"的比例排前三名。

第六，从进城务工人员自身的角度来看，他们更希望能够在城市获得以下五个方面的支持。一是改善进城务工人员的工作待遇，提高工资水平，降低工作强度，能享受正常的带薪节假日休假。二是进一步做好进城务工人员劳动权益保障工作，加强对用人单位签订劳动合同、按时足额发放工资、购买保险等的监管，及时帮助解决拖欠农民工工资的问题，为进城务工人员提供免费的法律援助。三是希望相关部门更加务实，进一步做好进城务工人员的城市化福利保障，应该逐步实现进城务工人员和城市居民一样享受平等的保障性住房、子女教育等福利待遇，进一步做好进城务工人员的职业技能培训。四是希望放宽进城务工人员贷款条件，简化申请程序，降低贷款利率，在进城务工人员创业方面（尤其是年轻人创业）给予更多的支持。五是希望工商、城管等政府部门不要歧视、刁难进城务工人员，要为外来务工人员营造更加平等宽松的从业环境，能让进城务工人员在城里的生活多一点保障。

B.3 四川省农民工住房保障调查[*]

"四川省农民工住房保障调查"课题组[**]

摘　要： 在我国新型城镇化进程中，解决农民工的住房保障问题已提上政府的议事日程。从"农民工住房保障行动"的实施情况来看，公租房对于改善农民工居住条件、推动农民工稳定就业、落实城乡一体化发展战略等方面具有显著成效。然而，公租房供给与农民工需求存在脱节、错位的情况，在政策设计和实际操作层面需要进一步改革。

关键词： 住房保障　公租房　农民工　四川

相对于其他社会保障形式，城市住房保障不仅是城镇化的现实要求，更是现代工业文明的产物。四川省正处于发展转型期，以人为核心的新型城镇化叠加在以充分发挥资源优势为重点的工业化战略上，保障人的基本权利和发挥人力资源的能动性是其现实要求，更是关系转型发展成败的关键环节。农民工规模庞大且自我发展能力相对不足，是四川的特殊省情，已成为发展中各项工作开展的重点和难点。近年来，四川省立足实际，在为农民工提供均等化公共服务、提升农民工就业创业能力等方面展开了大量卓有成效的工作，各地已积极探索实践。然而，从四川省破解农民工住房问题所面临的现实困难看，从农民工自身特点及诉求的时代性和紧迫性看，农民工及其家属要完成从农民到市民

---

[*] 本文调研时间为2014年3~5月，文稿完成时间是2014年11月，此报告已呈送四川省相关部门。2015年1月5日，四川省出台《加强农民工住房保障工作指导意见》，本文中提出的部分问题已获解决，特此说明。

[**] 课题组由四川省城乡住房和建设厅与四川省社会科学院联合组成，课题组成员：代代戈、冯光春、蒋铠璘、张鸣鸣、曾旭晖、付宗平。执笔人：张鸣鸣、曾旭晖。

的转变依然面临诸多困难,城市居住问题是其中最为薄弱的环节。

四川省从2013年开始实施"农民工住房保障行动",开辟了为外来务工人员提供住房保障的先河。经过近2年的探索实践,2015年初省政府办公厅又出台《加强农民工住房保障工作指导意见》,调整完善了相关制度设计,将农民工住房保障问题纳入城镇住房保障体系,不仅为农民工提供过渡性质的公共租赁住房,还允许部分城市试点"租转售",使农民工与市民一样享有产权型保障性住房的机会,同时强调落实农民工住房公积金制度,并在公积金缴存、使用等方面做出新的尝试。"农民工住房保障行动"及相关的配套政策措施的出台,毫无疑问是农业转移人口市民化道路上所留下的浓墨重彩的一笔,对四川这样一个拥有2455万农民工的人口大省探索新型城镇化路径具有重要价值,对经济发展相对落后的西部地区及至全国完善住房保障体系的意义重大。

一 四川省农民工住房保障的背景和环境

从农民工住房保障的阶段性和长期性出发,准确把握农民工需求,修正和完善相关制度设计,实现有效率的供给(Efficient Supply),是四川省农民工住房保障行动需解决的重要问题。当前,四川省为农民工提供住房保障的内外部环境发生深刻变化,在发展不足、发展水平低的基本省情未得以根本扭转的情况下,新矛盾、新问题不断叠加,农民工发展呈现新特点(《四川省农民工总体特征》一文有详细论述),深入推进农民工住房保障行动面临新的发展环境,机遇与挑战并存。

(一)农民工住房保障的环境

第一,经济发展进入"新常态",地方政府将面临较大支付压力。2008年国际金融危机发生后,国内外经济环境发生深刻变化,四川省经济同样面临下行压力。2013年经济增速为10%,2014年预计经济增速为8.5%,[1]虽然预计

---

[1] 四川省经济信息中心:《经济热点分析》2014年第47期,发布"2014年四川经济形势分析与2015年预测"报告,预测四川省2014年地区生产总值将超过2.8万亿元,经济增速为8.5%左右。

仍然高于全国水平，但就四川而言，结束了连续十年两位数的高速增长，意味着地方财政将面临严峻的挑战。与此同时，近两年频繁出台的房地产宏观调控政策，对各地房地产市场产生较大影响，房屋成交量和成交价齐降，土地出让形势不理想，使本就面临挑战的地方财政"雪上加霜"。作为一类典型的地方性公共产品，为农民工提供保障性住房的资金来源主要是地方财政，当前的形势导致地方政府缺乏足够的供给能力。

第二，城乡一体化发展进入新阶段，农民工住房保障成为农业转移人口的新期待。2003年成都市开始统筹城乡改革实践，2007年获批全国统筹城乡综合改革试验区，同年四川省确定德阳、广元、自贡三市为省级统筹城乡综合改革试验区，并适时将有益的经验在全省总结推广。经过几年的探索，四川统筹城乡发展取得了明显成效，城乡居民收入差距明显缩小，城乡生产要素自由化流动程度大幅提升，城乡居民在社会保障上的差距逐步缩小。在城市，虽然农民工医疗、子女教育等问题得到不同程度的解决，但农民工及其家属的住房问题始终未获得足够的重视。随着棚户区改造、城乡环境综合整治等多项行动组合推进，过去农民工的主要聚居点如城中村、城乡接合部等将被逐渐清除，低成本居住将难以维系，在农民工居住能力和收入水平难以大幅提升的基本判断下，如何降低农民工生活成本、稳定劳动就业和社会秩序成为农民工进城务工的新期待。

（二）农民工住房保障的基本判断

第一，为农民工提供住房保障具有长期性和阶段性的显著特征。作为全国首个针对农民工提供住房保障的省份，四川省"农民工住房保障行动"是在全面建成小康社会的战略要求下，立足农民工发展的新态势新特征而产生，是在经济基础不断夯实、社会保障体系日益健全、城乡一体化进入新阶段基础上的实践创新。随着城乡一体化改革深入推进，伴随户籍制度的改革，"农民工"这一特殊身份将不复存在。然而，从四川省城镇化建设的长期性和艰巨性出发，从住房保障发展态势出发，农民工住房保障必然是需要持续关注和深入推进的举措。四川省新型城镇化发展战略提出从2013年起，全省每年力争新增100万左右城镇居民，到2017年城镇化率达到50%。除全面放开成都以外的大中小城市和小城镇落户限制会增加城镇居民外，四川省新增城镇居民的主要来源还有因城市扩张产生的失地农民和新增农民工。特别是新生代农民工已经成为中国劳动力大军的主力，是支撑我国持续快速发展的基本力量，更是加快推动城镇化进程的关键人群。农民工的生产方式和生活状况在短期内难以有根本性转变，对政府完善社会保障制度有着强烈期待。

第二，具有特殊目标的农民工住房保障新格局体系是我国住房保障的重要补充。当前我国住房保障体系框架基本形成，廉租房和公租房并轨、共有产权房等制度安排和政策设计日趋完善，这两类保障性住房的政策目标是解决城市困难群体的居住问题，社会效益显著大于经济效益。然而，改革开放三十多年来取得的成就表明，降低劳动力成本是经济增长的动力，也是提升劳动者消费需求的重要手段。与其他住房保障目标群体不同，农民工是一类特殊群体，他们兼具生产要素和普通公民的双重属性，为农民工提供住房保障不仅是落实科学发展观、体现社会主义公平正义的举措，同时也是降低劳动力成本、提高劳动生产率的重要举措。因此，将农民工住房保障作为现有住房保障体系的补充具有理论依据和现实意义。

二 四川省农民工住房保障现状及问题

（一）农民工需求情况及存在的问题

经济学视角下的需求（Demand）须同时具备两个条件，购买意愿和购买能力，前者取决于商品价格，后者取决于支付能力。就保障性住房而言，农民工承租意愿取决于房屋租金及相关费用，承租能力则取决于支付能力和准入条件。

1. 租金及相关费用对农民工需求意愿存在一定抑制

根据省住建厅《关于做好农民工住房保障工作的通知》，向农民工定向提供的公租房租金标准按当地市场租金50%的水平确定①，市场租金由各地根据第三方评估，主要的依据为地段、房屋档次、房屋结构、周边配套及环境等，

---

① 成都市推进城乡一体化发展战略，农民工与其他外来就业者享受同等公租房政策，即市场价的70%。据成都市住保中心介绍，实际执行租金的价格略低于70%，约为市场价的60%。

并综合考虑租赁期限、支付方式等因素进行测算。四川省向农民工定向提供的公租房为当年竣工的公租房，调查显示，这些公租房往往交通方便，房屋结构合理，周边配套较为健全，小区服务和管理比较完善，各项指标处于相同地段城市商品房的中档水平，市场租金评估价格大多以此为依据测算。与同类型住宅相比，公租房具有显著的价格优势。然而，与农民工原有租住房屋相比则无较大吸引力。除部分自有住房及单位提供住宿的农民工外，大多数农民工租住在城中村、城乡接合部、失地农民安置房等，即便是租住商品房也往往不会选择城市新建中档小区。

除租金外，农民工还需承担其他费用，一是水、电、物业管理等日常支出，少数公租房源是工业用地，水、电收费标准更高；二是绝大多数公租房只保障基本生活，日常家居用品如床、灶具、桌椅等均需租住者自行购买或租用。因此，以农民工当前的租住和生活习惯为参照，公租房价格（含房租、居住开支等）对农民工而言吸引力不大。例如，成都市锦城龙苑小区房屋租金是7元/月平方米，按照每套50平方米测算，月租金350元，加上每月水电物管等费用，套均月支出超过400元，而且入住时须承担家具家电成本。相比之下，周边龙潭寺类似面积的房屋租金低至每月300元，且大多含简单家具家电，水电费用低，也不存在物管收费。比较而言，公租房对大多数已经习惯最大可能降低生活成本的农民工而言价格并不占优势。

从农民工的新特点出发，新生代农民工已经成为务工主体，他们更加注重融入城市生活的途径，公租房能够使他们以较低成本分享城市发展与文明，对这部分群体来说，仅是相同条件房屋一半价格的公租房具有较大吸引力。

2. 农民工具有一定支付能力但进入能力有限

农民工具有一定的支付能力。2012年四川省城镇居民月均工资为3528元，其中农民工最为集中的制造业、建筑业和服务业[①]的月均工资分别为3020元、2662元和2500元左右，扣除约占工资总和40%的五项社会保险法定缴纳费用，每月可支配收入约为1800元，按照2012年四川省0.4的恩格尔系数测算，农民工平均收入水平具有一定的按照市场价支付房租的能力。考虑行业和工种的收入差异，其中部分农民工具有较强支付能力。

---

① 农民工相对集中的服务业主要包括批发零售、住宿餐饮、居民服务、环境和公共设施管理等。

大部分农民工不具备承租资格①。然而，由于准入条件与农民工特征之间的错位，部分农民工被排除在公租房覆盖范围外。表1展示了全省21个市（州）中心城区和县②农民工公租房准入条件的统计情况，大多地方以个人或家庭收入、本地居住、社会保险缴纳及现有住房等四类指标为准入条件。基于农民工公租房的公益性质以及保障"夹心层"生活的政策目标，四类准入条件并无明显不合理之处。然而，值得注意的是，2012年，四川省农民工参加城镇职工基本养老保险、城镇职工基本医疗保险、失业保险、工伤保险四项保险的参保率分别仅为6.56%、6.58%、5.36%和13.82%。③ 这表明，仅缴纳社会保险这一项准入条件就将使大部分农民工不具备公租房承租能力。

表1 部分市（州）中心城区和县农民工公共租赁住房准入条件统计

单位：次，%

指标	家庭收入		本地居住		社会保险缴纳		现有住房	
是否有条件	是	否	是	否	是	否	是	否
频数	17	4	16	5	18	3	20	1
频率	81	19	76	24	86	14	95	5
条件说明	收入中等偏下	—	居住证明，部分要求居住年限或用工合同	—	最低要求缴纳6个月，最高要求累计3年	—	无自有产权房或未承租公房	—

3. 中小企业对公租房有强烈需求

近六成的农民工由用工企业提供免费住宿或发放住宿补贴，因此除农民工个体外，用工企业是衡量公租房需求的重要方面。调查发现，大型企业（包

---

① 本结论是在截止到2014年7月调查的基础上做出的，2015年1月5日省政府办公厅发布的《加强农民工住房保障工作指导意见》中明确提出"除对农民工在当地的居住（就业）年限作适当规定外，不得对农民工设置其他排斥性规定"。
② 21个市（州）中心城区和县包括：成都市、广元市、资阳市、内江市、自贡市、攀枝花市、雅安市、广安市、德阳市、遂宁市、绵阳市、达州市、乐山市、眉山市、南充市、巴中市、长宁县、古蔺县、木里县、罗江县、万源市。
③ 根据资料测算，资料来源于四川省人力资源和社会保障厅、四川省统计局2013年7月发布的《2012年四川省人力资源和社会保障事业发展统计公报》。

括大型国有企业和民营企业）雇用劳动力规模较大，其住宿大多自成体系，这类企业对公租房需求较小。如达州钢铁厂共有员工7200人，厂区内有大学生公寓、职工单身公寓和周转房三类出租房，加上原有职工住房，能解决90%以上的职工住宿问题。

相对而言，中小企业对公租房的需求更为强烈。一是从住房支出能力看，调查中发现现有提供住宿的企业每名员工月均住宿开支为150元，但大多租住普通住宅房，"群居"较为普遍，企业还须承担安全隐患带来的潜在风险。二是从意愿看，企业需要稳定的员工宿舍，而租住普通住宅房则面临着诸如合同到期（大多为一年一签）、房租上涨等问题。例如某餐饮企业共有员工50余名，其中有十多人需企业包住宿，企业租了当地一套200多平方米住宅房，一年租金为2万元，并配置家具家电，供员工休息。又如某制造企业有32名员工，其中约有一半员工的住宿由企业提供，企业在周边乡镇租住农民房，年租金为3000元，但由于住宿条件差，每年都会有员工离职。2014年底这家企业扩大生产，员工数量增至120人，企业有通过改善职工生活条件留住人才的强烈愿望。调查显示，这些中小微企业对公租房政策了解不多，但有着十分显著的租住偏好，甚至有企业总经理表示愿意成立工会"以跟政府对接，更好地掌握对员工的优惠政策"。

（二）房源供给特征及存在的问题

公租房在制度设计和收益上具有公共产品特征，但在房源供给上则具有私人物品性质。在价格和对象既定情况下，房屋供给数量对消费拥挤度起决定性作用，因此重点从各类公租房供给的数量着手分析建设特征及存在的问题。

1. 农民工公租房房源供给的主要特征

——房源供给情况较好

2013年四川全省约10万农民工受益农民工住房保障行动，有8751户农民工租住成套型公租房，60319人入住其他类型农民工公租房。

——建设主体主要为四类，政府和用工企业是主力军

公租房建设业主主要是政府、用工企业、园区、国有投资公司四类，另有少量来自于廉租房或其他房源转入。图1显示的是截至2013年末政府、用工

企业、园区和国有投资公司等四类业主建设的公租房占比情况。成套型公租房中政府是主力军，占总量的48%；宿舍型公租房中，用工企业建设数达到63%。

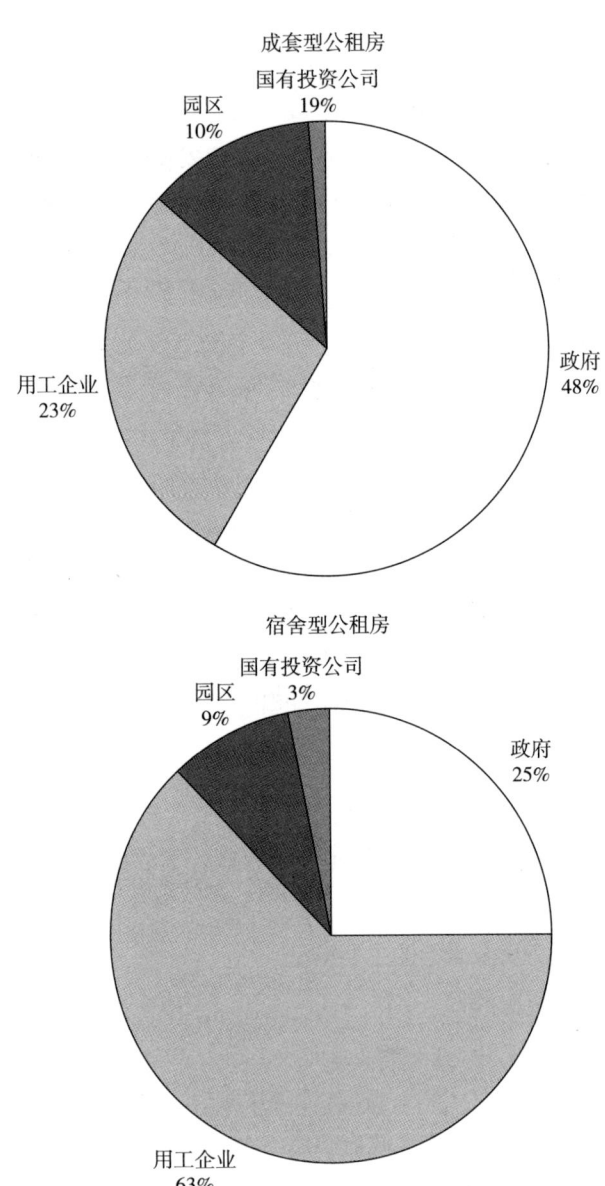

图1　四类业主公租房建设情况

——竣工交付时间不一而足,存量公租房做出重要贡献

已经竣工交付的公租房的时间不一而足,如图 2 所示,成套型和宿舍型公租房竣工交付时间在 2013 年以前的分别为 31% 和 44%,存量积累的公租房源在 2013 年农民工住房保障行动中做出了重要贡献。

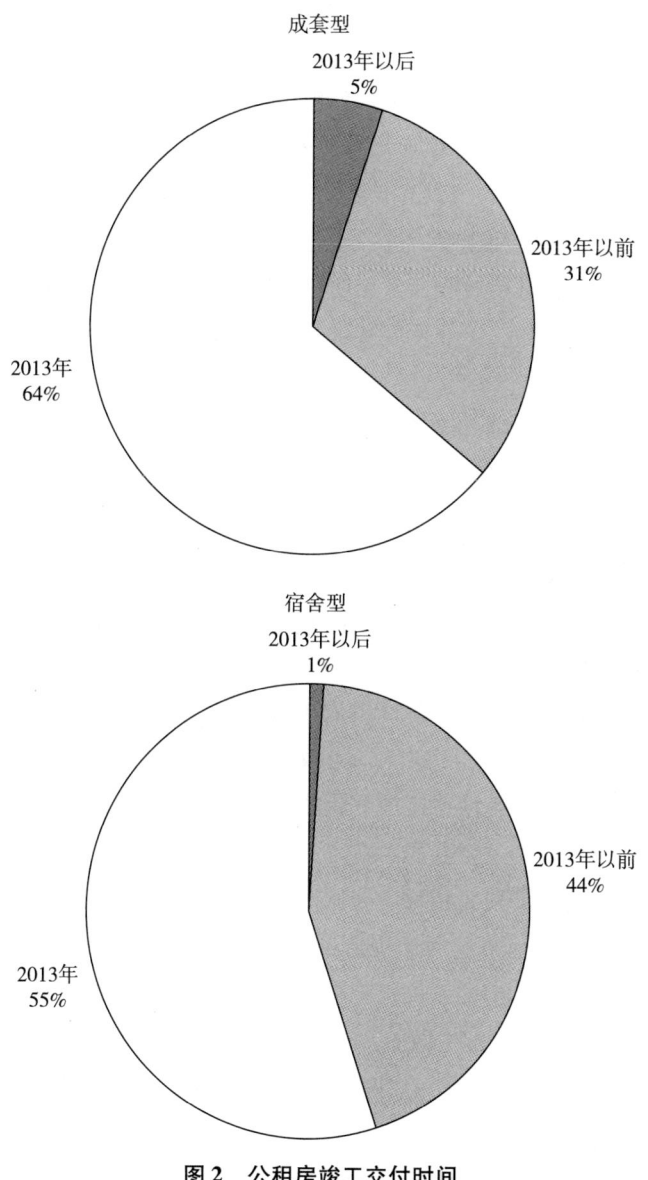

图 2　公租房竣工交付时间

——地市建设差异较大，竣工情况与工业发展水平显著相关

19个地市（州）公租房建设差异较大，主要表现在两方面：一是建设规模，建设规模最大的德阳市成套型和宿舍型公租房分别为4588套和3411间，而规模最小的城市仅为120套。二是竣工率，成都市竣工率达到100%，德阳市成套型和宿舍型的竣工率分别达到95%和99%，竣工率最低的城市还不足1%。

与各地经济发展水平比较发现，公租房竣工情况与当地工业发展水平有显著相关性。2012年，四川省工业增加值排名前五位的市（州）分别是成都、德阳、宜宾、绵阳和乐山，2013年竣工公租房排名前五的市（州）分别为德阳、成都、乐山、宜宾和遂宁。进一步比较发现，竣工公租房与各地第二产业就业人数以及当地公共财政收入并无明显关联。其原因可能在于产业发展基础和发展需求的双向作用，工业发展基础较好地区的人力资源投资能力较强，动力也较足。

2. 建设中存在的主要问题及原因

2014年四川省继续推进"农民工住房保障行动"，竣工公租房中有30%定向分配给农民工。然而，从当前建设情况看，要持续、稳定、有效率地为农民工提供公租房还面临较大压力。当前四川省公租房建设业主主要有地方政府、产业园区、用工企业、地方国有投资公司等四类，从主体出发，四川省公租房建设面临严峻挑战。

——2015～2016年将面临较大的农民工公租房分配压力

当前分配的农民工公租房由存量和新建两部分构成。调查发现，出于资金、时间等综合考虑，各地在完成下达的建设任务时，往往首先会考虑挖掘存量资源，如改建扩建用工企业职工宿舍；其次是动员社会力量参与，其中最主要的是动员用工企业修建公租房。为挖掘存量和动员用工企业，各地办法多种多样，但现实是多数地方这两类资源都被充分利用了。从全省19个市（州）的统计情况看，各地分配的农民工公租房中由政府供给的数量极不平衡。如图3所示，农民工公租房分配中政府占比超过50%的仅有4个地方，分别为自贡市（100%）、成都市（85%）、德阳市（56%）和凉山州（51%）。可以预见，如无新的建设业主出现或有重大制度创新，政府建设公租房占比较低的地方未来会面临更大的建设压力。

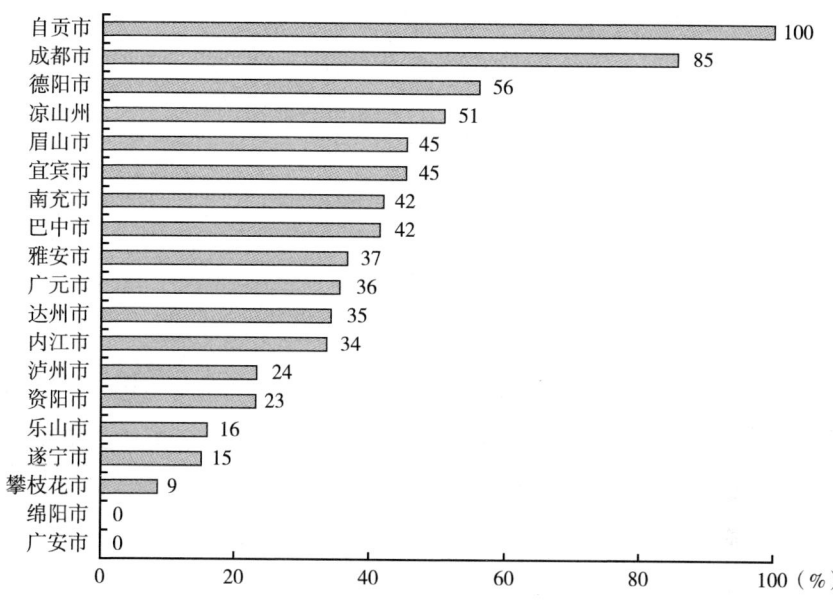

图3 分市（州）农民工公租房中政府建设占比情况

——地方政府不具有为农民工提供公租房的强烈偏好

从房屋性质和政策目标出发，地方政府应当是为农民工提供公租房的最重要主体，实践中由政府供给的农民工公租房数量占比也超过30%。但调查发现，四川省农民工公租房建设中地方政府既面临诸多现实困难，同时也缺乏为农民工提供公租房的主观偏好。

地方政府面临的最大问题是"钱从哪里来"。与廉租房等保障性安居工程不同，农民工公租房投资并未列入地方政府当年财政预算，需地方政府另筹资金建设。调查显示，2013年四川省房屋建筑成本一般为多层住宅1600元/平方米、高层住宅2200元/平方米（丘陵地区和山区建筑成本提高10%~20%），以此测算各地政府为农民工提供的公租房投入总额约为2.4亿元。即便有来自中央和省级财政资金套均3.2万元的补助，但加上拆迁和土地整理、建设管理等成本，各地资金压力巨大。

虽然建设公租房的成本客观存在，但收益预期并不明确，这导致地方政府建设农民工公租房的主观意愿不足。1999年四川省农民工规模已过千万人，其中一半以上在省内务工，多年来农民工从未享受城市住房保障待遇且务工势头从未消减,这使农民工公租房的经济效益预期不明确。同时,与工资、社会保险等相比,农民工在住宿方面的诉求并不强烈,地方政府尚未面临较大社会压力。既无利益驱动,又无外部压力,在资源极为有限的背景下,地方政府权衡的结果是缺乏建设农民工公租房的偏好。

——用工企业为农民工提供公租房先天不足

四川省农民工公租房建设中用工企业是主力军,特别是宿舍型公租房中,用工企业提供了超过六成的房源。调查显示,出于留住人才和降低劳动力成本的需要,用工企业对于修建或改建公租房有较高积极性。然而,值得注意的是,用工企业建设农民工公租房先天不足。一是大多数工业企业修建的公租房只面向本企业员工,从使用权和受益权的归属方面评价,这类"公租房"公共性不足,更接近于私人产品。二是用工企业所建公租房的出发点是为了满足劳动力要素而非人的发展需要,因此所提供的公租房更多的是住宿功能,公共服务和其他功能较为欠缺。

此外,用工企业建设农民工公租房能力十分有限。在当前经济环境下,大多数中小企业投融资能力偏低,虽然企业自建职工宿舍不需承担额外土地成本,但套均的税费减免仅为100多元,企业面临较大资金压力。此外,企业没有公租房处置权降低了投入产出预期,而且还须履行接受定期检查和监督的义务,企业建房积极性受到抑制。

——园区建设农民工公租房面临制度障碍

大多数产业园区管理委员会是政府派出机构,建设投入主要来源于财政资金,园区建设的农民工公租房本质上也属于政府建设序列。由于园区发展目标是产业,主要结构是企业,对于降低企业生产成本、保持劳动力资源的稳定性有直接需求,而且园区与企业直接对接,对于劳动力规模、住房需求等关键问题把握更为准确,同时与企业相比,园区服务对象多元,所修建的公租房能够在更大范围内发挥作用。调查发现,在四类主要农民工公租房建设业主中,园区修建的公租房供需结合效率最高,发挥的经济效益和社会效益十分显著。例如资阳城南工业园修建的农民工公租房成为招商引资的重要砝码,受到入驻企业的广泛关注,二期公租房尚未开工就已被预订一空。

然而园区建设农民工公租房面临制度障碍。农民工住房保障行动于2013年提出并实施,但省内大多数园区在此之前形成,规划中鲜有体现农民工公租房，如需修建则必须要经过土地调规等复杂程序。

——社会资本进入渠道受阻且激励不足

从国内外经验看，保障性住房建设的社会资源主要包括两类：一类是融资机构，通过大量复杂的金融工具和金融衍生品，为政府或其他机构建设保障性住房提供大规模资金支持。另一类是直接建设并运营保障性住房的非营利或盈利较低的社会组织（企业），在政府监管下，通过政府补贴贷款或购买公共服务方式建设住房。服务专业化和资本充足性使社会资本在提供农民工公租房时具有其他业主难以比拟的优势。

就四川省当前的情况看，社会资本主要通过国有投资公司融资方式进入，其出发点往往是完成建设任务而非被激励进入，其原因在于社会资本进入农民工公租房领域面临的诸多障碍。一是相对于其他建设项目，公租房建设审计程序复杂，对开工时间、施工期限等有严格的规定，且各项检查监督较多，增加了开发企业的交易成本。二是非政府性质的社会资本由于无执法权和行政权，与政府部门沟通在实际中也存在诸多障碍，难以顺利实施拆迁和土地整理。三是公租房建设利润较低，且由于行政权力配置和部门利益关系较为复杂，大多数社会资本对进入公租房领域持观望态度。

此外，作为四川省重要民生举措，"农民工住房保障行动"的目标在于为农民工提供均等化的公共服务，提升居住质量，社会资源数量庞大且良莠不齐，监管较为困难，一旦出现质量问题，会引发诸多社会矛盾，因此各地政府就引入社会资本问题十分慎重。

（三）管理现状及存在的问题

1. 申请渠道较多且公开透明，但手续复杂且审核时间较长

针对农民工流动性较强的特征，多数地区为农民工开辟了一个以上的申请渠道。调查所到的成都市、资阳市和达州市，除企业建设的职工宿舍以外的其他房源，农民工可根据实际情况通过用人单位、用人单位所在地街道办事处、租住房屋所在社区等方式直接申请公租房，也可以在达到一定规模要求后由用人单位统一向管理部门申请。申请准入条件和审核办理过程较为公开透明，申请者超过房源规模的通过公开摇号并给予公证的方式确定承租人。

然而，值得注意的是，农民工申请公租房除了较高的准入条件外，在填写公租房申请审核表基础上，还需提供至少6份证明材料。以成都市为例，公租房申请者须提供家庭成员户籍簿、身份证、婚姻证明（未婚的提供未婚承诺）原件及复印件、所在单位出具的收入证明原件（无工作人员提供收入承诺）、劳动（聘用）合同原件及复印件、城镇职工社会保险证明原件。而资阳市在成都市提交材料的基础上，还需提供居（暂）住证、家庭成员身份证、经人力资源和社会保障部门备案的劳动合同、住房情况证明等，这些证明分别须经相关部门予以审核、签章。

与此同时，较长的审核时间和复杂的审核程序制约了农民工的积极性。农民工申请政府建设公租房大多需经历三个阶段：社区、街道办事处初审，房管局复审，公示无异议确认资格。三个阶段所需时间为35~50天，加上申请人前期准备和确认后配租轮候，全部申请时间加起来至少要2个月。如成都市在社区、街道办事处初审受理后，由区房管局审核公有住房情况、市房管局审核自有产权住房情况、利用公积金比对家庭收入情况，并通过网络媒体公示后确认保障资格，2013年开始常态申请，2014年4月进行配租。资阳市办理的流程至少为44天，而达州市则超过105天。

2. 后期管理方式多样，但管理主体权责不明使管理效率偏低

用工企业建设的公租房主要由企业负责监管，内容和程序相对简单，面向社会的农民工公租房后期管理主要包括租赁监管、退出管理以及公共服务供给三项内容。租赁监管包括租金及相关费用收取和管理、承租人房屋使用、续租、配套设施建设和维护等；退出管理主要是对承租人资格进行动态审查并实施退租行为；公共服务供给包括物业管理、公共服务和社会管理等。管理内容宽泛、管理时效长加上农民工及其家庭成员流动性较大、社会保障不健全、收入不稳定、社会网络约束少等群体特征，使后期管理难度巨大。

各地根据实际情况形成了多样化的管理方式。一是由用工企业实施租赁监管和退出管理，主要适用于以企业为单元的申请者。如成都市锦城龙苑一期600余户通过76个用工企业申请，住房管理部门与企业直接签订租赁合同，企业承担租金及相关费用缴纳、退出资质审核、续租申请等责任。二是政府房管部门直接管理，主要适用于个人申请政府建设的公租房，如安岳县公租房小区。三是园区与用工企业共同管理。

由于农民工公租房行动实施不足一年，各类管理方式的实施效果尚未显现，根据调查情况和二手资料分析，上述三类管理方式均有局限性。第一类和第三类由用工企业全权负责或主要参与的方式适用范围较窄，而且由于增加了企业运营成本，抑制了企业帮助员工申请公租房的积极性。业主与实际居住者分离会导致更为尖锐的管理问题，业主为政府的农民工公租房，物业管理公司须同时向业主和租住户负责，租住户需求经物业公司反映给政府，而政府审批程序复杂且时间较长，管理效率低下。如成都锦城龙苑一期农民工入住后发现电瓶车棚未设置充电设施，物业公司向业主成都市住保中心反映，但由于要增加财政投入以及改变原有设计，至今未得到解决。第二类由政府直接管理实质上是住保部门直接面对千家万户，不仅大幅增加住建机构的工作量、浪费政府资源、降低行政效率，而且从廉租房管理来看，由于政府的公共性和公益性身份，目前难以做到有效管理。

3. 建设管理流程长环节多且无成熟模板，建管机构面临较大压力

与其他类型公租房相同，农民工公租房建设管理须经历宣传发动、申请登记、土地划拨和房屋建设、房租收缴、档案建设、退出管理等十多项流程、数十个环节。不同的是，农民工公租房的对象首先是产业工人，而且是具有显著群体特征的产业工人，公租房建管面临覆盖对象规模大、政策目标多元化、政策知晓度不高等现实问题，同时因国内外均无成熟模板可供借鉴，农民工住房保障行动还面临诸多不确定挑战。

调查发现，尽管大多数地区都建立了由地方主要领导牵头、多个部门联合的农民工住房保障工作组，但其中大部分工作仍由住建部门负责。当前政府建设的农民工公租房主要有两种建管方式：一是建管合一，即公租房建设和管理均由住建局完成，好处是修建速度较快，有利于专款专用，而且配套设施较为齐全，后期管理遇到问题可得到较快解决，但技术压力较大。二是建管分开，即建设由地方住建局完成，管理如宣传发动、申请登记、后期管理等由地方房管局负责，好处是各司其职，部门技术力量较为集中，但由于房管局是二级局，与建设部门、人保部门、民政部门等协调较为困难。

值得重视的是，无论是哪种建管方式，各地住建和房管部门都面临人员少、技术力量薄弱的现实困难。安岳县的情况在全省具有典型代表性。安岳县采取建管合一的方式修建公租房，2010年11月开工建设，到2013年12月配租入住，共经历了申请立项、建设招投标、工程实施和验收、宣传发动、申请登记、资格审核、现场配租和公证等几十个环节。这些工作由住保局相关科室

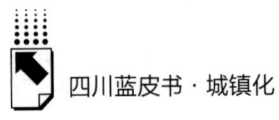

6个工作人员完成,除农民工公租房外,这些工作人员还需负责廉租房、经适房等住房保障工作。

宣传发动环节各地都面临较大压力。第一类是采取诸多方式进行广泛宣传,如成都市从2012年起就通过短信、微博、网络、电视、报纸、宣传板等多种媒介宣传公租房政策及申请审核相关信息,2013年农民工住房保障行动出台后,针对农民工群体的特殊性,成都市住保部门进入农民工聚集的社区以座谈等形式发动宣传,同时向用工企业发放粘贴宣传单。即便如此,农民工对此知晓情况依然不容乐观。第二类是有选择地宣传,如截至调查之时达州市政府修建的公租房尚未竣工,但地方住建部门已经通过行业协会和商会进行了摸底调查和针对性的宣传。又如资阳城南工业园修建的公租房,一期主要针对招商引资的重点企业宣传,二期开始向整个园区广泛宣传。调查发现,有选择地宣传一方面要承担"不透明"的指责,另一方面还要面临未来大面积推广时宣传发动的难题。

三 基于问卷调查的农民工住房保障现状及特征

(一)农民工规模、经济收入与居住现状

1. 农民工的规模和分布

如前所述,自2007年四川省农民工规模首次突破2000万人,虽然输出增速放缓,年均增速从2007年以前的9%下降到2007年以后的约4%,但迄今仍呈现持续扩大态势。川内各地在社会经济发展上差异巨大,省会城市成都一枝独秀,无论是就业机会,还是都市文化的丰富性,都是周边市县不能比的。因此,成都成了省内劳动力异地转移的主要输入地,而省内其他城市则以劳动力输出为主,在本地就业的一般都是本地的农民工。

本课题组对三个城市的调查也证实了这一点:成都市的农民工以外地户籍为主,占了近九成,而资阳和达州正好相反,资阳的调查样本中有82%具有本市户籍,达州的调查样本中有89%具有本市户籍(见图4)。各市县住建部门的工作汇报也都不同程度地反映了这一问题,比如广元城乡建设厅2013年的摸底调查显示,在广元市务工的农民工约有7万人,其中市内农民工的比例高达95%。

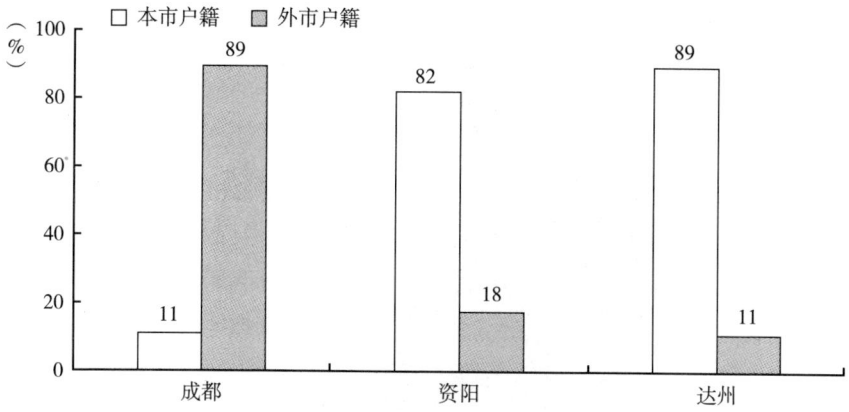

图 4　成都、资阳和达州三个调查城市农民工户籍构成比例

2. 农民工的就业和收入

农民工主要从事三大行业,即制造业、建筑业和服务业的工作,其中服务业包括了餐饮和零售业。同国家统计局 2012 年的农民工监测调查相比,我们所调查的三个城市的农民工更集中一些,特别是重点调查了在工业园区工作的农民工,作为公租房需求的一个重要群体(见图 5、图 6)。

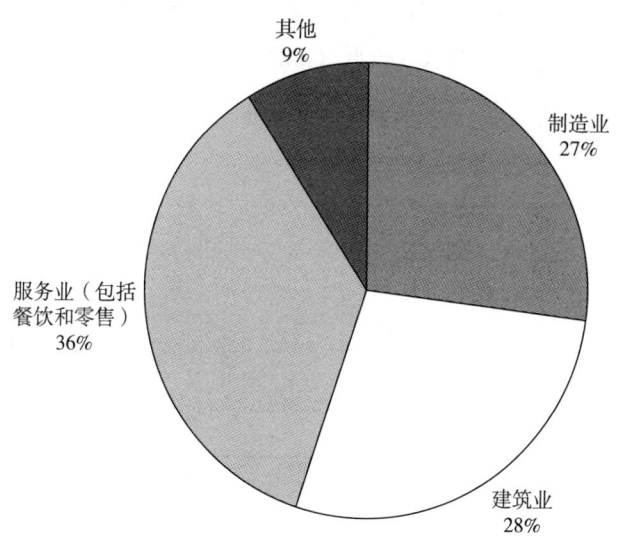

图 5　成都、资阳和达州三个调查城市农民工就业行业分布

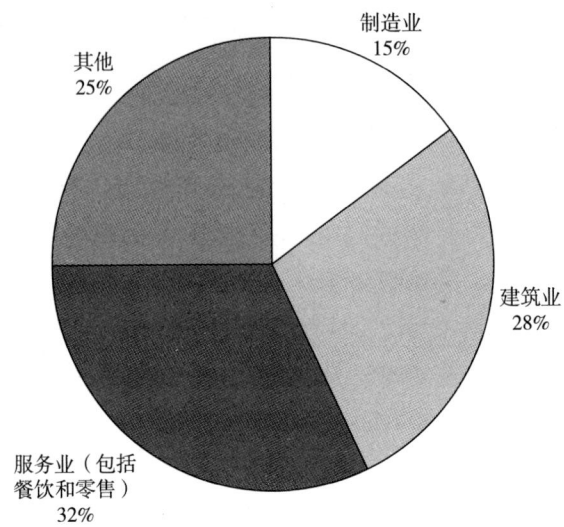

图6 我国西部地区农民工就业行业分布

资料来源：根据国家统计局《2012年全国农民工监测调查报告》整理。

我们调查的三个城市的农民工月均工资性收入为2343元，略高于西部地区的平均水平（2226元）。按行业分布来看，制造业和建筑业工资性收入较高，而服务业和其他行业的收入较低（见图7）。

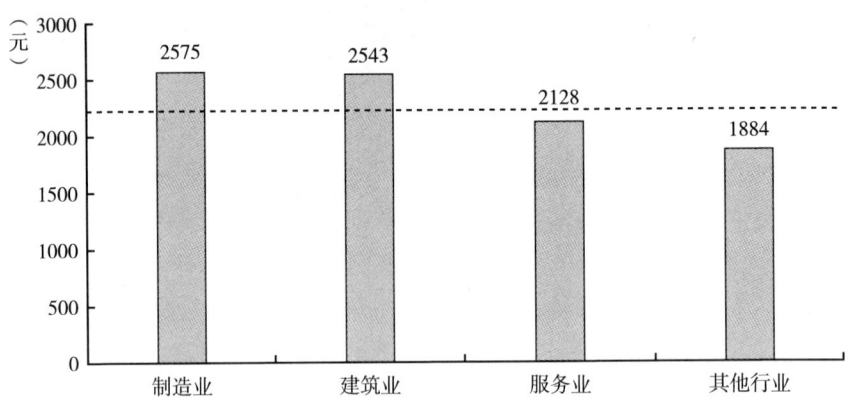

图7 三个城市的农民工分行业月均工资性收入

注：图中虚线为西部地区农民工月均收入2226元。
资料来源：国家统计局《2012年全国农民工监测调查报告》。

进一步把农民工的工资性收入折算成家庭年人均收入，以便和务工城市的城镇居民人均收入进行比较。这样做的目的是更好地把握住房保障政策对农民工经济水平的定位。可以看到，三城市农民工经济收入总体上稍稍落后于四川省城镇居民平均水平，其中成都和资阳两城市差异较大。而在达州市，农民工的收入水平略高于当地城镇居民平均水平（见图8）。

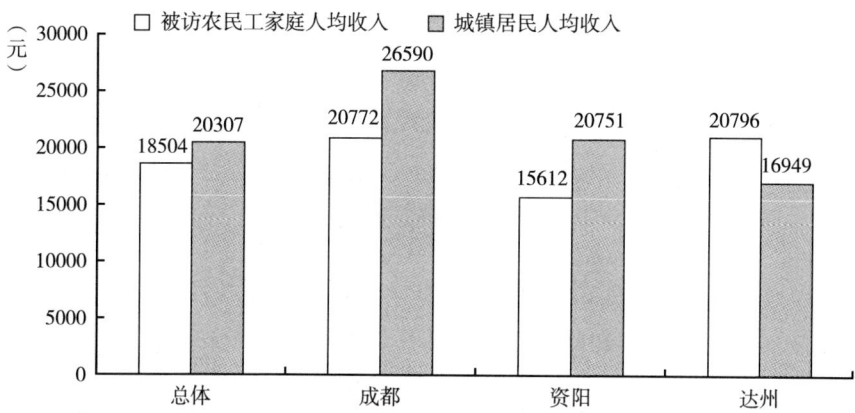

图8 三个城市的农民工经济收入及与同城镇居民的比较

注：四川省和三个城市城镇居民人均年收入来自《四川省统计年鉴》。

3. 农民工的居住情况

掌握农民工的居住情况是我们调查的一个重点。总体上来看（见图9），三个城市被访农民工中有44%是自己租房子住；另有20%是通过雇主获得的住房，又可细分为工地工棚（10%）、生产经营场所（6%）以及单位宿舍（4%）。值得注意的是，有近1/4的调查对象有自己的住房，有的是建在郊区农村宅基地上的房子，有的是城市周边征地后的安置房。这一类农民工全都是本地人，以乡外从业回家居住的方式进城工作，主要集中在达州调查点。但是，真正在城市购买商品房的比例不高，约占调查总数的3%。这一部分人主要是各地的个体工商户，他们不属于保障性住房的需求范围。

我们的调查访谈了很多工业园区的农民工，但重点不是那些住在工厂集体宿舍的农民工[①]。我们在各地住建部门的访谈中了解到，从住房保障指标完成

---

① 尽管保障性住房小区里的居民有不少是由原来工厂集体宿舍转过来的。

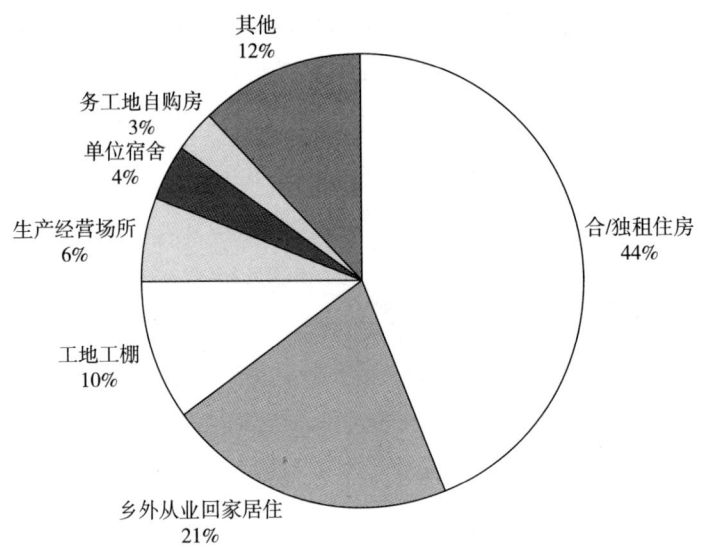

图 9　2013 年三个城市农民工房屋居住类型分类

情况来看,这些工业园区的集体宿舍在产权性质上多数都已转为公租房。因为各地完成公租房建设任务时,通常是首先考虑按公租房的标准改建扩建工业园区内的集体宿舍。而居住在企业集体宿舍的农民工则是国家统计局农民工监测调查的重点对象,占了全国调查样本的 32%（见图 10）。

此外,我们的调查以省内流动的农民工为对象,在地级县市,这意味着多数农民工都是城市周边的本地人。因此,自有住房的比例很高,很多农民工都是往返于市区就业点和郊区住宅之间（占 21%,见图 9）。这一点也有别于全国性的调查样本（占 14%,见图 10）。

按城市分类来看,三个城市农民工的住房结构显示了很大的异质性（见图 11）。成都农民工主要的居住形式是租赁（占 58%）,单位提供住房的比例也很高,这两者加起来达到 86%。而达州农民工有近半数有自己的房子,通常是郊区宅基地上的自建房和城市征地后的安置房。资阳农民工的房屋居住情况则大体处于成都和达州之间。

进一步分析农民工用于居住的消费支出情况。从三个城市农民工总体来看,农民工家庭在城市的平均月居住性支出（含房租、房贷、水电气、物业管理等）为 599 元,其中 397 元用于支付租金。同商品房房价的巨大落差相

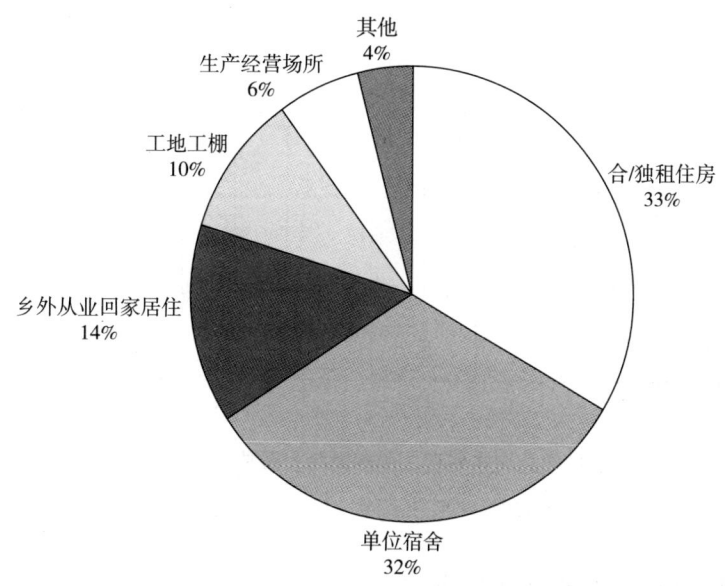

图 10　全国（受雇）农民工房屋居住类型分类

注：务工地自购房比例只有 0.6%，没有在图中标记出来。
资料来源：根据国家统计局《2012 年全国农民工监测调查报告》整理。

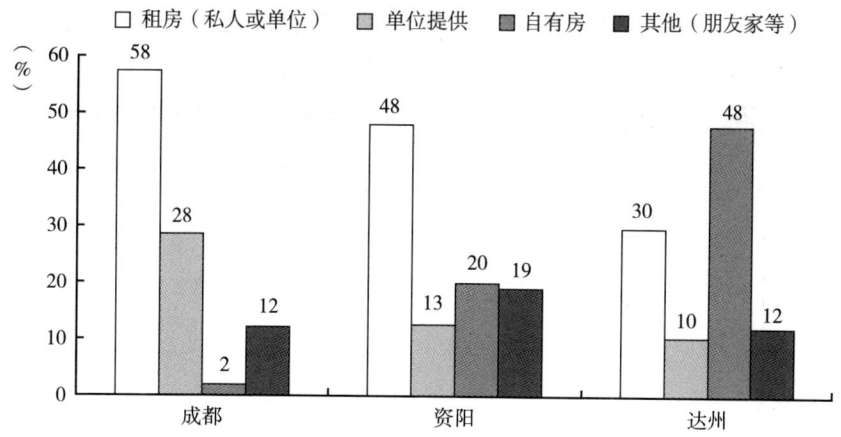

图 11　分城市农民工房屋居住类型及比例

比，三个城市之间的租金差别并不大，成都仅比资阳和达州各高出 30 元和 18 元（见图 12）。这说明农民工在城市的居住需求只是为了满足最低需要，面对的是城市最低端的租房市场，房租价格已接近底线，价格弹性不大。

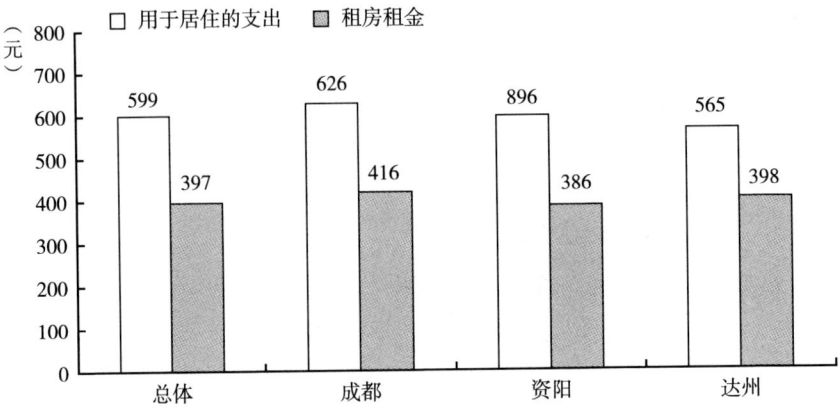

图12 分城市农民工租房时每月居住支出和租金

注：分析对象为所有在2013年租房居住的农民工。

如果公租房的标准面积按50平方米来计算，单位平方米租金以最低为2.5元/平方米（资阳安岳县保障性住房小区针对农民工的定价），最高7元/平方米（成都市龙潭工业园区保障性住房小区统一定价）来估算的话，公租房房租将在125~350元。这应该是一个农民工可以接受的价位区间。事实上，上述两个保障住房小区的农民工在入住小区前的租金水平并不低，分别达到423元/月和382元/月（见图13）。只是在安岳，农民工公租房的租金更具吸引力；而在成都，对农民工而言，公租房的吸引力并不完全是房租便宜。

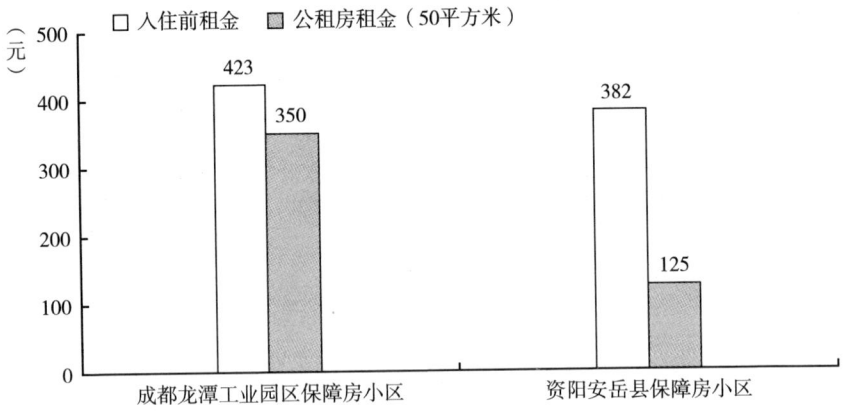

图13 入住保障房小区前后农民工房屋月租金比较

行业的差别是决定农民工租房形式的重要因素,三个城市的调查证实了这一判断(见图14)。在建筑业农民工中租赁住房的比例最低,他们主要是住在施工现场的工棚里。需要再次说明的是,基于公租房样本选择的考虑,没有包括大量住在企业集体宿舍的农民工。因此,在三个城市的调查样本中制造业农民自己租房子住的比例很高,达到57%(见图14),这一群体将是公租房的主要供给对象。

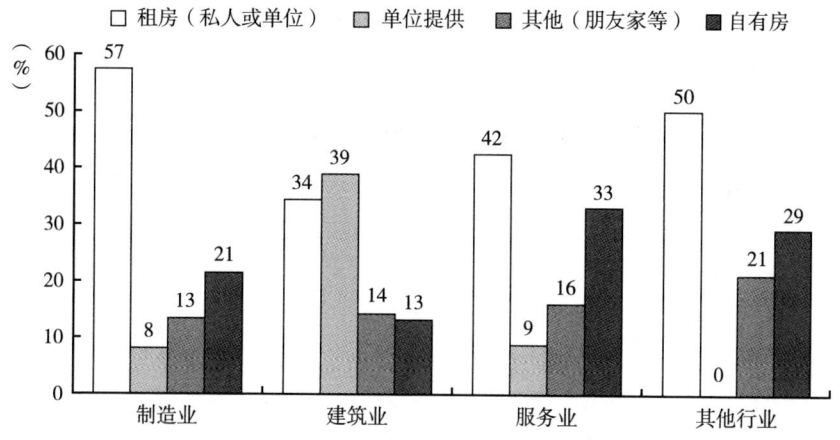

图14 分行业农民工房屋居住类型及比例

从居住支出和房屋租金来看,在所有2013年租房居住的农民工中,从事服务业的农民工支出费用最高,月均居住支出达到676元,租金达到437元,而从事建筑业的农民工支出最低,居住支出只有485元,租金为354元(见图15)。

值得注意的是,在三个城市调查中发现,农民工主要还是以家庭的形式居住,单独住和与同伴同住的比例都非常低(见图16)。几个人一起合住的情况只是在建筑业要高一些,达到25%。在其他行业,特别是在服务业,合住情况并不像我们认为的那样普遍。在国家统计局的农民工监测调查中,与他人合租住房的比例近几年略有提高,从2008年的18.8%上升到2012年的19.7%。这个调查样本中很多是向沿海地区输出的农民工,如只是以省内转移,甚至本地就地转移来看,多人合租住房的比例应该不会很高。

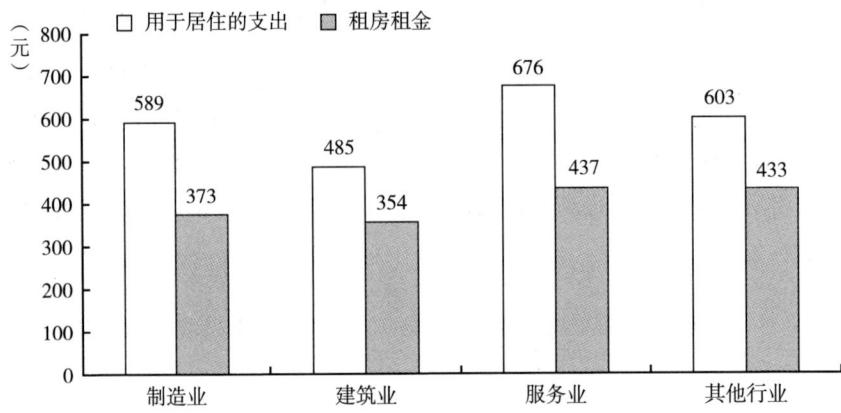

图 15　分行业农民工租房时每月居住支出和租金

注：分析对象为所有在 2013 年租房居住的农民工。

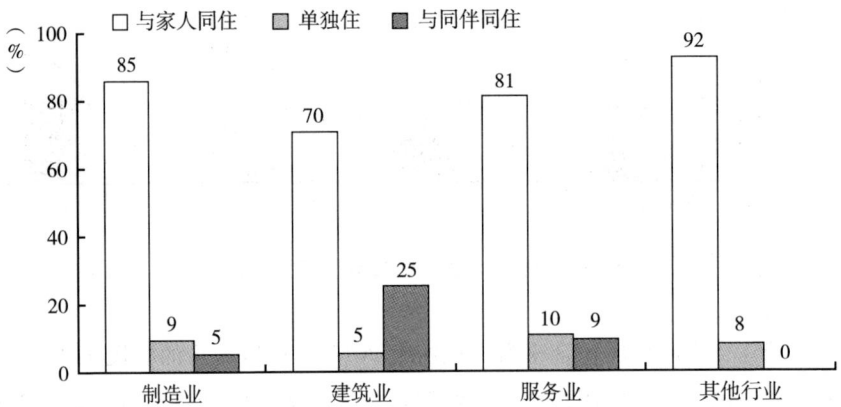

图 16　分行业农民工与家人同住、单独住以及与他人合租情况

（二）农民工对住房保障的认知情况

1. 农民工对住房保障整体认知度不高

调查发现，农民工对住房保障的整体认知程度不高。在所有被访对象中，有1/3的没有听说过保障性住房。如果不计算我们调查的两个公租房小区，这一比例还要低一些。按调查地点分类（见图17），工业园区和商贸点的农民工多数都还是听说过保障性住房，但是对于在城市社区和建筑工地就业的农民工来说，听说过保障性住房的比例不到一半。

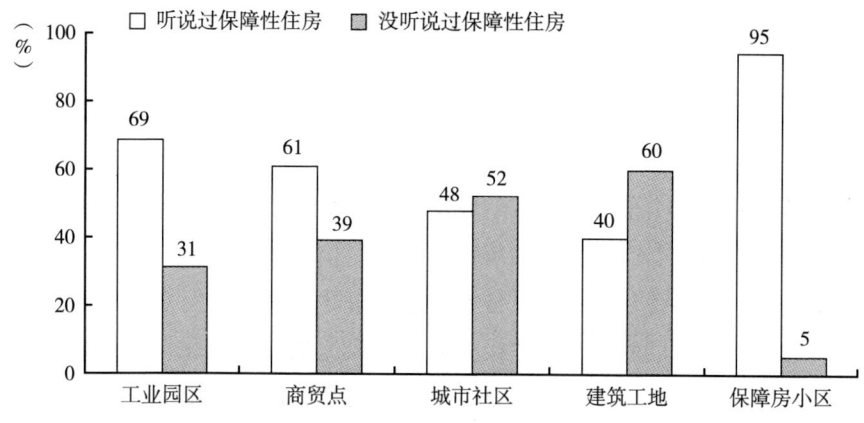

图17 按调查地点分类农民工对住房保障的认知度

已经入住公租房小区的农民工是实现了保障性住房需求的对象,因此,下面分析住房保障知晓度时把这部分样本去掉,以期更准确地把握公租房潜在消费群体的认知度。

2. 学历较高者对保障性住房知晓度更高

在保障性住房的宣传定位上,各地区住建部门反映,农民工受教育程度低影响了他们对信息的获取。我们的调查结果也支持了这一点。受过高中及以上教育的农民工多数都知道保障性住房,而初中以下的农民工则只有不到一半的听说过(见图18)。

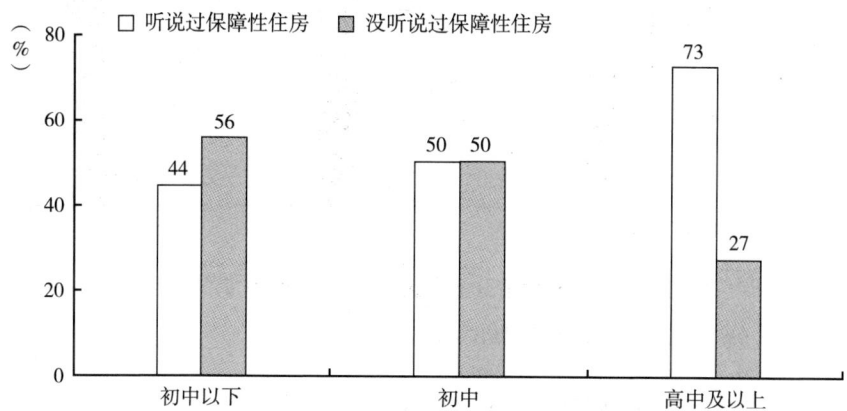

图18 按受教育程度分类农民工对保障性住房的认知度

注:分析对象是所有没有入住保障性住房小区的农民工。

3. 不同受教育程度者信息来源渠道差异较大

不同受教育程度的农民工在信息获取渠道上有没有区别呢？针对所有听说过保障性住房的农民工，我们在调查问卷中列出了三类具体的信息获取来源，包括通过宣传单（画、册）、亲朋好友以及社区干部。调查发现，受教育程度低的农民工主要是通过亲朋好友来了解保障性住房的信息（见图19）。这一类农民工的社会交往圈子同质性比较大，信息来源单一，如何采取有针对性的措施把保障性住房的信息传递给这个群体，是一个需要着力解决的问题。受教育程度高的农民工群体接受信息的渠道更加多样化，信息来源更加丰富。在念完高中的农民工中，有一半是通过我们没有列出的途径获得保障性住房信息的，比如报纸、电视、短信、网络、单位负责人等。值得注意的是，虽然在保障性住房的宣传和申请程序中，社区都是重要的一环，但是我们的调查显示，社区作用并没有得到有效发挥，在信息传播来源上只占到5%左右的比例。城市社区就如农村村委一样，是社会管理的前站，社区的能力有没有调动起来，社区的管理是否规范，对住房保障体系建设的影响重大。

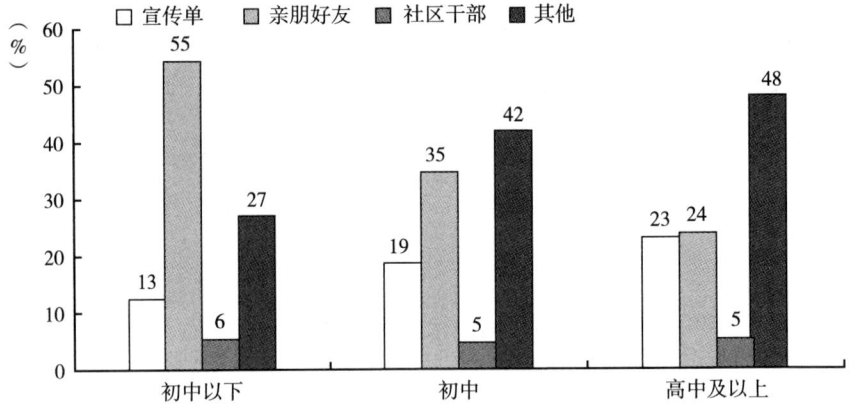

图19　按受教育程度分类农民工了解保障性住房的途径

注：分析对象是所有听说过保障性住房的农民工。

4. 受访者对住房保障政策了解度偏低

对于听说过保障性住房的农民工，他们对信息掌握的准确度有多少呢？我们让他们回答"是否知道公租房申请条件?"分析结果并不让人满意,对申请条件很清楚的只占27%(主要是已经入住了保障性住房小区的农民工),有多达44%的农民工完全不知道申请条件(见图20)。这说明我们的政策宣传还很不到位,没有充分地传达给潜在的公租房需求群体。当然,这也跟各地面向农民工的公租房的分配方式有关,我们会在后面详细讨论。

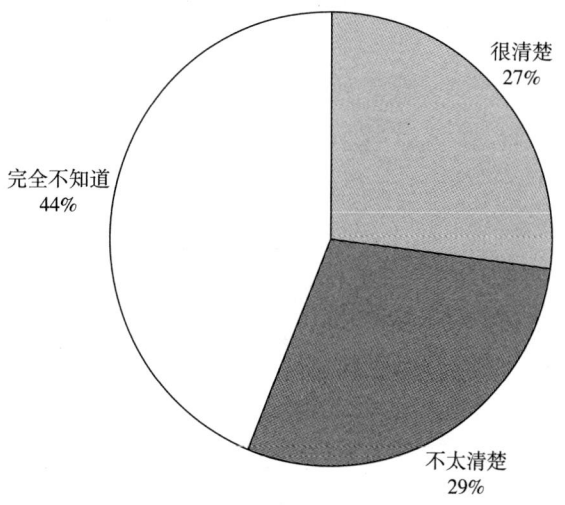

图20 农民工对公租房申请条件的知晓程度

注:分析对象是所有听说过保障性住房的农民工。

5. 不申请的主要原因是不了解

接下来的问题是,如果听说过保障性住房,为什么没有去申请公租房(见图21)?我们列出了很多可能的原因,比如房租较高、居住不方便、程序复杂、不知道怎么申请、不符合条件、不灵活等。但是调查结果发现,最主要原因还是同政策的宣传有关,农民工要么不知道怎么申请(占63%),要么认为自己不符合条件(占18%),其他各项因素所占比例都很低。

6. 不同群体对公租房政策满意度有较大差异

对于所有听说过保障性住房的农民工,对公租房政策是否满意呢?调查发现,已经入住了公租房的农民工和还没有入住公租房的农民工,在态度上是不一样的。前者的正面评价明显很高,而后者约有1/3的表示说不清楚(见图22)。

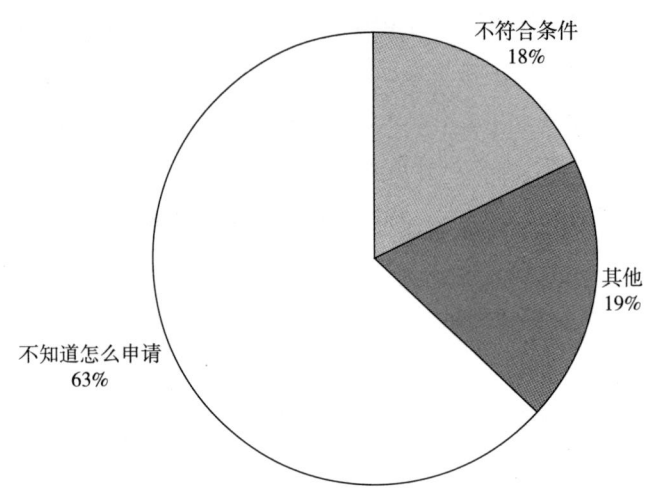

图 21　农民工没有申请公租房的原因

注：分析对象是所有听说过保障性住房但是没有申请公租房的农民工。

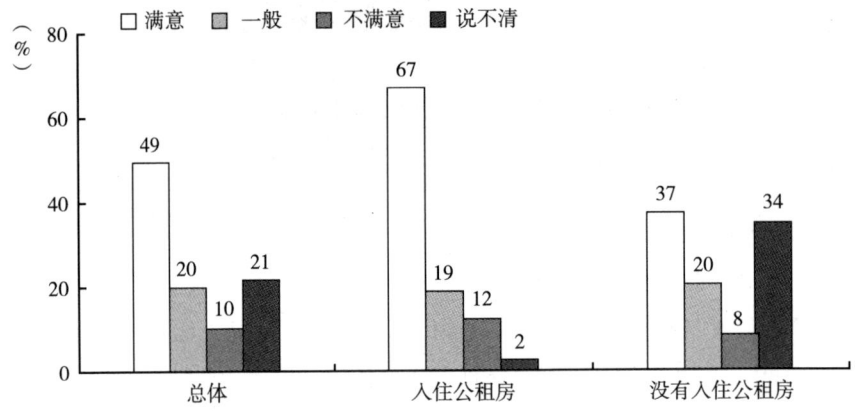

图 22　农民工对公租房政策的满意度

注：分析对象是所有听说过保障性住房的农民工。

（三）农民工对保障性住房的需求

1. 工业园区受访者对保障性住房需求较大

为更全面地把握农民工对保障性住房的需求，我们分别按调查地点和调查行业分类，分析需求程度的差异。调查发现，尽管工业园区的集体宿舍大都整改为公租房，解决了大量的农民工居住问题，但是，这一块的市场需求仍然很大。工业园区内没有住进集体宿舍的农民工仍然是低端房屋租赁市场的主要对象，仍然是保障性住房需求最大的群体。调查发现，有73%的工业园区农民工表示需要保障性住房。此外，在商贸点和城市社区打工的农民工对保障性住房有一定的需求，半数以上希望获得保障性住房。需求量相对较低的是从事建筑业的农民工，认为自己需要保障性住房的仅占44%（见图23）。

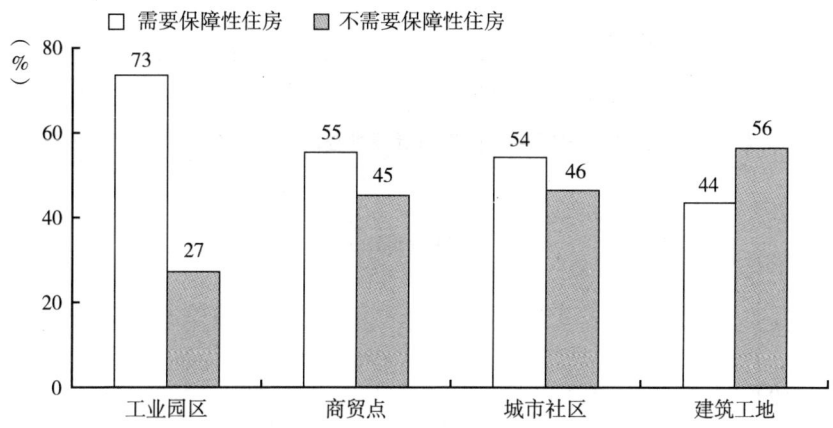

图23 按调查地点分类农民工对保障性住房的需求分析

2. 制造业和服务业对公租房需求较高

从调查行业的分布来看（见图24），从事制造业的农民工需求最高，他们一般都有较为稳定的工作，有企业单位的担保，应是公租房的重点对象。其次是在服务业工作的农民工，这一类群体流动性相对较大，工作收入都不太稳定，通常只能通过社区的渠道来申请。从事建筑业的农民工对公租房的需求最低，由于是跟着项目走，或者跟着包工头，这一行业的农民工工作的流动性最大，可预测性差。

3. 现有租房者对公租房需求最强烈

按现有房屋居住类型分，租房（包括租私人房或单位房）住的农民工无疑是最希望获得保障性住房的。值得注意的是，即使是单位提供了免费住房，或者自己已经有了房子的农民工，仍然有相当一部分（约占45%）有保障性住房的需求（见图25）。

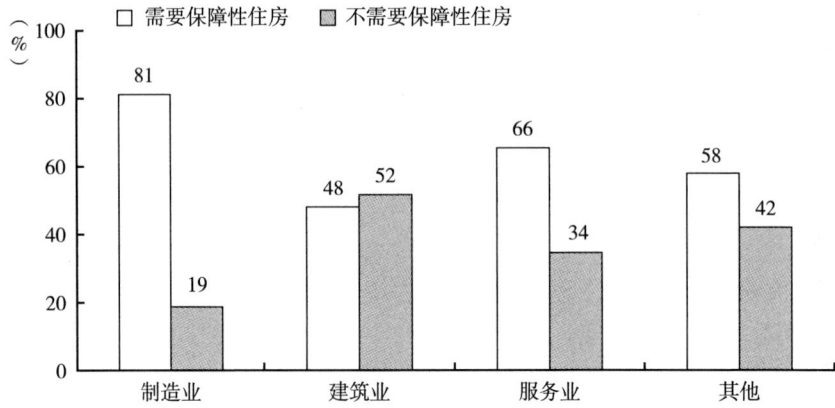

图24 分行业农民工对保障性住房的需求分析

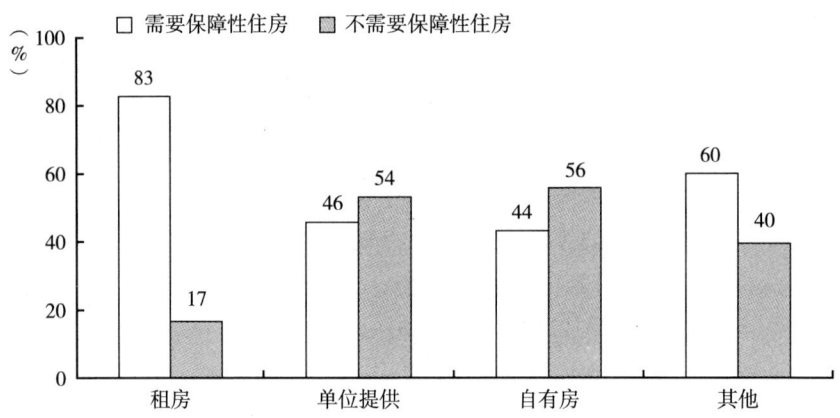

图25 按住房居住分类农民工对保障性住房的需求分析

4. 需求强度在空间上呈现典型的射线状

进一步地观察三个城市农民工在保障性住房需求上的差异（见图26）。作为省会城市，成都是省内农民工转移的主要目的地，对公租房的需求最大。资阳次之，而达州的需求程度最低。这进一步表明了地区社会经济发展程度同农民工流动的关系，进而决定了农民工保障性住房的需求量。

5. 农民工对产权有较强期望

农民工最需要哪一类住房保障呢？不同房屋居住类型的群体有不同的需

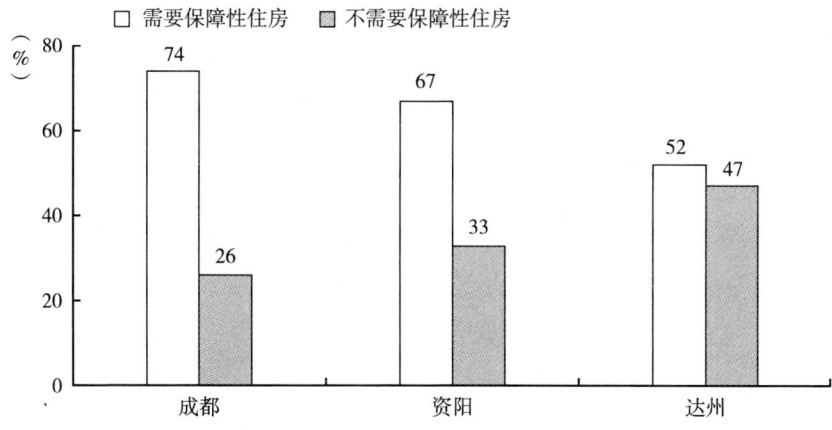

图 26 三城市农民工在保障性住房需求上的差异

求。对公租房的需求主要体现在租房住的农民工群体,而廉租房在各个群体都有需求。对农民工的深入访谈发现,多数人对住房保障政策一知半解,认为廉租房是一种可靠关系拿的好处,跟家庭收入和有没有住房关系不大。值得注意的是,农民工对经济适用房或限价商品房的需求也不小。特别是自己有房子的农民工(主要是政策性安置房和农村宅基地上的自建房),更希望能在城里有一套有产权的房子,这一比例高达69%(见图27)。

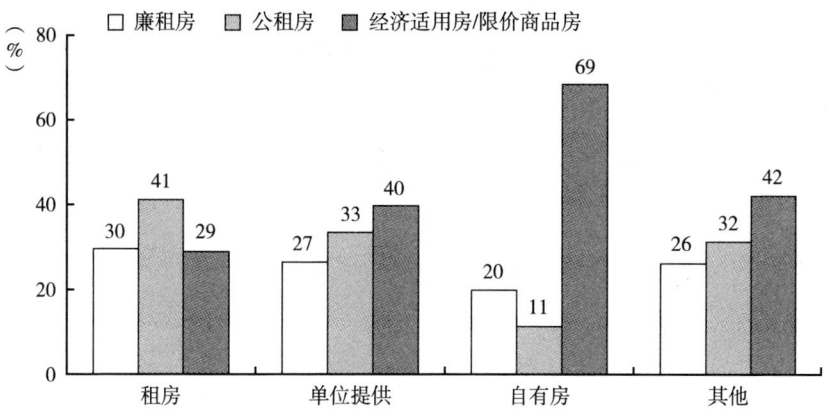

图 27 按住房居住分类农民工对各类保障性住房的需求分析

注:仅包括所有对保障性住房有需求的农民工。

6.租金降低是农民工对政策的主要期待

农民工对住房保障的期望中（见图28），首选是要求降低租金。这恰好说明公租房在租金上确实没有很大的优势，不管是入住还是没有入住公租房，被访者都希望租金更低一些。排在第二位的是希望拥有房屋产权，在深入访谈中，也有保障性住房小区的居民在问，今后会不会允许以较优惠的价格购买现在住的公租房。完善配套公共服务也是反映比较多的一个问题，比如菜市场、幼儿园等。对未入住公租房的农民工来说，降低申请门槛和减少申请程序也被多次提到。我们还列出了"租住形式更加灵活"和"增加供应量"，但是选这两条的被访者非常少，故并入其他。

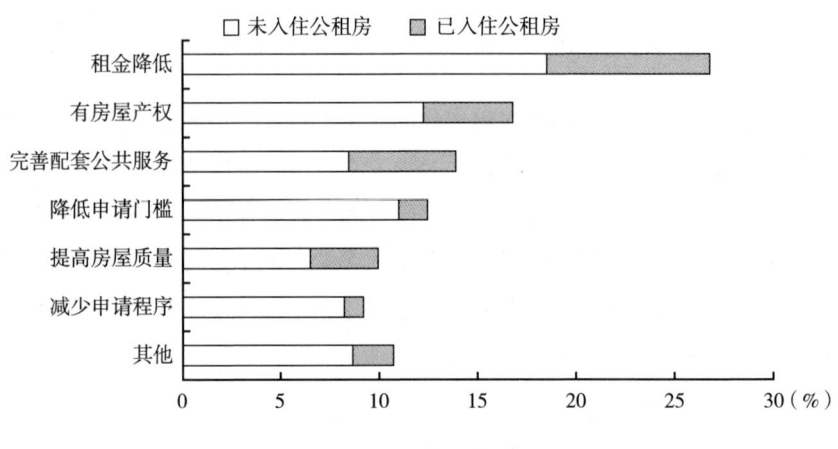

图28 农民工对住房保障的期望分析

四 影响四川省农民工住房保障发展的主要因素

影响农民工住房保障体系建设的因素可以从需求和供给这两个层面来分析。四川省有超过1000万的省内转移农民工，显然不是每一个农民工都有保障性住房，特别是公租房的现实需求，也不是所有有公租房需求的农民工都符合相应的申请条件。农民工群体的异质性决定了住房需求和供给上的差异。

（一）地域差异

四川省盆周丘陵地区人多地少，是主要的劳务输出地。大部分农民工都输出到沿海一带的城市工作，省内转移主要是以成都为目的地，剩下的基本上都在本市范围内就地转移，而外来务工的人员则比较少。因此，成都作为四川省甚至西部地区超级大都市，在工作机会和生活方式上，无疑吸引大量的外来农民工。加之成都房价和租金都相对较高，普通农民工的居住环境和居住质量都面临很大的挑战。虽然成都市通过与工业园区的企业合作，按公租房的标准新建或改建了集体宿舍，为大量在工业园区工作的农民工解决了住房问题，但是考虑到成都农民工庞大的总量，还有更多的企业没有自建集体宿舍，以及大量的农民工从事餐饮、零售服务业，对公租房等保障性住房的需求仍然很大。

调查发现，对公租房需求很大的群体主要住在城郊房子，而这些房子随时都会拆迁，一拆就要搬家，不稳定也不安全。房东还时不时要涨价，非常麻烦。成都保障性住房小区的一个住户说，"公租房的优势在于稳定"。现在工业园区附近的公租房，租赁合同三年不变，对那些在园区有稳定工作的农民工来说，十分具有吸引力。

与成都不同的是，在资阳和达州的农民工大多是本市人，他们或者是在本地已经有房子，或者是在距城区不远的老家有房子，所以对保障性住房的需求并不强烈。另据2013年自贡市住建部门的摸底调查，在市区内务工的农民都是居住在近郊，且大部分都有较为宽敞的自建房。他们白天进城务工，下班后骑乘摩托车约15分钟就能回到家中，基本少有人在城市居住，整体上对公租房的需求不大。

（二）行业差异

农民工住房保障需求上的行业差异十分明显。对住房保障需求最大的一个群体是制造业工人，需求较低的是建筑业工人，服务业处在二者中间。这同行业的工作特点有关。制造业企业和公司主要集中在各中心城市工业园区，有稳定的就业预期和经济收入，其员工的经济活动和社会福利也更容易纳入政府的管理体系，特别是工作合同、缴纳社会保险和流动人口居住登记等方面更为规范，这正是实行保障住房供给时识别需求对象的重要依据。

调查了解到，从目前公租房对农民工的覆盖程度来看，优先考虑的也正是在工业园区工作的外来务工人员。一种形式是住建部门同企业合作，按公租房的标准新建或改建集体宿舍，由该企业自主管理，住建部门监督；另一种形式是由政府在工业园区附近统一修建，并把申请范围划定为特定的企业或园区，以企业为单位进行申请。

建筑业和服务业就业岗位不稳定，流动性大。特别是在建筑业，农民工普遍居住在工地工棚里。建筑业的工人还根据不同的工种在各项目点轮换，长的三个月，短的一两个星期。虽然在调查中，也有建筑工地的农民工表示对公租房感兴趣，但是，他们普遍对公租房缺乏了解，更不知道申请条件。从目前各地公租房供给能力来看，这一群体还很难被纳入保障性住房的管理范围。从事服务业的农民工主要集中在批发零售、住宿餐饮、交通运输等领域。这部分农民工本身差异性非常大，其中有的向个体工商户发展，从经济实力上看，他们的需求已经超出了公租房的标准，并对经济适用房或限价商品有一定的兴趣，而有的人则主要是打零工，居住方式变化较大，但就业区域主要在市区，相对稳定，是公租房的需求群体。

（三）经济收入

农民工经济收入的水平会影响他们对公租房的需求吗？从我们对三个城市的调查分析来看，答案是否定的。虽然不需保障性住房的农民工的人均月收入比较需要者高出约100元，但是独立样本t检验的结果表明，两个群体在人均月收入的这个差别没有统计意义上的显著性。也就是说，不能认为人均月收入低的农民工比人均月收入高的农民工更需要保障性住房（见表2）。

表2　统计检验人均月收入高低是否影响对保障性房的需求

是否需要保障住房	样本数（个）	人均月收入均值（元）	标准差	t值	Sig.（双侧）
是	265	1492.3	1211.31	-0.755	0.451
否	145	1596.4	1536.63	—	—

注：Sig. >0.05 表明样本均值的差异没有统计显著性。

（四）租金水平

尽管降低公租房租金是一大期望，但是就问卷调查结果而言，租金水平对公租房需求的影响同其他因素交互作用，很难得出一个明确的结论。首先，不少被访者混淆了公租房和廉租房的区别，从而以廉租的标准来看待公租房，当然会觉得租金高了。

其次，不管是入住了公租房还是没有入住公租房的群体，都希望进一步降低租金，这种无差别的期望表达其实是对价廉物美的普遍愿望，并不是基于本人的实际承担能力。

最后，租金是主管部门对公租房供求市场进行宏观调控的一个重要手段。在农民工公租房政策刚开始进入实际操作阶段时的主要矛盾是面向社会申请的房源不多，而潜在需求量很大，因此，适当价位的租金有利于循序推进农民工公租房建设。也就是说，各地主管部门对本地农民工房屋租赁市场的判断直接影响到农民工公租房的租金标准。在我们调查的两个保障性住房小区中，相对于当地市场的租金，资阳安岳定得较低，而成都龙潭定得较高，且只针对附近工业园区企业的职工，并没有给农民工特别的优惠。安岳点的入住率确实高于龙潭点。在关键人物访谈中，我们得知龙潭点正在计划把没有分出去的房子推向社会，效果如何还有待进一步的观察。

（五）申请条件

公租房申请是各地住建部门控制公租房供求关系的有效手段，目的是为了循序分类推进农民工公租房建设，但是在功能和效用上同租金调节有一定的异同。比如资阳安岳点是低租金高申请条件，成都龙潭点是高租金低申请条件。前者优先考虑在本地长期工作且收入较低的农民工；而后者则优先考虑在工业园区内有稳定工作且有一定经济承受能力的工人，并不特别针对农民工。

通过设定不同标准的申请条件，住建部门可以有效地控制潜在的农民工需求对象。虽然省内转移的农民工总量很大，但是符合公租房申请条件的比例很小。农民工公租房申请条件主要是两个方面，一是在本地居住的时间或者缴纳社保的时间，二是用工合同。由于农民工工作流动性很高，在相关部门登记并缴纳社保的数量相对不大。在同一地方连续居住，并连续缴纳社保的人数就更低了。所以这个年限提高或降低一年，都会极大影响到符合申请条件的潜在人数。此外，转移输出到省外的农民工在当地缴纳的社保在转移回川内时，只有个人缴纳部分能够转移，且要有转移的接收单位，手续烦琐。这些问题既降低了农民工参保的意愿，造成参保率不高，也不利于农民工返乡落户后在入户地享受应有的社会保障。同样，用工合同也会把很多农民工挡在公租房申请的门外，特别是在服务业从事个体性餐饮和零食业务的农民工，很难提供符合要求的用工合同。

（六）公租房供给方式

公租房供给方式的不同会影响到不同农民工群体的可及性。各地住建部门完成的公租房指标主要是企业职工宿舍的扩改建。政府建设并面向社会申请的房源不多，而有限的房源还主要是靠近工业园区，解决园区内企业职工住宿需求。这样，在特定企业工作的农民工就比较容易被纳入公租房申请的范围，而更多从事服务业或在小公司、小企业工作的农民工则很难从中受惠。

这同我国现行的住房保障建设政策有关，由于公租房建设是为解决城镇"夹心层"的居住问题，相对不如廉租房建设那么迫切，因此，不像廉租建设有明确的保障措施，公租房建设在政策层面主要是一些指导性的意见。在各地城市扩建或城市改造的过程中，建设用地指标始终是利益各方争夺的对象。地方住建部门上报的公租房建设计划在多大程度上能够得到国土部门、规划部门和财政部门的支持，常常是因时因地而异，需要通过项目或者一事一议的方式解决。比如我们调查的某中心城区，为了获得一块保障性住房建设用地，住建部门在各部门之间周旋多次，市委秘书长出面也没有解决，最后是在常务副市长的协调下才搞定。有的城市到目前还没在中心城区有公租房的建设用地。

由于缺乏必需的建设用地和资金，完成公租房分配指标的方式就自然集中到原有企业集体宿舍的扩改建上。这一点在各地都比较普遍，特别是集中在工业园区的集体宿舍，很多都已经按公租房的标准实施了扩改建。然而，企业自己扩改建的宿舍通常只能由企业自己来管理，政府相关部门的监督能力和调控空间都很小。一方面，难以规范企业公租房的使用情况，另一方面，多余的房源也难以面向社会进行再分配，造成资源浪费。

五 公租房小区入住农民工的比较分析

（一）公租房小区受访者无显著个体特征

在414位受访者中，有96位受访者来自公租房小区，其中77位是成都锦城龙苑公租房小区，占80.2%，19位是安岳县公租房小区，占19.8%。

从基本情况与整体调查情况对比看（见表3第二列和第三列），公租房小区入住者并未呈现显著的个体差异。公租房小区入住者的平均年龄、教育、收入水平没有显著性差异。

值得注意的是，从行业上观察，公租房小区受访者所在行业相对集中于制造业，其原因一方面是成都市锦城龙苑小区截至调查之时只接受以企业为单位的公租房申请者，入住者几乎全部为制造业工人；另一方面该小区位于当地产业集中区附近，对产业园区内的工人吸引力更大。由此可以解释公租房小区的受访者高中以上学历的较多，因为制造业的技术工人占比较大。

然而，进一步分析发现，同为公租房小区，成都调查点和安岳调查点存在显著的差异性（见表3）。相比于成都公租房调查点，安岳小区入住者的年龄更大一些，受教育水平更低一些，主要集中在服务行业。这显示了两类不同的公租房供给对象，成都公租房调查点的供给对象有着较好的社会经济地位，而安岳公租房调查点的供给对象则相对要弱势一些。我们会在后面进一步分析这种区别及其政策启示。

表3 公租房小区受访者基本情况比较

类别	三城市调查	公租房小区合计	成都锦城龙苑公租房小区	资阳安岳县公租房小区
平均年龄（岁）	40.3	40.2	38.1	48.9
年龄（岁）				
16~20	4.1%	1.0%	1.3%	0.0%
21~30	23.7%	27.1%	31.2%	10.5%
31~40	21.3%	24.0%	27.3%	10.5%
41~50	33.3%	31.2%	29.9%	36.8%
51~	17.6%	16.7%	10.4%	42.1%
教育				
初中以下	26.2%	20.8%	16.9%	36.8%
初中	44.6%	40.6%	39.0%	47.4%
高中及以上	29.3%	38.5%	44.2%	15.8%
调查行业				
制造业	27.1%	47.4%	55.8%	11.1%
建筑业	27.6%	11.6%	11.7%	11.1%

续表

类别	三城市调查	公租房小区合计	成都锦城龙苑公租房小区	资阳安岳县公租房小区
服务业(主要是餐饮和零售)	36.1%	27.4%	22.1%	50.0%
其他	9.2%	13.7%	10.4%	27.8%
婚姻状况				
未婚	12.1%	9.4%	11.7%	0.0%
已婚	84.7%	88.5%	87.0%	94.7%
其他	3.2%	2.1%	1.3%	5.3%
农民工月均收入(元)	2343	2240	2424	1493
对公租房政策的满意度				
满意	49.3%	66.7%	57.7%	100.0%
一般	19.5%	18.9%	23.9%	0.0%
不满意	10.0%	12.2%	15.5%	0.0%
说不清	21.3%	2.2%	2.8%	0.0%

(二)公租房小区农民工入住率较高

成都和安岳在公租房申请阶段均未采取城乡户籍分割的管理办法,农民工与本地居民同步申请,满足条件的申请者不分户籍公平参与公租房分配。区别在于,相对于城市居民,安岳县对农民工在准入条件、租金两个方面略有降低,农民工申请到公租房的机会更大,而成都市则采城乡无差别政策,农民工与城镇居民享受相同准入条件和租金待遇。尽管如此,调查显示,两地对农民工覆盖情况都较好,成都市锦城龙苑小区内农民工数量占全部已入住租户的90%,安岳县也占到50%,远远超出"农民工住房保障行动"中30%的政策目标。

(三)公租房小区受访者满意度显著高于整体水平

公租房小区受访者对公租房政策的满意度显著高于整体水平,这一问题已在前文有详细描述。

(四)实施方式对农民工需求意愿较大影响

成都市锦城龙苑公租房小区与安岳县公租房小区的相似之处在于二者建设

业主均为地方政府，均位于产业集中区附近，房屋户型、面积近似，竣工和入住日期均为2013年底至2014年初，客观情况的近似使两地公租房建设具有可比性。二者存在较大差异的地方在于准入条件、申请方式和租金价格等政策设计和操作层面（见表4）。因此，对两地入住农民工特征和面临的情况进行比较具有较强政策含义。

表4 两个公租房小区准入条件、申请方式和租金价格对比

地点		准入条件	申请方式	租金价格
成都市锦城龙苑公租房小区		● 家庭年收入10万元以下（含10万元）或个人年收入5万元以下（含5万元） ● 申请人及共同申请家庭成员在中心城区无城镇自有产权住房且未承租公房 ● 持有成都市居住证 ● 主申请人在中心城区工作 ● 签订劳动合同并缴纳城镇职工社会保险	● 企业组织申请	● 租金为市场价70%，每平方米每月7元 ● 物管费、水电等
安岳县公租房小区	农民工	● 农村户口 ● 年满18岁，具有租金支付能力 ● 县域范围内工作2年以上 ● 申请人及配偶县城无住房或人均住房面积低于19平方米	● 家庭（个人）直接申请	● 租金为市场价50%，每平方米每月2.5元 ● 物管费、水电等
	城镇居民	● 城镇户口 ● 收入低于上年城镇居民可支配收入的70% ● 本县户籍2年以上 ● 申请人及配偶县城无住房或人均住房面积低于19平方米	● 家庭（个人）直接申请	● 租金为市场价80%，每平方米每月4元 ● 物管费、水电等

符合条件的申请者规模是评价农民工对公租房有效需求的主要指标。据介绍，成都市今年可提供的面向全社会的公租房有3296套，从2013年开始接受常态申请，但截至调查之时，申请者只有6000多户，其中符合条件的仅有4000多户，仅为房源规模的1.2倍，这与成都市庞大的公租房保障对象规模不相适应。锦城龙苑公租房小区提供1110套房屋，但仅有800余户申请者，

实际入住仅有600多户。安岳县则呈现了相反局面。2013年第一批公租房140套，申请者350户，其中309户符合条件，是房源的2.2倍。现在第二批开始接受申请，截至调查之日，已有1000多户申请者，是供给房源（2015年竣工200套）的5倍多。

从调查情况看，需求存在较大差异的首要原因是房屋租金。安岳县公租房租金约为套均每月125元，占受访者月收入的8.4%，而锦城龙苑月租金为350元，则达到受访者月收入的14%。调查同时了解到，锦城龙苑周边棚户区同等面积房屋租金不超过300元，相对租金较高是对成都公租房需求产生较大抑制的主要因素，这也进一步印证了公租房保障对象对租金的敏感性。

第二个原因是成都锦城龙苑小区第一批仅是通过企业来申请，目标群体固定，覆盖面较小，部分企业住房保障自成体系（如自建集体宿舍等），对公租房有需求的对象不足，同时固定目标所起到的示范带动作用极为有限。而安岳县公租房小区自建成之日起就面向全社会，第一批申请审批流程公开透明，对入住者起到了示范宣传作用，其影响力十分显著。

（五）政策启示

成都市锦城龙苑和安岳县公租房管理过程中，制定了差异化的公租房政策，因地制宜实施，取得一定效果，公租房小区农民工覆盖情况良好，租住者满意度较高，在一定程度上实现了农民工居住条件改善、均等化分享城市发展成果的政策目标。

两地经验在公租房建设管理中的经验可归纳为三条：一是两地对申请者的准入条件设置较为合理，特别是未对农民工是否参加社保以及参保年限做出具体规定，这符合农民工群体现状，扩大了农民工有效需求；二是公租房首先建在产业集中区附近，对象瞄准性高，对于成都、资阳这类处于产业大发展阶段的城市来说，具有除保障农民工基本居住权利外的多重效益，大大提高了公租房供需结合效率；三是两地均采取了建管合一的公租房供给方式，成都市成立了专门的住房保障中心，安岳县成立了住房保障办公室，统筹安排公租房从申请立项、招投标、建设、申请资格审核、配租等全流程，供给效率高，设施配套较为完善。

同为政府修建的公租房小区，成都和安岳在申请者意愿方面存在较大差异。结合实际调查访谈情况初步判断，安岳公租房小区更好地实现了解决困难农民工群体住房问题的政策目标，而锦城龙苑则在住房保障均等化基础上体现了城市发展的工业化取向。事实上，锦城龙苑公租房小区只对龙潭工业园内企业开放，安岳县公租房小区是对全体居民开放。其政策含义在于，对不同发展取向和资源禀赋的地区，可采取差异化的农民工住房保障策略。

对于以实现居民住房权益为主要目标的地区，应采取安岳县公租房小区的做法，以家庭为单元申请公租房，因为家庭是对自身需求最为了解的，相对于企业为单元的申请模式，家庭直接申请公租房更能够体现承租人的真实需求。同时采取统一受理、分类申请、分类审批、分类实施差异化租金政策的方式，使农民工能够享受到更符合其实际情况的优惠措施。

对于以实现人力资源要素住房权益为主要目标的地区，如工业园区等，可采取锦城龙苑的做法。以企业为单位申请，对农民工和其他群体采取统一保障方式，优先确保有利于经济增长的人力资源要素的住房权益。

六 主要结论和政策建议

（一）主要结论

"农民工住房保障行动"自2013年初实施，至今已超过一年，调查显示，已入住公租房农民工对住房保障政策和房屋状况满意度较高，公租房对于改善农民工居住条件、推动农民工稳定就业、落实城乡一体化发展战略等方面具有显著成效。然而，调查同时显示，在当前"农民工住房保障行动"中，公租房供给与农民工需求存在脱节、错位的情况，在政策设计、实际操作等层面存在不适应性，矛盾主要表现在以下几个方面。

一是部分地区的农民工住房保障准入条件超出了农民工群体现状。从整体看，农民工有住房保障的现实需要，而且从长远看，这种现实需要随着劳动力市场、住房保障政策等形势变化，农民工保障性住房的潜在需求量很大，而且将持续较长的一段时间，但是不同的准入条件直接决定了可能进入申请程序的农民工的数量。

二是居住成本对农民工的租住意愿起决定性作用。房屋租金是居住成本中最重要的组成部分，租金高低对农民工的租住意愿起决定性作用。调查显示，农民工的意愿取决于其居住习惯，对居住成本的判断，则随农民工发展取向的变化而变化，部分农民工（主要是收入较高且较稳定的群体，如产业工人）已经从以最大限度降低成本为目标的居住方式，转向追求生活质量和改善居住环境为目标，对于这部分群体采用市场租金50%~70%的定价是可以承受的。但不可否认的是，仍有部分农民工（主要是"4050"人员、收入较低且不稳定的农民工）对租金价格十分敏感，降低租金或提供租金补贴将会极大地刺激其租住意愿。

三是从公租房供给情况看，各地存在较大差异，但总体而言，地方政府不具有供给农民工公租房的强烈偏好，企业自建保障房有先天局限，社会资本进入渠道受阻且激励不足，园区建设农民工公租房效果较好，但在对象覆盖上有一定局限性。

四是从管理和经办情况看，手续和流程复杂、审核时间长、后期管理不规范等问题普遍存在，加上建管机构面临的人员和管理上的压力，加剧了供需矛盾。

问卷调查从农民工视角进一步分析了农民工对住房保障的现实需要以及"农民工住房保障行动"中存在的不足。

（1）从地域看，中心城市农民工对住房保障的现实需要更为紧迫。成都作为西部地区的特大型城市吸纳了主要的省内异地转移农民工，而本地农民工比例不大。还有部分异地转移农民工则流入周边几个区域性中心城市。其他中小城市则以本地农民工为主，而外地流入的农民工所占比例很小。外地农民工的住房需求明显高于本地农民工。特别是在经济发展相对滞后的边远城市，进城务工的基本上是周边农村的农民，他们都有宅基地上的自建房或征地安置房，一般都回家居住，对公租房的需求不大。在各地中心城市打工的外地农民工，如果没有企业提供的集体宿舍，对租赁住房的需求是刚性的。

（2）有效需求农民工和最需保障农民工的行业特征显著。制造业农民工是公租房的有效需求者。从事制造业的农民工特别是在工业园区就业的农民工，有较为稳定的工作和收入，有正式的用工合同，而且比较容易纳入城市社会保险管理体系，符合多地农民工住房保障准入条件。低端服务业从业农民工是最需要保障的群体。低端服务业重点是餐饮、娱乐等行业，这部分从业农民工收入偏低且流动性大,但所在单位又往往分布在居住成本较高的中心城区,他们是"群租"、棚户区和城中村最主要的租户,这部分农民工居住条件较差,居住支付能力不足,是农民工住房保障行动最需关注的群体。

(3) 从宣传经办上看,农民工的认知存在不足和偏差。农民工总体上对保障性住房的认知度不高,其中固然有农民工自身流动性较大、农民工住房保障行动处于起步阶段、城乡二元政策等原因。但更为重要的原因在于,各地的宣传动员效果较差,以及准入条件较为严格、审批流程过于复杂在不同程度上抑制了农民工主动了解的积极性。此外,对廉租房和公租房概念和政策上的混淆,在一定程度上降低了农民工对政策的认知度。

(4) 从政策需求看,租金和产权是农民工最关注的方面。

(二)政策建议

1. 分类推进农民工住房保障行动

将区域性中心城市作为农民工公租房供给的重点,分类加大供给规模。

一是成都作为特大型中心城市,制造业和服务业均发展迅速,应同时加大政府和园区供给力度。

二是新兴工业城市,如资阳、眉山、遂宁等,应加大工业园区房源供给,辅以政府供给。

三是其他城市中心城区,应加大政府供给房源力度。

2. 对不同对象制定差异化准入条件和审批流程

针对农民工内部显著的异质化特征,应采取差异化准入条件。

一是地方政府直接供给的农民工公租房应同时采取两种申请方式:农民工直接申请和企业申请。前者可延续原有准入条件,后者则可适当放宽准入条件,特别是餐饮、娱乐、批发零售等企业,可通过对企业资质设定条件和定期审核方式提高对农民工住房保障力度。

二是园区供给的农民工公租房应鼓励以企业为单元申请,对农民工资料备案,加强对农民工个人及家属房屋情况的管理。

3. 开展多样化宣传,提高农民工认知度和理解度

一是形式和载体多样化,以农民工普遍接受的形式加强宣传,如通过短信、微信等多种方式,加大农民工的关注度和知晓度。通过工业园区或用工企

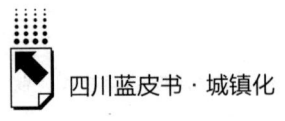

业进行宣传；通过社保部门向缴纳社保的农民工进行宣传；通过劳务就业招聘市场进行宣传。

二是以农民工最为关心的问题为主要内容进行宣传，包括租金、租期、公开公平分配流程、房源信息等。

三是借力行业协会、各类商会、志愿服务等手段，形成需求者自我组织、主动宣传的局面。

4. 加强地方住保部门在农民工公租房建管中的主导能力

除在方案设计、宣传、督查、审计等具有显著外部性和非排他性事务上依然承担主要责任外，针对住保部门在农民工公租房供给中的压力和不足，应当从两方面着手强化其主导地位。

一是进一步细分公租房建管内容，剔除可以由地方政府完成的部分，如对申请人材料收取、资质审核等流程可由社区完成，减少管理支出。

二是厘清住保部门职责，确立"人随事转"的工作机制，确定专人负责公租房业务，并随着职能职责调整，负责人员随之调整，以稳定服务队伍。

5. 建设全省统一封闭运行的信息数据管理平台

针对农民工流动性大、真实需求表达不畅等问题，建立全省统一的、封闭运行的信息数据管理平台。

一是精准化的动态信息管理平台，包括申请人信息综合查询、房源分布及准入管理等数据信息录入和查询，掌握农民工分布、规模等需求信息，实现房源的统计，为动态调整房源供给和准入条件提供依据。

二是闭合可追溯的服务交互，包括在收集信息或提供服务时遇到问题，可先将需解决的问题快速发送到指挥中心，指挥中心及时将信息分类发送到相关业务科室，业务科室在解决问题后将信息反馈，最后由问题发送者审核并消除问题标识，高效化解管理中遇到的问题和矛盾。

6. 推动以居住地为核心的管理和服务供给

一是实行属地化管理，公租房小区建成后应移交当地街办和所在社区，由街办和社区承接申请、审核、租赁管理、退出管理等管理职能，并提供与所在社区无差异的公共服务。

二是加大资金支持，给予公租房小区公共服务和社会管理专项资金。

三是通过构建平等、公开的沟通平台，在社区组织结构中引入第三方主体,特别是具备现代专业治理能力的NGO组织、社区自治组织等,形成新的社区治理结构。

7. 在房源供应、住房管理等方面创新试验

一是在房源供应上,探索农民工住房保障与棚户区和城中村等城市改造结合的方式和规模。

二是构建社会资本投入激励机制,如探索政府与社会资本共有公租房产权等方式,给予社会资本以稳定的收益预期。

三是针对农民工对产权的强烈需求,可探索由政府补贴的方式将租金中一定比例用于给农民工缴纳住房公积金。

四是针对部分租金承受能力较弱的农民工,探索建立将其纳入廉租房覆盖范围或提供一定的租金补贴的机制政策。

五是针对宣传动员效率偏低、申请审核程序复杂、农民工有效需求表达不足等现实问题,探索政府购买服务方式,引入第三方社会组织提供专业化服务。

附录一 成都、资阳、达州三市农民工住房保障问卷调查说明

1. 选点理由

成都市是西部地区经济与社会文化发展的重镇,也是四川省内农民工转移的主要目的地。成都市是统筹城乡建设的国家级试点城市,在外来人口管理和本地区保障性住房建设上有很大的政策运作空间。因此,成都在农民工公租房建设中的探索与经验对全省的工作具有前瞻性的意义。资阳位于四川丘陵地区,经济发展水平适中。近年来,资阳市住建部门在保障性住房建设上也积累了不少经验,特别是在农民工公租房建设中,资阳市所面临的重点和难点有一定的代表性和普遍性,值得我们进一步研究和总结。达州位于四川山区,虽然经济发展相对滞后,但达州市是人口大市,也是农民工转移的重要输出地。达州市农民工的居住现状与保障性住房需求情况是我们研究四川省农民工公租房建设的一个样本。上述三个城市大致能够以点带面,基本涵盖了四川省内社会经济发展的不同地区和农民工流动的不同模式。

2. 调查方法及步骤

此次农民工保障性住房调查采取问卷调查和关键信息人访谈相结合的方

法。

调查集中于2014年3月11~18日,由四川省住建厅和四川省社科院组成联合课题组,问卷访谈同时进行关键信息人访谈,深入农民工和企业、园区中开展调查研究。

——"一对一"的问卷采访问答。先后走访了成都、资阳、达州414名农民工,调查包括服务、建筑、加工、商贸等多个行业,从产业园区、建筑工地、商贸点和城市社区这四种地点类型来随机抽取问卷访谈调查样本。调查员都接受了专业培训,在调查采访的过程中通过和农民工的深入交流,获得了相对更真实更全面的信息。

——在成都、资阳和达州,共走访了2个公租房小区、1个城市社区、3个建筑工地、4个加工制造企业、3个餐饮娱乐企业、3个小商品批发市场以及数位个体工商户,对关键信息人如企业主、园区相关负责人、物业管理人员等进行深度访谈。

——与成都、资阳、达州三市和安岳县、通川区、达川区等住建部门相关负责人员进行深入交流。

3. 样本概况

调查获得的414个样本是否能反映四川省内农民工的基本特征,是否能代表他们在居住方面的总体情况和对公租房的现实需求呢?由于缺乏关于四川省农民工总体的数据,我们只能以国家统计局的《2012年全国农民工监测调查报告》为参照,并尽可能做一些横向比较(见附表1)。

附表1 三城市被访农民工的基本特征并与全国农民工监测调查比较

类别	三城市调查	2012监测报告
性别		
男	48.1%	66.4%
女	51.9%	33.6%
平均年龄(岁)	40.3	37.3
年龄		
16~20	4.1%	4.9%
21~30	23.7%	31.9%
31~40	21.3%	22.5%

续表

类别	三城市调查	2012监测报告
41~50	33.3%	25.6%
51~	17.6%	15.1%
教育		
初中以下	26%	16%
初中	45%	61%
高中及以上	29%	24%
外出农民工的住宿情况		
合/独租住房	43.7	33.2
乡外从业回家居住	21.3	13.8
工地工棚	10.4	10.4
生产经营场所	5.6	6.1
单位宿舍	3.9	32.3
务工地自购房	2.6	0.6
其他	12.5	3.6
调查行业①		
制造业	27%	15%
建筑业	28%	28%
服务业(主要是餐饮和零售)	36%	32%
其他	9%	25%
农民工月均收入(元)	2343	2226

①国家统计局农民工监测调查数据为西部地区。

相比于全国性的样本，我们的调查对象年龄更大一些，男女性别比例更接近一些，而受教育程度差异更大一些。在居住类型上也略有异同，这一点在正文中已经说明。

附录二 绵阳和乐山两市农民工住房保障补充调研

课题组利用类似的问卷调查数据做了进一步的分析，统计结果表明，原有基本判断和结论仍然成立。

新的问卷调查以乐山和绵阳为样本点。同资阳一样，这两个城市位于四川丘陵地区。绵阳是四川经济"第二城"，距离成都直线距离110公里，既受成都一定的影响但又不会影响太大。乐山跨川南城市群与川西城市群，经济发展兼具两个城市群特点，也具有一定的代表性。近年来，两市住建部门在保障性住房建设上积累了不少经验，特别是在外来务工人员公租房建设中，两市所面临的重点和难点各具一定的代表性和普遍性，值得我们进一步研究和总结（见附表2）。

附表2 访谈式问卷调查有效样本来源分布

单位：个

编号	市县调查点名称	有效样本数量
1	乐山华构筑工	42
2	乐山石雁儿工地	24
3	乐山汉尊酒店	25
4	乐山王浩儿渔港	24
5	乐山豪森锅具	35
6	绵阳美丰化工股份有限公司	33
7	绵阳长虹股份有限公司	47
8	绵阳九里香火锅店	16
9	绵阳杨肥肠饭店	12
10	绵阳市高新区机动车检测站	8
11	绵阳市涪城区绢纺厂建筑工地	41
—	总计	307

从务工人员的流向分布来看，乐山和绵阳非本地户籍人员的比例分别仅有16.5%和39.9%，这一数据与同是丘陵地区的资阳比较接近。此外，各市县住建部门的工作汇报也都不同程度地涉及了这一问题，比如广元城乡建设厅2013年的摸底调查显示，广元市的外来务工人员约有7万人，其中具有非本市户籍的比例仅为5%。值得注意的是，绵阳市因其长久以来的经济社会积累，在四川省内居于"第二城"地位，且距离成都直线距离110公里，既受成都一定的影响但又不会影响太大，因此外来务工人员与本市户籍务工人员的占比之差（20.3个百分点）不算太大。

从外来务工人员居住现状来看，两个城市外来务工人员的主要居住形式分为自己安置和雇主安置两大类，前者又可细分为与他人合租住房、独立租赁住房、自购房、乡外从业回家居住及其他（亲戚朋友家等），后者包括单位宿舍、工地工棚、生产经营场所等。总体上看，58.8%受访对象的居住形式是自己安置，其中租房居住（与人合租及独立租赁住房）的又占绝大多数（40.7%）。在雇主提供住房安置的受访对象（41.2%）中，居住在单位宿舍（34.6%）的占绝大部分，少部分居住在工地工棚（6.3%）或生产经营场所内（0.2%）。

乐山和绵阳的外来务工人员住房结构显示了较大的异质性。绵阳的外来务工人员自己租房居住比例为56.6%，在我们调查的这几个城市中是最高的，这与其雇主提供住房比例过低（仅为27.3%）有直接关系。相应地，同样是区域中心城市的乐山，雇主提供住房比例较高，达到42.1%，在我们统计的五个城市中也是最高的。这在一定程度上减轻了外来务工者自己租房的压力，因此，乐山自己租房的比例较低，仅为31.6%。此外，在乐山市接受问卷调查的外来务工人员中，自有住房的比例较高，为23.3%，仅次于达州。

总体来看，乐山和绵阳的外来务工人员在人口学结构、行业分布、住房类别、居住条件等方面同资阳的情况比较接近。在对住房保障的认知情况以及对保障性住房的需求等方面也同我们第一次调查的三城市（成都、资阳和达州）类似。我们把乐山和绵阳的数据纳入第一次调查的三城市数据中，进行总体性统计分析，各项指标参数并没有根本性的改变，所有的判断和结论仍然成立。

B.4
文化资本视角下四川省农民工城市融入状况

游翠萍　施　霞　何胜莉*

摘　要： 不同于经济资本、社会资本，文化资本体现在个体的价值观、文化素养、思维模式、教育水平、再学习能力、人际交往能力等方面，文化资本的多寡直接影响个体的职业地位、职业预期和职业竞争力，从而也影响着个体的经济地位和政治地位。政府和全社会需要从加强农民工的公共文化服务保障、发展农民工成人补偿教育、为农民工"返乡"发展创业铺路等方面来全面提升农民工的文化资本，加快他们的城市融入进程。

关键词： 文化资本　农民工　公共文化服务　成人补偿教育　返乡

根据四川省统计局数据显示，2013年末，全省城乡劳动力资源总数达到6439万人，农村劳动力转移输出2455万人，其中省内转移1246.8万人，省外输出1200.1万人，外派劳务8.1万人。① 研究显示，农民工不仅是城镇就业大军的主要力量，也是我国推进城镇化实践中，最有城市化意愿的群体。由于难

---

* 游翠萍，硕士，四川省社会科学院文学所助理研究员，主要研究方向为中国现当代文学、文化产业；施霞，硕士，四川省社会科学院文学所助理研究员，主要研究方向为中国古代文学、文化产业；何胜莉，硕士，四川省社会科学院文学所助理研究员，主要研究方向为中国古代文学、文化产业。

① 《2013年四川省人力资源和社会保障事业发展统计公报》，《四川日报》2014年7月4日，http：//sichuandaily.scol.com.cn/2014/07/04/20140704705183936447.htm。

以适应自身角色的转变，这类人口并不能较好地融入城镇经济社会的运行中。与之前在农村生产生活时相比，他们中很多人在综合素质、价值观念、生活方式、行为习惯等多个方面并无明显的更新和转变。本报告主要从文化资本的角度来考察农民城市融入的困境所在，探讨如何通过提升文化资本来帮助农民工融入城市。

一 文化资本与农民工城市融入

（一）文化资本的内涵

"文化资本"这一概念是法国社会学家皮埃尔·布尔迪厄提出的，"这种资本在某些条件下能转换成经济资本，它是以教育资格的形式被制度化的"。[①] 在布尔迪厄看来，文化资本可以有三种存在形式：第一种是具体的状态，以精神和身体的持久"性情"的形式而存在；第二种是客观的状态，以文化商品的形式（图片、书籍、词典、工具、机器等）而存在；第三种是体制的状态，以一种客观化的形式而存在。[②] 文化资本的积累有几个特点：一是处于具体状态之中，需要采取我们称之为文化、教育、修养的形式来进行；二是这一过程包含了劳动力的变化和同化，所以极费时间；三是必须由投资者亲力亲为，无法委托。[③]

简言之，布尔迪厄的文化资本在个体身上表现为一种文化能力，体现为语言能力、社交能力、专业技能、文化修养及品位等多方面。具体而言，可以体现在几个方面：一是文化素质方面，体现为个体通过先天继承和后天培养所形成的内化于自身的学识和修养。二是文化商品方面，体现为个体所拥有的书籍、词典等文化物品以及对这些文化物品的解码能力。三是文化认证方面，个

---

① 布尔迪厄：《文化资本与社会炼金术——布尔迪厄访谈录》，包亚明译，上海人民出版社，1997，第193页。
② 《文化资本与社会炼金术——布尔迪厄访谈录》，第192~193页。
③ 《文化资本与社会炼金术——布尔迪厄访谈录》，第195页。

体所拥有的由官方合法机构颁发的教育文凭、资格证书、技能认证等。① 文化资本越多，文化能力越强，经济收益和社会收益也越大。

（二）文化资本对农民工城市融入的重要性

不同于经济资本、社会资本，文化资本体现在个体的价值观、文化素养、思维模式、教育水平、再学习能力、人际交往能力等方面，与其职业生涯发展高度相关。文化资本的多寡直接影响个体的职业地位、职业预期、职业竞争力，从而也影响着个体的经济地位和政治地位。研究表明，农民工的文化资本严重影响着他们的就业机会、就业能力以及城市生活的各个方面。农民工受教育程度越高，打工动机中积极因素的比例越大，相反，农民所受教育程度越低，越倾向于为生计所迫而消极外出打工；较高的文化资本存量对其就业机会、职业选择和职业期待都有很大的正面影响；农民工的收入和对打工生活的满意度都与其文化资本呈显著相关性。② 此外，农民工特别是新生代农民工受教育程度与其犯罪还有很大的相关性。《农民工刑事案件研究报告》表明，农民工受教育程度越低，实施犯罪的可能性就越大。在103名32岁以下的被告农民工中，完整接受了九年义务教育的不超过29人，只占28.16％。同时，犯罪农民工以新生代农民工为主，在115名犯罪农民工中，25岁以下的占82.61％，并且其中61.74％为18岁以下。③ 四川省高级人民法院2011年也发布了《关于新生代农民工心理分析与犯罪研究的调研报告》，2008年、2009年的数据显示，盗窃罪、抢劫罪两类犯罪占当年新生代农民工犯罪的一半左右。新生代农民工犯罪分子中，男性、低学历者占较大比重。省高院分析犯罪成因后认为，工作强度高收入低、法制意识淡、福利保障差、受到歧视等是新生代农民工犯罪的主要原因。④ 因此，研究农民工文化资本状况对于破解其城市融入困境有重要帮助。

---

① 龚丹：《文化资本与个体职业生涯的可持续发展》，《宁波大学学报》（教育科学版）2013年第6期。
② 郭静：《文化资本对农民工职业选择及接受培训问题的影响研究》，硕士学位论文，东北师范大学，2008。
③ 郑赫南：《〈农民工刑事案件研究报告〉：经济困难成犯罪首因》，正义网，2012年7月9日，http://news.jcrb.com/jxsw/201207/t20120709_899361.html。
④ 蔡小莉：《四川新第生代农民工犯罪数量下降，多暴力侵财型》，四川新闻网，2011年4月11日，http://news.qq.com/a/20110411/000684.htm。

二 农民工城市文化资本状况

(一) 农民工文化素质处于较低水平

文化素质主要表现为语言能力、文化品位、文化修养等方面。语言能力主要是指听、说、读、写的能力,这种能力是通过后天学习而获得的。我国方言众多,受地域方言影响,农民工往往只能听懂普通话,而不能说好普通话,影响他们在城市里的求职、交流和沟通。同时,由于农民工受教育程度普遍不高,读写水平较低,文化素养不够,往往只能从事简单、繁重的体力劳动或就职于低报酬的服务业,职业发展的空间受限。

在文化修养、文化品位方面,受益于现代信息技术和政府在公共文化方面的投入,他们可以通过电视、报刊、网络获得各种文化信息,但受制于他们的文化修养,他们主要偏重于大众文化,而几乎没有可能接受经典文化和高雅文化,也极少拥有书籍、工艺品、文物藏品、艺术作品图片、绘画用品、乐器等文化商品。农民工在工作之余往往只能靠闲聊、看电视、打牌甚至赌博来打发时间。据四川省总工会调查显示,闲暇时间选择在家看电视的占81.6%,睡觉的占48.6%,上网的占33.2%,聊天闲逛的占22.6%,玩棋牌麻将的占17%,选择参加体育活动的占11.1%。①

在普通话的运用上,他们也不如使用自己的方言那样流畅,与外界的交往少,减少了他们通过社会交往来获取机会的可能性。此外,与城市职工相比,农民工的外语水平低。即使跟着父母在城市长大的新生代农民工,虽然受教育程度比父母高,但与更有优势的城市孩子相比,他们的整体文化素质也处于劣势,外语水平尤其偏低,这使他们无法在城市获得更多的工作机会。②

农民工在价值观念方面也与城市价值理念不同。调查显示,非正式就业仍

---

① 四川省总工会:《四川新生代农民工就业、生活状况数据分析》,《工会信息》2011年第5期,第23页。
② 童宗红:《基于人力资源开发视角的农民工语言能力培养》,《湖南城市学院学报》2011年第7期,第61~62页。

然是四川新生代农民工就业的主要途径。依靠老乡和亲戚朋友介绍就业的占56.3%，通过政府输出、招聘会、中介机构等形式就业的占14.6%，个人通过路边市场、网上搜寻、各类媒体广告了解招工信息就业的占8.6%，通过其他途径就业的占5%。① 由于缺乏城市融入，长期处于城市边缘，农民工在市场意识、竞争意识、法律意识等方面都比较欠缺，难以适应现代人力资源市场规则，当合法权益受到侵害时也不知如何维护，不时还会出现一些极端的讨要拖欠工资的事件。调查表明，77%的新生代农民工与用人单位签订了劳务合同或就业合同，其中，签订固定期限合同的占36.8%，签订临时就业协议的占22%，不清楚签订何种合同的占10.3%，签订永久合同的仅占8.2%。所签合同有的权益保护条款不明，缺乏规范性。倘若遇到工资被拖欠克扣等侵权行为时，54.1%选择"与老板协商解决"，30.7%选择"举报或寻求法律帮助"，4.9%选择"到政府机构上访"，4.6%选择"自认倒霉"，1.6%选择"暴力解决"。②

（二）农民工文化认证较少

总体来说，农民工在获得学历教育认证和职业技能认证方面相对比较欠缺。

国家统计局《2013年全国农民工监测调查报告》显示，新生代农民工有12528万人，占农民工总量的46.6%，占1980年及以后出生的农村从业劳动力的比重为65.5%。新生代农民工中，初中以下文化程度占6.1%，初中占60.6%，高中占20.5%，大专及以上文化程度占12.8%。在老一代农民工中，初中以下文化程度占24.7%，初中占61.2%，高中占12.3%，大专及以上文化程度占1.8%。新生代农民工具有高中及以上文化程度所占的比例比老一代农民工高19.2个百分点。③

据2012年四川省人力资源和社会保障厅的统计报告显示，四川农民工有文盲或半文盲20.47万人；具有小学文化的有505.33万人；具有初中文化的有1382.58万人；具有高中（中专）文化的有296.64万人；具有大专及以

---

① 《四川新生代农民工就业、生活状况数据分析》，第22页。
② 《四川新生代农民工就业、生活状况数据分析》，第23页。
③ 《2013年全国农民工监测调查报告》，国家统计局，2014年5月12日，http://www.stats.gov.cn/tjsj/zxfb/201405/t20140512_551585.html。

上文化的有40.88万人。①

在职业技能培训方面，2012年，全国农民工接受技能培训的比例为30.8%，其中，接受农业技术培训的占10.7%，接受非农职业技能培训的占25.6%，两种培训都没参加的占69.2%。2013年，接受技能培训的农民工比例为32.7%，其中，接受农业技能培训的为9.3%，接受非农职业技能培训的为29.9%。21~40岁农民工接受非农职业技能培训的比例要高于41岁以上的农民工；在接受农业技术培训方面，41岁以上农民工的比例则高于21~40岁的农民工，而且，年龄越低，接受农业技术培训的比例也越低（见表1）。②

表1 分年龄段培训情况

单位：岁，%

年龄	参加过农业技术培训	参加过非农职业技能培训	两项培训都没有参加过
16~20	4.0	22.3	76.0
21~30	6.2	31.6	66.0
31~40	11.0	26.7	68.0
41~50	14.9	23.1	69.5
50以上	14.5	16.9	74.5

2013年，接受过技能培训的农民工占32.7%，比上年提高1.9个百分点。2013年，各年龄段农民工接受培训的比重有所提高（见表2）。

一项针对新生代农民的调查表明，35.5%的人没有接受过专业培训。在64.3%参加过培训的人，15.3%政府免费培训，自费44.1%，34.9%企业培训；在参加过培训的新生代农民工中，61.3%的人想学专业技术知识，10.5%想继续上学接受基础教育，19.5%想学社会经验和人际交往能力，8.2%的人

---

① 赵学谦编《四川农村年鉴》，电子科技大学出版社，2012，第264~265页。
② 《2013年全国农民工监测调查报告》，http://www.stats.gov.cn/tjsj/zxfb/201405/t20140512_551585.html。

没想过或认为不需要学习。① 可以看出，新生代农民工主要倾向于实用性培训，对于自身由于基础教育缺失造成的文化素养不足缺乏认识。

表2 接受过技能培训的农民工比重

单位：岁，%

指标	接受农业技能培训		接受非农职业技能培训		接受技能培训	
	2012	2013	2012	2013	2012	2013
合计	10.7	9.3	25.6	29.9	30.8	32.7
20及以下	4.0	5.0	22.3	29.9	24.0	31.0
21~30	6.2	5.5	31.6	34.6	34.0	35.9
31~40	11.0	9.1	26.7	31.8	32.0	34.1
41~50	14.9	12.7	23.1	27.8	30.5	32.1
50以上	14.5	12.4	16.9	21.2	25.5	25.9

资料来源：国家统计局《2013年全国农民工监测调查报告》。

在接受教育提高学历、取得和提升职业资格证、参加计算机培训获得认证、学习普通话并考级、学习外语并考级、获得驾照等一系列选择中，农民工选择最多的是专业技术、实用技能培训。四川省统计局2014年开展的进城务工人员现状及"四川省基本公共服务公众满意度"调查结果显示，在希望接受的职业技能培训中，51.1%的受访者喜欢专业技术、实用技能培训，占比最大；其次为创业经营培训及法律知识自我权益保护培训。此外，19.8%的受访者希望开展更多免费技能培训。②

统计数据表明，2013年，全省有80.17万农民工参与了人社系统培训，其中在岗培训32.86万人，品牌培训4.48万人，农村劳动者转移技能提升培训42.83万人。③

总的来说，四川农民工文化资本尚处于偏低的状态，不利于他们更好地融入城市，也成为"人的城镇化"进程中一个亟待突破的难题。

---

① "新生代农民工问题研究"课题组：《影响新生代农民工价值取向的社会因素研究》，《开发研究》2011年第2期，第80页。
② 《2014年四川省进城务工人员现状调查报告之二》，四川省人民政府网，2014年7月23日。
③ 王旭：《四川农民工技能培训且行且看好》，《四川工人日报》2014年8月27日，第1版。

三 农民工文化资本困境分析

(一)家庭文化资本的积累和投入很少

农民工文化资本匮乏一个重要的原因在于农民家庭收入低以及父母受教育程度低,家庭文化资本的积累以及对其在文化资本上的投入都很不够。

农民工生活的家庭环境往往缺少文化资本。家庭的语言习惯、阅读习惯和教养方式对子女的学习能力、文化修养具有重要的作用。一项关于家庭文化资本与初中生辍学的研究表明,由于农村家庭生活的奔波和农村家长自身能力的限制,其对孩子的培养主要是依据已有的经验和本能的情感,这种培养不具有稳定性和计划性,这与个体的发展规律是相悖的;农村家庭在对待子女的教育问题上只关注"物质化"的提供而忽略了"精神化"的关注与重视;辍学的初中生自身学习主动性和积极性太差,客观化的文化资本和体制化的文化资本无法有效地被学习的主体身体化、内化和吸收,最终导致初中生辍学。[1] 再加上一些新生代农民工的父母是文盲(四川是文盲比例较高的省份,也是人口受教育水平较低的省份),以及存在隔代养育的问题(一些新生代农民工是在父母缺位的状态下成长,存在较多精神心理方面的问题),新生代农民工在形成良好学习习惯、提升文化能力方面存在很大困难。同时,农民工家庭拥有的文化商品也比较少,其所拥有的往往是大众文化产品,缺乏代表高雅文化艺术品味的图书、典籍、艺术作品等。目前,虽然整个社会文化环境有了改善,新生代农民工比父辈占有的文化商品更多,但他们在文化素养、自学能力上有很大的欠缺,所以文化商品的拥有并没有更好地起到帮助他们获取更多文化资本的作用。

相反,城市居民对孩子文化教育的投入非常大。以成都为例,笔者调查了几个家庭对孩子的文化教育投入。其中一个家庭对孩子的文化资本投入相对较少,孩子上公立小学,学费为200元/年,生活费为140元/月,学习用品支出

---

[1] 杨玉佩:《家庭文化资本视角下农村初中生辍学问题的个案研究》,《东方企业文化》2013年10月,第180~181页。

为300元/年，兴趣班费用为7500元（舞蹈、英语、绘画），课外阅读及电影约花费200元，旅游花费3000元，一年文化教育的投入为9400元。另有一个年收入在10万元左右的家庭，孩子上私立幼儿园，一年的学费为3.5万元，接送孩子上学请保姆一名，支付对方工资为2200元/月。不上任何课外班，每年合计教育支出就达6万元。另有入读外语实验学校的中学生，年均教育投入约7.4万左右。其中，学费为3.5万元，生活费为1.4万元，日常课外辅导（奥数、英语、古筝等）花费2.5万元；每年课外班费用每月为2200元。至于县级城市，一个普通家庭对孩子教育投入也在3000~6000元/年。由于现在交通便捷，甚至很多家庭还会不惜代价把孩子送到其他地方去接受更好的教育。可以看出，城市居民在孩子文化能力上的投入是相当大的，而这样的文化教育投资，是绝大多数农民工家庭没有经济能力也没有文化能力来提供的。

（二）城乡教育资源配置不均衡

地区经济差异、文化历史不同以及城乡二元结构等因素，造成我国各地城乡教育资源存在很大的差距和不平等，农民工自身的教育及其子女的教育都比较欠缺。

自1986年《义务教育法》颁布到2000年的15年间，中国大约有1.5亿的农民子女没能完成初中教育。这其中包括未入小学的近3200万人、小学阶段失学的近3800万人、小学毕业后未能升学的5000多万人，以及初中阶段失学的3000多万人。①教育资源配置不均衡表现在几个方面：一是教育经费配置不均衡。2001年平均教育经费我国城镇小学生经费是农村的1.86倍，城镇经费初中是农村的1.93倍；平均预算内教育经费城镇小学是农村的1.71倍，普通初中的生均预算内教育经费，城镇是农村的1.68倍。2001~2010年，四川省城乡间义务教育资源经费配置的绝对差异有所扩大，相对差异缩小，尤其城乡间小学教育经费资源配置的均衡程度不及初中。②二是重点学校和普通学校之间教育资源配置不均衡。在大中城市一批政府重点扶植的优等学校、重点

---

① 汪大勇：《大力促进教育公平》，光明网，2005年5月20日，http://www.gmw.cn/01gmrb/2005-05/20/content_235582.htm。
② 庞祯敬、雷小阳：《四川省城乡义务教育经费资源均衡配置实证研究》，《教育理论与实践》2014年第11期，第12~14页。

学校，垄断了当地几乎所有优质教育资源，包括经费、师资、学生等，一些所谓的差校连学校最基本的办公费用都无法保证，一些农村边远学校更是运转困难。三是师资队伍配置不均衡。一方面是城市教师的超编，另一方面是农村部分地区的师资紧缺，尤其是农村中小学外语、信息技术、音乐、体育、美术教师的普遍短缺。农村教师在职培训提高困难，待遇偏低，地方政府出台的津贴难以落实，使优秀教师向城区、经济发达地区、重点学校流动，使城乡之间、地区之间，重点示范学校与普通薄弱学校之间师资差距加大。四是农民工随迁子女入学难。随着农民工家庭化迁移趋势的出现，农民工随迁子女的教育问题凸显。[1]

政府在农民工的职业教育和终身教育方面投入扶持不够。农民工工作时间长，收入低，难于支付继续教育费用；同时，很多教育培训的也无法满足农民工的实际需求。从事建筑业、制造业的农民工，很多没有经过职业培训，或者只是企业提供的简单的上岗培训。从事服务业的农民工会要求有职业资格，但实际的情况是，由于培训机构、学校往往不能提供有针对的培训，在实际的操作中，这类培训一般由企业自己提供，而企业出于自身管理发展等的需求，对员工的培训是不充分的，还有很多限制性要求。更进一步而言，农民不仅需要提高他们的职业技能以适应社会分工的精细化和获得更多的发展机会，他们还需要完成在他们青少年期未能完成的教育。所以，对农民工而言，继续教育或者说成人教育对他们非常重要，需要开发与他们的需求相适应的终身教育、继续教育课程。但是，在这一方面，无论是政府、企业还是社会，能够对农民工提供的实际支持还是比较欠缺的。

（三）政府公共文化服务针对农民工投入不够

截至2010年底，全国共有公共图书馆2885个、文化馆3264个、乡镇（街道）文化站40118个。但是，在政府公共文化工程方面，存在前期投入大、后期维护少的情况，导致一些公共文化设施在农村并未起到预想的作用。例如农家书屋，由于提供的书籍不是农民需要的，以及管理方面存在的问题，

---

[1] 黄静：《教育资源分配的不均衡及其对社会公平的影响》，《理论与当代》2009年第5期，第29~32页。

很多农家书屋成了摆设。一些大型的文化事业单位依靠政府财政拨款,也难以维护正常活动的运营。城市公共文化服务体制落后,基本谈不上专门开展针对社会弱势群体农民工的公共文化服务。从农民工自身来讲,农民工劳动强度大、工资收入低、工作地流动性强、生活相对封闭、与外界接触较少,无法像其他市民一样有机会享受各种文化成果和参与文化活动。此外,农民工普遍存在基础教育薄弱、文化素质低的现象,使得他们自身缺乏主动积极获取公共文化资源、提升自身文化素质和技能的动力。

成都市针对农民工的公共文化服务方面有一些尝试。在一些农民工较集中的企业或园区推出了"青工驿站",主要提供文化休闲和文化娱乐。但目前尚存在一些问题:一是覆盖面不够广泛,还有众多流动人口的区域未得到覆盖。二是公共文化服务在提升农民工文化资本方面进展缓慢,由于提供的是文化娱乐休闲,而不是提升他们的文化资本,对他们获取更多文化资本、获得在城市的更多发展空间并无显著帮助。三是企业的培训也缺乏更多的远见,需要社会培训与企业培训结合起来。四是重硬件轻软件,农民工最需要的是软件植入,全面提升其文化资本,包括基础教育、技能培训、语言能力、交往能力、社交网络、礼仪习惯等。

四 助推农民工获得文化资本实现城市融入的思路

改革开放三十多年来,城乡经济、文化的差别都在扩大。从以上分析可以看到,要解决农民工城市融入问题,除了拆除行政、经济、社会的各种壁垒外,一个很重要的举措就是要从根本上突破和改善农民工文化资本匮乏的困境,缩小农民工与城市居民文化资本上的差距,从而帮助他们更好地融入城市。

农民工文化资本匮乏的困境,既有家庭的原因,也有个体的原因,更有制度性的原因。这些因素相互影响、相互制约、相互转化。如果外在的障碍不清除,单凭农民工自己,在目前的城市中,很难突破现有的资本困境;同样,如果农民工自身缺乏改变的动力,单独致力于改变外在因素,效果也会大打折扣。所以,既要推动外在障碍的破除,也要推动内在动力的提升,让它们之间形成相互推动的合力,突破农民工文化资本的困境,帮助他们尽快地实现市民化，提升其文化素质和职业能力，融入城市，消解城市内部二元对立结构和贫富不均，不在城市制造贫民人口，整体提升城市人口素质，化解城市冲突，提升城市影响力。

（一）大力保障对农民工的公共文化服务

首先要将对农民工的文化服务作为城市公共文化服务的重要内容，提供充分的政策保障和资金保障，要在资金投入和场地使用上创造条件，使对农民工的公共文化服务落到实处。一是需要完善地方政策法规，保障和明确农民工群体合法享有的文化权益。二是加大对农民工集中区公共文化服务基础设施的投入，加大城市公益性文化场馆的免费开放力度，满足他们的文化需求。三是根据农民工的工作特点、受教育状况，提供适合他们的文化服务项目，政府要积极推动公共文化服务走进农民工的工作区域和生活区域。四要积极引导民间团体和社会力量参与对农民工的公共文化服务，特别要促进农民工公共文化服务参与主体的多元化。对农民工的文化活动不能仅限于读书、看报、演戏等单一形式，要对他们起到实际的帮助作用，因为他们的文化资本实在太少。可通过政府购买，鼓励各种民间力量参与为农民工提供文化服务。比如"真爱教育"机构，就是一家专门从事困境儿童及其家庭教育的公益机构，其项目包括教师培训、家长培训、社区儿童活动中心、农民工子女教育调查研究等。① 越是文化处境不利的群体，越需要政府和社会提供优质的教育资源，只有这样，才能逐步打破"文化贫困循环"，消解文化上的阶层分化，促进社会的和谐健康发展。

（二）发展农民工成人补偿教育

补偿教育起源于美国，最初仅是解决低阶层家庭的儿童和少数民族儿童的受教育机会的问题。近代以来，中国一直也在进行这方面的教育实践，例如黄炎培、陶行知、晏阳初等积极提倡平民教育、社会教育、乡村教育运动，以期改善底层民众的受教育的状况。② 农民工补偿教育体现在两个方面：一是为留

---

① 《〈在路上〉农民工子女教育简报项目招募志愿者》，网易，2012年7月23日，http://gongyi.163.com/12/0723/11/873I7A1A009363EC.html。
② 吴振凡：《补偿教育：农民工现代化转型的基本路径》，《成人教育》2012年第5期，第11页。

守儿童或随迁儿童等弱势群体提供公平教育机会，二是对农民工开展以学历文凭认证、专业技能培训、法规普及、公共道德教育等方面的补偿教育。

农民工补偿教育要与建设现代公共文化服务体系相结合，特别要用好各类文化场馆的教育功能，大力发展各级成人教育院校开设针对农民工的技能、文化课程。特别要开发以技能培训为基础、提升农民工文化修养，推动农民工获得与技能相关的文化认证。目前的技能认证太少，往往流于形式，并没有实质地提升农民工的技能。

（三）为农民工"返乡"发展创业铺路

对大多数农民工来说，由于面临体制、政策、住房、收入等非常多具体的困难，要获得更多文化资本、经济资本和社会资本，进而根本性改变其城市底层的生存状态，是有困难的。特别是在大城市，这种压力尤其巨大。但是，如果农民工不是仅仅朝着向大、中城市融入的方向走，而是考虑乡镇融入甚至"返乡"发展的方向走，农民工在城市里的文化劣势就可能转化成为一种优势。广大农民工在城市打工多年接受了城市化的技能培训，亲身体验了现代化的城市文明，而广大的农村、乡镇正处在城市化的起始阶段，迫切需要这样的一类群体带回城市化和现代文明的信息。因此，这类农民工一旦回到正在进行城市化建设的农村和乡镇，就会成为农村产业化与小城镇建设的推动者。因此，要在农民工中鼓励返乡发展、返乡创业的思想。①

其一，乡镇决策部门要积极出台政策推动新生代农民工外出学习锻炼，同时要积极鼓励他们学成后回乡服务和发展，为之提供政策、资金、税收等多方的优惠，尤其要积极动员已经在城市做出一定成就的新生代农民工帮助农村的经济发展，最大限度地实现"先富带后富"，推动乡镇的城市化进程。其二，要建立起省、市、县、乡镇四级联动的农民工创业就业信息网，让农民工有条件获得更多的机会和信息，为他们提供就业创业咨询和指导，让其不是单单依靠地域血缘来进行发展选择，也不必非得要在一个城市硬守下去，帮助他们树立个人发展、家庭发展的计划，鼓励回乡就业创业；特别在新生代农民工返乡

---

① 李建伟：《我国新生代农民工成人教育的困境与突破》，《职教论坛》2011年第1期，第30~32页。

创业上要积极引导，合理开发利用当地资源，在金融信贷、土地利用、税收政策、财政补助、廉租房制度、城市福利制度等方面予以支持，使中小城镇成为新生代农民工返乡创业的家园等。① 其三，在招聘乡镇基层干部时，可以向有知识、有经验、有能力的返乡农民工倾斜。在四川省的一些乡镇农村，出现了一些返乡寻求发展机会的农民工，有一批人比他们在大城市发展得更好，他们所带回的新思想、新观念、新模式，推动着当地的城镇化、现代化发展。其四，要增加对农村和乡镇教育资源的投入，让这些地区的农民工子女可以获得均等的文化权利和文化保障。

---

① 纪志耿、蒋永穆：《城镇化进程中新生代农民工返乡创业调研》，《现代经济探讨》2012年第2期，第65~67页。

城镇发展质量篇

Urbanization Development Quality Reports

B.5
四川省四大城市群经济实力报告

四川省统计局*

摘　要：	本文构建了经济发展水平、经济增长质量、产业结构状况、三大需求、城镇化水平、城乡居民收入等6个方面16个指标项进行定量评价的城市群经济实力指标体系。立足四川省情,对四大城市群经济实力现状做了测算和分析,提出了当前制约四大城市群经济实力提升的诸多问题,建议应加强综合改革配套,助推城市群经济一体化。
关键词：	城市群　经济实力　指标评价

推进城市群发展建设已经成为我国经济新的增长引擎,城市群协调发展战

---

* 本课题为2013年四川省统计局十大重点调研课题之一,参研人员为陈智、郭先金、魏翰、马本昌、杨璠。

略将是引领中国未来区域经济发展的重要战略。城市群构成的系统要素可以分为先天性要素和成长性要素。先天性要素包括人力资源、资源环境、自然区位，它们是城市群形成的前提条件，是非移动要素。成长性要素包括政策制度、交通通信、金融服务、教科文卫事业、城市基础和产业体系，它们是后天创造和积累的，是内生的、可流动的，在城市群萌芽以后，对城市群的发展起到越来越重要的、关键的作用。先天性和成长性要素的相互作用，是城市群得以产生和发展的基础性条件。

本文结合经济实力在城市群经济发展中所处的地位和作用，对城市群经济实力做如下界定：城市群综合经济实力是城市群经济基础（财富、资源）、经济规模与经济质量的综合体现，是城市群经济中各种经济变量的有机组合及变动合力的现实最终结果；是各城市群经济联系中各自所处的地位和拥有的影响力；是城市群在调动社会经济活动中对资源施加影响的现实性与可能性。

此定义主要从以下四个"统一"来考虑：一是城市群综合经济实力是城市群经济总量中财富基础与经济运行规模的统一；二是城市群综合经济实力是经济发展速度与结构优化程度的统一；三是城市群综合经济实力是城市群现实实力与潜在实力的统一；四是城市群综合经济实力是区域经济联系中辐射能力与吸附能力的统一。

一 四川省四大城市群的发展历程及特点

（一）四川省四大城市群的发展历程

四川省城镇化进程与全国整体进程颇为相似，但也有所不同。1949年新中国成立之时，四川城镇化率仅为3.4%，和全国其他省市一样，城镇化发展缓慢甚至个别时期有所停滞，直到20世纪70年代末，城镇化率仍不足10%。

改革开放以后，四川城镇化发展开始进入稳定增长时期。1982年第三次全国人口普查结果显示，四川省城镇化率超过10%，达到14.27%。但由于底子薄、基础弱、发展不平衡的基本省情，以及历史、地理、政策等多方面因素，四川城镇化进程始终慢于全国平均水平，且提高速度较缓。1990年第四

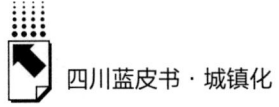

次全国人口普查显示，四川省城镇化率为21.29%。2000年第五次全国人口普查显示，四川省城镇化率为26.69%。1990~2000年，十年间全省城镇化水平仅提高了5.4个百分点。

进入21世纪以来，随着四川经济社会快速发展，城镇人口集聚加速，城市规模的扩大和城际之间交通条件的改善，尤其是高速公路的出现，使得相邻城市辐射的区域不断接近并有部分重合，城市之间的经济联系越来越密切，相互间的影响越来越大，并逐渐形成多个城市群雏形。四川省"十一五"规划纲要指出："十一五"期间，重点发展成都平原、川南、川东北3个城市群，充分发挥特大城市和大城市的带动作用，加快形成各具特色的区域经济，促进城乡区域协调发展。2007年12月，省委九届四次全会做出统筹规划和协调推进新型工业化与新型城镇化互动发展的决策部署，并提出"推进新型城镇化，要重点打造成都平原城市群、川南城市群、攀西城市群和川东北城市群等'四大城市群'，加快建立以成都特大城市为核心，区域大城市为骨干，中小城市和小城镇为基础的城镇体系，培育新的经济增长极。"四川省城镇化建设全面启动，以城市群发展带动城镇化进程驶入发展的快车道。

在成渝经济区建设和新一轮西部大开发重大战略、国家扩大内需的长期战略以及统筹城乡综合配套改革试点等良好外部政策环境下，四川省城镇化和城市群发展的基础更加牢固，发展的内生动力和活力不断增强。2014年2月19日，省常委会召开会议，讨论了《中共四川省委四川省人民政府关于实施多点多极支撑发展战略的指导意见》。省委书记王东明指出，实施多点多极支撑发展战略是新的发展条件下我省推动科学发展、加快发展的重大举措，是促进全省区域协调发展、同步全面建成小康社会的必然选择，对于实现由经济大省向经济强省跨越具有重大意义。所谓"多点多极支撑发展战略"，"多点"就是要做强市（州）经济梯队，"多极"就是要做大区域经济板块，就是要实施成渝经济区和天府新区区域规划，培育"四大城市群"、发展"五大经济区"，形成支撑四川发展新的增长极。

当前四川省21个市（州）分别处于工业化后期、工业化中期和工业化初期3个不同的工业化阶段，现实差距过大，依靠各市（州）独立发展，要在短短数年时间培育出新增长极，几乎是不可能的。因此把城市群作为主体形态，构建布局合理、层级清晰、功能完善的现代城镇体系，既是实现"多点多极支撑"区域发展的重大战略，变单极支撑为较为科学的多点多极支撑的选择，也是四川省加入国际国内城市分工体系新一轮重组分工，积极应对国内外城市格局变化挑战的必然选择，该做法完全符合四川的实际情况，必将成为当前和今后一个时期四川省科学发展、加快发展的关键点和着力点。

（二）四川省四大城市群主要特点

2011年12月31日，四川省人民政府办公厅以川办发〔2011〕94号印发《四川省"十二五"城镇化发展规划》，对四大城市群的范围及城市等级做了明确划分（见图1）。

图1 四大城市群区位示意

成都平原城市群包括成都市、德阳市、绵阳市、眉山市、资阳市以及乐山市主城区、夹江县、峨眉山市和雅安市主城区、名山县等，面积约为5.82万平方公里。成都平原城市群是四川省人口、城市最密集，经济最发达的地区，都江堰造就的天府之国所在地，也是四川自然条件最好、历史上一直最富裕、农业手工业最发达的地区。成都平原城市群以超大城市成都为中心，聚集了绵阳、德阳、眉山、资阳，以及乐山和雅安部分区县，其核心区域为成都、德阳和绵阳。随着高速公路和各地经济的发展，成都平原周边的眉山、雅安、乐山等市经济联系与分工合作关系也越来越紧密，成都平原城市群已经逐渐超出平原范围，初步形成了以成都为中心、圈层加点轴的结构体系。

川南城市群包括自贡市、泸州市、内江市、宜宾市，以及乐山市除主城区、夹江县、峨眉山市外的其余城镇，面积约为4.42万平方公里。川南城市群位于长江上游四川南部，川滇黔渝三省一市的交界处，也是四川省域内人口稠密的地区之一；区位优势明显，拥有较强的工业基础和特色的优势产业；中等城市密集，空间聚合形态较好，城镇布局和生产力布局大致吻合。其中自贡、内江、泸州、宜宾构成三角状城市群空间结构，它们彼此相距不到100公里，川南城市群最适合成为成渝两地经济能量交换的区域。

川东北城市群包括广元市、遂宁市、南充市、广安市、达州市、巴中市，面积约为8.2万平方公里，是成渝经济区重要的经济腹地。近年来，随着达成铁路、成南高速公路、广南高速公路、达渝高速公路的建成通车，有效地改善了川中地区社会经济发展的条件。南充、遂宁、广安、达州等城市发展迅速，成为四川发展中的第三大城市群。

攀西城市群包括攀枝花市、凉山州以及雅安市除主城区、名山县外的其余城镇，面积约为6.7万平方公里。攀西城市群地处四川西南边陲，它以成昆铁路和雅攀高速公路为纽带，东北与四川盆地相连，西南与云南部分区县交界，是我国具有世界影响力的资源富集区和我国优势资源开发的重点地区。其作为成渝经济区建设的一个亚区域中心，凭借其特殊的地理区位、丰富的资源及工业发展基础，成为成渝经济区发展的一个重要战略支撑点。

二 城市群经济实力评价体系的构建

（一）评价目的及原则

本文以期对城市群经济实力展开量化评估、分析各城市群经济发展的优劣势所在，为制定适合各城市群经济发展战略做出积极探索。

根据以上思路，在指标体系的构建中，我们主要遵循以下三个原则：第一，指标的科学性，即指标尽量能科学、全面反映经济实力的内涵。第二，指标的可操作性，指标的数据必须能够搜集到，且便于计算。第三，指标的可比性，指标能够进行比较评价。

（二）评价体系的构建

遵循评价体系构建原则，我们拟从经济发展水平、经济增长质量、产业结构状况、三大需求、城镇化水平、城乡居民收入等6个方面评估城市群综合实力现状（见表1）。

表1 城市群经济综合实力评价体系

名称	一级指标		二级指标	
	名称	权重(%)	名称	权重(%)
综合经济实力	经济发展水平	18	GDP(亿元)	6
			GDP增速(%)	3
			人均GDP(元)	9
	经济增长质量	20	全员劳动生产率(元/人)	4
			地方公共财政收入(亿元)	8
			地方公共财政收入占GDP的比重(%)	8
	产业结构状况	20	工业化率(%)	5
			第二、三产业从业人员比重(%)	6
			第三产业增加值占GDP的比重(%)	9
	三大需求	14	全社会固定资产投资额(亿元)	5
			社会消费品零售总额(亿元)	5
			进出口总额(万美元)	4
	城镇化水平	13	城镇人口(万人)	5
			城镇化率(%)	8
	城乡居民收入	15	城镇居民人均可支配收入(元)	7
			农民人均纯收入(元)	8

（三）评价方法的确定

在评价指标体系中，反映客观现象不同侧面的统计指标，可能有不同的量纲。因此在综合评价中，一般应先将不同量纲的统计指标的实际值转化成无量纲的相对的评价值，使之具有可比性，以便综合分析。此外，各个评价指标在评价体系中的重要程度也不一致，故还需对各个指标赋予不同的权数，并利用相应的数学、统计学模型对单个指标值综合，得到概括性的综合评分值。

1. 指标的无量纲化处理

为了避免由于各个指标的单位和量级不同而无法直接进行评价的问题,首先需要对各个指标进行无量纲化处理。实践中常用的无量纲化处理方法主要有标准化变换方法、规格化变换方法、功效系数法、指数方法和分段打分法。本文采用功效系数法,公式如下:

$$Z_i = \frac{X_i - X^i_{min}}{X^i_{max} - X^i_{min}}$$

2. 各指标权重的确定

目前,确定权重的方法有主观和客观两种方法,本文根据实际情况,采用主观赋权法。

3. 评价指标的合成方法

目前,实践中最常用的合成方法主要有总和合成法、乘积合成法、混合合成法三种。其中总和合成法是应用最为广泛的方法,它使不同评价指标的数值之间高低可以相互弥补,也就是说在某些方面的不足可以用其他方面的所长来补偿。所以本文也采用此方法,如下:

$$\int (x) = \sum_i w_i \times z_i$$

其中,z_i 为指标 x_i 的标准化值,w_i 为指标 x_i 的权数。

三 四川省四大城市群经济实力评价结果与分析

(一)评价结果

通过对2012年四大城市群所辖市、县数据的采集、整理和无量纲化处理,结合功效系数法,测算出了2012年四川省四大城市群经济实力量化得分情况(见表2)。

从总体上看,四大城市群之间经济实力差距明显。成都平原城市群遥遥领先,位居第一;川南和攀西城市群分别位居第二、第三;川东北城市群最低。

表 2 2012 年四川省四大城市群经济实力情况

单位：分

城市群\指标	经济发展水平	经济增长质量	产业结构状况	三大需求	城镇化水平	城乡居民收入	综合得分
成都平原城市群	16.20	19.59	17.31	14.00	13.00	15.00	95.10
川南城市群	11.50	10.10	13.18	6.61	7.39	9.13	57.91
川东北城市群	9.35	8.22	10.33	7.34	6.72	6.02	47.98
攀西城市群	11.35	13.69	10.47	5.60	5.20	7.93	54.24

成都平原城市群经济实力最强，在经济发展水平、经济增长质量、产业结构状况、三大需求、城镇化水平、城乡居民收入等 6 个一级指标的得分上，均排在各大城市群之首。川南与攀西城市群经济实力相比，川南城市群更胜一筹，整体优势比攀西城市群明显。川东北城市群经济竞争力相对薄弱，除了三大需求、城镇化水平这两个一级指标以外，其余 4 个一级指标排名均在城市群最末。

（二）具体分析

1. 经济发展水平

一级指标"经济发展水平"主要从 GDP、GDP 增速、人均 GDP 三个二级指标来评价，其综合结果为成都平原城市群 16.2 分，位居第一；川南城市群 11.5 分，位居第二；攀西城市群 11.35 分，位居第三；川东北城市群 9.35 分，位居第四。

具体而言，从地区生产总值上看，2012 年四大城市群的 GDP 都超过了 2000 亿元，但城市群之间悬殊明显。成都平原城市群因成都"首位城市"效益显著，加之涵盖了德阳、绵阳两个 GDP 千亿元城市（德阳 GDP 为 1280.2 亿元、绵阳 GDP 为 1346.4 亿元），其经济实力雄厚，GDP 总量达到 13457 亿元，居四大城市群之首，远超其余三个城市群经济总量之和。川东北城市群在南充和达州两大 GDP 千亿元城市（南充 GDP 为 1180.4 亿元、达州为 1135.5 亿元）带动下，GDP 总量达到 4609.5 亿元，位居第二。川南城市群包含的四个城市自贡、泸州、内江和宜宾地区生产总值比较接近，GDP 总量为 4404.1

亿元，位居全省第三。攀西城市群因涵盖的城市数量在四大城市群中是最少的，只有凉山州、攀枝花市及雅安的部分区县，因此其经济总量在四大城市群中是相对最弱的，只有2098.7亿元。

从GDP增速上看，2012年四大城市群的GDP都保持较快增长，GDP增长率都超过了10%。川南城市群GDP增速最快，达到14.1%，高出全省GDP平均增速1.5个百分点，成为全省经济快速增长的第一增长极。川东北城市群和攀西城市群GDP增速相同，均为13.9%。成都平原城市群由于经济总量基数大、经济结构比较成熟稳定，增速相对较缓，为13.3%。

从人均GDP上看，2012年四大城市群中，唯独成都平原城市群人均GDP既超过了全国平均水平（38449元），也超过了全省平均水平（29559元），达到42691元，分别是川南城市群的1.6倍、川东北城市群的2.2倍、攀西城市群的1.4倍。同时，依照2010年世界银行对不同国家和地区贫富程度划分标准，按人民币兑美元汇率折算，成都平原城市群、川南城市群和攀西城市群分别以人均GDP 6962.9美元、4381美元、5108.9美元达到了中等偏上收入国家水平。仅川东北城市群以人均GDP 3117.7美元处于中等偏下收入水平（见表3）。

表3　2012年四大城市群"经济发展水平"指标

城市群			GDP(亿元)		GDP增速(%)		人均GDP(元)	
	得分(分)	位次	绝对数	位次	实绩	位次	绝对数	位次
成都平原城市群	16.20	1	13457.0	1	13.3	4	42691	1
川南城市群	11.50	2	4404.1	3	14.1	1	26861	3
川东北城市群	9.35	4	4609.5	2	13.9	2	19115	4
攀西城市群	11.35	3	2098.7	4	13.9	2	31324	2

2. 经济增长质量

一级指标"经济增长质量"主要从全员劳动生产率、地方公共财政收入、地方公共财政收入占GDP的比重三个二级指标来评价，其综合结果为成都平原城市群19.59分，位居第一；攀西城市群13.69分，位居第二；川南城市群10.10分，位居第三；川东北城市群8.22分，位居第四（见表4）。

表4 2012年四大城市群"经济增长质量"指标

城市群	经济增长质量							
	得分(分)	位次	全员劳动生产率（元/人）		地方公共财政收入（亿元）		地方公共财政收入占GDP的比重(%)	
			绝对数	位次	实绩	位次	绝对数	位次
成都平原城市群	19.59	1	72418.7	1	1065.5	1	7.9	2
川南城市群	10.10	3	43364.0	3	242.6	2	5.5	3
川东北城市群	8.22	4	34913.7	4	213.1	3	4.6	4
攀西城市群	13.69	2	48809.7	2	172.6	4	8.2	1

具体而言，从二级指标上看，全员劳动生产率作为衡量企业乃至国家竞争力的一项重要的经济统计指标，其主要受技术效率、技术进步和资本深化三因素影响。经测算，2012年成都平原城市群全员劳动生产率水平最高，达到人均72418.7元，高出全国和全省的平均水平；攀西城市群次之，人均为48809.7元；川南城市群人均为43364元；川东北城市群相对最低，人均34913.7元。

从地方公共财政收入绝对量上看，四大城市群财政实力差距明显。成都平原城市群遥遥领先，达到1065.5亿元，是川南城市群的4.4倍，川东北城市群的5倍和攀西城市群的6.2倍。川南城市群因包含宜宾和泸州两大白酒工业城市，公共财政收入较之其他市（州）更为充实，甚至超过了德阳和绵阳这两个重装之都和科技城市。川东北城市群所辖的6座城市公共财政收入均不高，为20亿~50亿元。攀西城市群里，虽然有公共财政收入位居全省第二的凉山州（100.1亿元），但毕竟因所辖城市数量少，所以其总体财政实力不及其他三个城市群。

从地方公共财政收入占GDP的比重这一相对量上看，攀西城市群最高，达到8.2%，说明资源型行业比重大的攀西城市群地区财力最充足；其次是成都平原城市群的7.9%，再次是川南城市群的5.5%，川东北城市群比重最低，只有4.6%。国际经验表明，财政收入占GDP的比重与经济发展水平呈明显的正相关，也就是说经济发展水平越高，财政收入占GDP的比重也越高。攀西城市群和成都平原城市群地方公共财政收入占GDP的比重相对比较高，从一定程度上反映了这两个城市群经济发展较好，政府财政职能和宏观调控能力较强。

3. 产业结构状况

一级指标"产业结构状况"包含有工业化率，第二、三产业从业人员比重,第三产业增加值占 GDP 的比重三个二级指标,其综合结果为成都平原城市群 17.31 分,位居第一;川南城市群 13.18 分,位居第二;攀西城市群 10.47 分,位居第三;川东北城市群 10.33 分,位居第四(见表5)。

表5　2012 年四大城市群"产业结构状况"指标

城市群			产业结构状况					
			工业化率(%)		第二、三产业从业人员比重(%)		第三产业增加值占 GDP 的比重(%)	
	得分(分)	位次	实绩	位次	实绩	位次	实绩	位次
成都平原城市群	17.31	1	43.8	3	67.4	1	40.2	1
川南城市群	13.18	2	56.7	1	57.9	2	24.2	4
川东北城市群	10.33	4	42.3	4	51.8	3	27.3	2
攀西城市群	10.47	3	53.3	2	43.4	4	24.7	3

具体而言,从二级指标工业化率上看,四大城市群均在 40% ~ 60%。其中,川南城市群和攀西城市群工业化率较为接近,分别为 56.7% 和 53.3%,高出成都平原群和川东北城市群十多个百分点。

从第二、三产业从业人员比重上看,成都平原城市群已达到 67.4%,表明随着工业化进程和经济结构调整步伐的加快,服务、金融、旅游等第三产业从业人员快速增长,第二、三产业已成为吸纳就业的主阵地。而攀西城市群的第二、三产业从业人员还远低于第一产业从业人员,可见其第一产业过高、第三产业发展不充分的状况还没有得到根本性的改变,仍处在传统型经济向现代型经济转变的过程中。川南和川东北城市群第二、三产业从业人员比重比较接近,但同时结合其工业化率的情况,可看出川南城市群在产业结构上是优于川东北城市群。

从第三产业增加值占 GDP 比重上看,成都平原城市群达到 40.2%,接近于长三角地区 2005 年 40.9% 的水平,表明成都平原城市群正在由工业型城市群向服务业为主的城市群转型。川南城市群、川东北城市群和攀西城市群第三产业增加值占 GDP 比重整体偏低,分别为 24.2%、27.3% 和 24.7%。一定程度上说明这三大城市群在产业结构优化、经济增长的资源依赖度上的压力还比较大,加快经济结构的转型和发展方式的转变将是三大城市群实现经济可持续发展的必然选择。

4. 三大需求比较

一级指标"三大需求"包含了全社会固定资产投资额、社会消费品零售总额、进出口总额三个二级指标，其综合结果为成都平原城市群14分，位居第一；川东北城市群7.34分，位居第二；川南城市群6.61分，位居第三；攀西城市群5.6分，位居第四（见表6）。

表6 2012年四大城市群"三大需求"指标

城市群			三大需求					
			全社会固定资产投资额（亿元）		社会消费品零售总额（亿元）		进出口总额（亿美元）	
	得分（分）	位次	绝对数	位次	绝对数	位次	绝对数	位次
成都平原城市群	14.00	1	9377.2	1	5156.4	1	542.7	1
川南城市群	6.61	3	2451.4	3	1488.2	3	22.0	3
川东北城市群	7.34	2	3883.0	2	1758.2	2	22.8	2
攀西城市群	5.60	4	1575.3	4	595.3	4	3.4	4

经济学上常把投资、消费、出口比喻为拉动GDP增长的"三驾马车"。从全社会固定投资额来看，2012年成都平原城市群为9377.2亿元，遥遥领先其他城市群；川东北城市群为3883亿元，为成都平原城市群的41%，位列第二；川南城市群为2451.4亿元，为成都平原城市群的26%，位列第三；攀西城市群为1575.3亿元，仅有成都平原城市群的约17%，位列最后。

从社会消费品零售总额来看，成都平原城市群消费市场相对最为景气，社会商品购买力实现程度最强，达到5156.4亿元，占全省总额的56.7%；川东北城市群（1758.2亿元）次之，略高于川南城市群（1488.2亿元）；攀西城市群居民社会消费整体水平较弱，仅为595.3亿元，只有成都平原城市群的11.5%。

从进出口总额上看，四大城市群差距尤为显著。在2012年国际金融环境整体比较低迷的情况下，成都平原城市群仍然实现了542.7亿美元的进出口总额，占全省总额的91.8%；而川东北城市群仅实现22.8亿美元，川南城市群为22亿美元，攀西城市群为3.4亿美元。可见，当前四川省对外贸易最主要的依赖还是对外贸易规模比较大，外向型经济发展水平较高的成都平原城市群,尤其是其中的省会城市成都。(成都市进出口总额占到成都平原城市群的87.6%)。相对而言,其他三个城市群对外贸易量都比较小,产业外向度偏低,对外贸易未形成拉动经济增长的支撑力。

5. 城镇化水平

一级指标"城镇化水平"下分两个二级指标,即城镇人口和城镇化率,其综合得分为成都平原城市群13分,位居第一;川南城市群7.39分,位居第二;川东北城市群6.72分,位居第三;攀西城市群5.2分,位居第四。

具体来看,二级指标中,城镇人口反映了城镇的集聚效益和规模效益,在一定程度上体现了该城市群的工业化发展水平。城镇化率则反映了一个国家(地区)经济发展的重要标志,也是衡量一个国家或地区社会组织程度和管理水平的重要标志。

从城镇人口绝对数上看,四大城市群集聚了全省99.9%的城镇人口。其中,成都平原城市群有1703.6万城镇人口,占到全省城镇人口总数的48.5%,即全省近一半的城镇人口生活在成都平原城市群。有890.3万城镇人口生活在川东北城市群;673.3万城镇人口生活在川南城市群;仅有242.6万城镇人口生活的攀西城市群,成为人口密度最小的城市群。

从城镇化率上看,成都平原城市群水平最高,达到54%,是全省唯一的城镇常住人口超过农村常住人口的城市群。从人口城镇化角度讲,成都平原城市群的人口社会结构已经出现了历史性变化,正在步入以城市型社会为主题的时代。按照国际上对城镇化发展阶段的划分,川东北和攀西城市群则正刚步入城镇化加速发展时期,川南城市群进入城镇化稳步发展期(见表7)。

表7 2012年四大城市群"城镇化水平"指标

城市群			城镇化水平			
			城镇人口(万人)		城镇化率(%)	
	得分(分)	位次	绝对数	位次	实绩	位次
成都平原城市群	13.00	1	1703.6	1	54.0	1
川南城市群	7.39	2	673.3	3	41.1	2
川东北城市群	6.72	3	890.3	2	36.9	3
攀西城市群	5.20	4	242.6	4	36.2	4

6. 城乡居民收入

一级指标"城乡居民收入"下又分两个二级指标，即城镇居民人均可支配收入、农民人均纯收入，其综合得分为成都平原城市群15分，位居第一；川南城市群9.13分，位居第二；攀西城市群7.93分，位居第三；川东北城市群6.02分，位居第四（见表8）。

表8 2012年四大城市群"城乡居民收入"指标

城市群	城乡居民收入					
			城镇居民人均可支配收入(元)		农民人均纯收入(元)	
	得分（分）	位次	绝对数	位次	实绩	位次
成都平原城市群	15.00	1	24223	1	9156	1
川南城市群	9.13	2	19916	3	7582	2
川东北城市群	6.02	4	17703	4	6730	3
攀西城市群	7.93	3	20704	2	6718	4

具体而言，"两个收入"是综合反映一个国家（地区）经济发展水平、经济实力、人民生活富裕程度的重要标志。

从城镇居民人均可支配收入来看，成都平原城市群和攀西城市群超出全省平均水平，其中，成都平原城市群达到24223元，比全省平均水平高出3916元。攀西城市群为20704元，高于全省平均水平397元。而川南城市群和川东北城市群则低于全省水平，人均分别为19916元和17703元。

从农民人均纯收入来看，成都平原城市群和川南城市群均超过全省平均水平，其中，成都平原城市群达到9156元，高出全省平均水平2155元。川南城市群人均为7582元，高出全省平均水平581元。川东北和攀西城市群很接近，分别为6730元和6718元，分别低于全省平均水平271元和283元。

四 四川省四大城市群综合经济实力存在的问题

"十一五"期间，全省人民在省委、省政府的正确领导下，树立和落实了科学发展观，全省经济和社会发展取得了显著成就，各大城市群经济得到了较快发展。但是，我们也应看到，四大城市群经济发展中仍然存在一些问题和不足，主要有以下几个方面。

（一）城市群间经济实力悬殊较大

从经济综合实力结果上看，四大城市群经济实力差距大。成都平原城市群综合得分为95.10分，川南城市群为57.91分，川东北城市群为47.98分，攀西城市群为54.24分。成都平原城市群因成都首位城市的强大影响力和辐射带动性，几乎所有的经济指标都高于其他三个群，尤其是在GDP、地方公共财政收入、第三产业增加值占GDP比重、全社会固定资产投资额、社会消费品零售总额、进出口额等几个经济指标上差距更为突出，个别指标甚至相差有150多倍。（如进出口总额指标，成都平原城市群是542.7亿美元，攀西城市群只有3.4亿美元，川南和川东北城市群也仅有22亿美元和22.8亿美元）。当前这种成都平原城市群一支独大，缺乏除省会城市之外的其他经济增长极的局面是难以带动全省城镇化的整体协调发展的。

（二）城市群内规模等级不完善

一般情况下，一个完善合理的城市群体系的规模等级结构应呈金字塔形分布，即超大城市、特大城市、大城市、中等城市和众多小城市。每个层次之间是连续的，渐进递增的。但是，目前四大城市群都不同程度地存在规模等级不连续、结构不完善的问题。比如，成都平原城市群的首位城市分布特征就非常典型。超大城市成都之后缺失特大城市，存在着明显断层，其经济实力远超群里其他城市。川南城市群虽然有宜宾、泸州等人口大市，但群内毕竟缺乏一个或两个作为地区增长极的特大核心城市，整体呈多中心城市群分布特征，核心不明，且小城市数量偏少，城镇规模体系断层效应明显。川东北城市群内除了南充迈入了大城市的行列以外，其余5市均为规模偏小的中等城市，且等级相近，承接作用和辐射带动力明显不足，群内缺乏强大的核心增长极。攀西城市群所辖城市数量少，只有攀枝花、凉山和雅安的部分区县，城市群区域内城市结构不尽合理。

（三）产业结构不尽合理

2012年全国、西部内蒙古、广西、重庆、四川、贵州、云南、西藏、陕西、甘肃、青海、宁夏和新疆等12省（区、市）与四川省四大城市群第一、二、三产业比重进行比较。

通过表9可见，四川省四大城市群产业结构处于"二三一"发展阶段，第二产业已成为四川省经济发展的支柱性产业。这既与四川省正处于工业化加速发展的阶段特征相吻合，也充分体现了四川省自"十一五"以来实施"工业大省"战略，发挥工业主导作用成绩卓著，实现了从"农业大省"向"工业大省"的跨域。但同时，我们也要清醒看到，四川省四大城市群在第三产业的发展上还很不足、不充分，与全国平均水平，甚至与西部12省（区、市）差距都较大。即便四大城市群经济发展的领头羊——省会城市成都，其服务业对经济的拉动力比副省级城市平均水平都还要低1个多百分点，且服务业各行业中，除交通运输、邮政和仓储业外，其他行业发展速度均不同程度低于副省级城市平均水平。这反映了当前四川省传统服务业、消费性服务业比重高，现代服务业、生产性服务业比重低的实际。

表9　2012年三个产业产值占总产值的比重

单位：%

产业	全国	西部12省（区、市）	成都平原城市群	川南城市群	川东北城市群	攀西城市群
第一产业	10.1	12.6	9.0	14.9	21.6	13.2
第二产业	45.3	50.1	50.6	60.9	51.1	62.1
第三产业	44.6	37.3	40.4	24.2	27.3	24.7

（四）城市群内产业分工不够优化

城市群产业分工是社会分工的空间形式。产业分工产生规模经济和集聚经济，带来整体功能效应，增强城市群的竞争优势，并促进区域经济增长。但若分工不当，则会延缓城市群内经济一体化的进程，削弱城市群的整体经济实力。比如成都平原城市群各城市在长期的经济发展中，或是依托特色的农业资源、矿产资源，或是依托人才、科技、资金等优势发展了专业化方向不同的产业。如成都以电子、医药等为专业化产业；绵阳以电子为专业化产业；德阳以机械为专业化产业；眉山以农业为专业化产业；资阳以汽车工业为专业化产业。城市间的经济职能结构具有一定的分工性。但就整体而言，各城市的经济职能在发展方向上仍存在较为明显的同构现象，城市间分工与协作的程度还不够高。如表10反映了成都平原城市群内各主要城市在工业发展上的支柱产业。

表10　成都平原城市群主要城市支柱产业

城市	产业类别
成都	机械、电子、医药、冶金、化工、纺织、食品
德阳	机械、化工、食品、建材、纺织品
绵阳	电子、冶金、机械、建材、食品、化工
眉山	轻工、医药、化工、冶金、机械、电子、建材、食品、饮料
资阳	汽车、橡胶、石化设备、加工制造工业、食品
乐山	冶金、建材、水电产业、盐磷化工

可见，绝大部分城市把食品、化工、机械、冶金、纺织、医药作为自己的支柱部门或重点发展对象，存在着较高的同构现象。而且从产业的空间分布上看，群内的支柱产业（电子信息、水电、医药化工、机械冶金、食品饮料等）的大型企业主要分布在成都、德阳、绵阳，而眉山、资阳、乐山的工业发展相对滞后，缺乏大型企业和项目的支撑。

又如当前川南各市争当"领袖"的局面仍旧激烈，各城市互不相让，群内企业发展的产业分隔、行业界限还比较明显，尚未形成抱团式、组团式发展态势。群内所辖各市经济发展的战略目标和战略重点很接近，工业也相对集中于几个行业内，如机械、食品、酒业、化工、能源等行业。这种城市间产业结构趋同现象在一定程度上制约了城市群间产业的融合发展和优势企业跨地区迁移、兼并等优化发展，从而延缓了城市群内经济一体化的进程，削弱城市群的整体经济实力。

发展的实践也证明，当地区间要素禀赋不同时，建立相似的产业结构并不会带来相似的经济增长和经济效益。在城市群区域内，各市（州）产业结构同构会带来地方保护主义，造成市场分割和区域性封闭，生产要素和商品流通受到很大限制，其结果就是资源的低效配置和使用，以及经济低效发展。而且投资产业具有趋同的特征，不同地区提供的是使用功能差异不大的产品，也易导致市场竞争更多地采取价格策略为主，易陷入重复建设、恶性竞争怪圈，影响了城市群内城市之间的整合。

五　提升四川省四大城市群综合经济实力的思考

（一）进一步明确总的发展思路

城市群产业分工的趋同既造成资源浪费，也制约了城市群整体竞争力的提升。要破解这一问题，实现区域经济整合，则必须依靠政府强有力的干预和引导，促使各城市群审视自己的角色，根据本区域的资源禀赋、地理区位和产业专业化特征，重新考虑自身的功能定位和产业布局，走差异化发展道路。通过提升产业结构，加快技术创新，突破产业发展中的共性技术和关键技术难题，使城市群间产业发展由垂直分工向垂直分工与水平分工相结合，从简单的生产要素互补向结构性合作发展，从劳动密集为主向资本、技术密集型转变，形成错位发展和优势互补关系，使成都平原城市群的现代服务业和川南、川东北城市群的制造业强强联合，攀西城市群的资源禀赋优势得到最大限度合理开发，增强四大城市群在成渝经济区，乃至全国城市群的竞争优势。

（二）培育一批中小城市

四大城市群应紧紧抓住新一轮西部大开发和成渝经济区建设的战略机遇，依托全省综合交通条件改善的有利条件，优化调整城乡空间布局，促进城乡协调发展。坚持分类指导，整体推进，完善公共服务，不断增强县域经济承接中心城市辐射功能，提高承接城市群内产业转移、参与产业分工协作和扩大就业的能力。促进经济较发达县（市）率先发展壮大为中等城市。如成都城市群中的彭州市、邛崃市、崇州市、金堂县、郫县、广汉市、绵竹市、中江县、江油市、峨眉山市、仁寿县、安岳县等；川南城市群中的荣县、富顺县、合江县、资中县、威远县、隆昌县等；川东北城市群中的射洪县、阆中市、南部县、邻水县、宣汉县、大竹县、渠县、平昌县等；攀西城市群中的西昌、攀枝花东区等。继续抓好"一县一业、一镇一品"科技富民工程，培育特色经济，强化产业支撑和市政设施合理配套建设，推进人口与产业集聚，促进经济欠发达的县尽快发展成为小城市。如成都平原城市群的大邑县、蒲江县、什邡市、罗江县、盐亭县、夹江县、彭山县、乐至县等；川南城市群的泸县、叙永县、高县、筠连县、珙县、犍为县、井研县等；川东北城市群的剑阁县、旺苍县、青川县、万源市、通江县等；攀西城市群

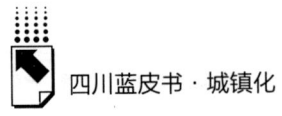

的米易县、盐边县、天全县、芦山县、金阳县、昭觉县、喜德县等。对于少数民族县,更要加大财政转移支付力度,完善基础设施,培育新经济增长点。

(三)加强城市群间的协作交流

城市群分工合理化不是单纯依赖市场机制的调节,更需要政策的规范与引导。当区域系统内的"经济单元"处于自然状态下,其协调效率是较低的。因此,城市群的协调发展,区域性的协调机制是不可或缺的。要想实现四大城市群的协调发展,就必须尽快建立和完善发挥协调作用及各利益主体参与的多层次的全面协商制度。可以借鉴长三角、珠三角的成功经验。如长三角存在三个层面的三个会议:一是两年一次的江浙沪省(市)长座谈会;二是两年一次的由长三角15个市常务副市长参加的"经济协调会";三是自20世纪80年代后期建立的"协作办主任会议",其主要职责是落实前两个会上形成的决策和方针。就四川省情况而言,由于各市(州)基本上还是从行政管辖区的视野来规划自己的发展,加上历史上相互分割严重,平等协商难度较大,可以考虑由省委、省政府牵头协调,建立城市群所辖城市党政主要领导定期会晤机制和经济合作与发展座谈会制度,协调各城市重大基础设施的规划、布局,合理使用自然资源,充分发挥基础设施的效益,尤其是重要港口、机场的建设。可尝试实行城市之间资源共同开发,各方参与投资,利益同享的新机制,确保有限资源的合理开发。通过沟通交流,加强城市群内城市间的政策的统一性和协调性,建立利益分享机制、协调机制、税收分享机制,着力消除各城市之间妨碍人流、物流、信息流、资金流等经济要素全方位流动的政策和制度壁垒,规范市场秩序,为要素的自由流动和各类经济主体的合作与竞争,提供良好的政策环境和发展条件。

(四)顺应城市群发展规律,强化地区产业分工协作

当前,全省21个市(州)分别处于工业化后期、工业化中期和工业化初期3个不同的工业化阶段。产业空间优化应与城市群发展阶段相适应,使产业发展与城市群发展互为支撑。通过产业整合实现各城市间产业的错位发展,形成产业梯次,是提升群体竞争力的必然选择。在四大城市群的建设中要重点关注各城市间产业水平和垂直分工上的互补性,政府要引导群内各城市资源的整

合与调配，以形成不同的城市群定位和分工。具体而言，成都平原城市群产业分工已经初步形成，当前发展的主攻方向是提升水平，应充分发挥成都特大中心城市的集聚、扩散功能，推动成都、德阳、绵阳、眉山、乐山、资阳同城化发展，形成整体融合，建成保障国家经济安全、辐射带动中西部发展的重要增长极。川南城市群应以长江黄金水道、沿江高速公路、内昆铁路等交通主干线为依托，利用自泸内宜四个城市便利的交通、良好的工业基础、丰富的劳动力抱团发展、合力发展，重点发展能源工业、化学工业、机械工业、材料工业、食品饮料工业，实现优势互补，形成"川南经济联合体"。川东北城市群背靠成渝两个特大城市群，应构建一个全方位、宽领域、多层次的开放格局，加快能源勘探开采和就地加工转化，建成国家级天然气综合开发利用重点区。攀西城市群依托攀枝花、西昌两座区域中心城市，以钒钛和水电资源开发为主线，加快建成国家级的战略资源创新开发示范区。城市群间的产业相对分工将促进产业效率的提高，促使四大城市群的产业得到协调发展。

（五）加快城市群服务业的发展

与工业相比，加快发展服务业，能源原材料消耗低，占用土地少，环境污染小，有利于增强城市群经济的可持续发展能力。当前，四川省四大城市群都应着力加强第三产业的发展，应突出四个重点：一要加速发展现代服务业，重点发展生产性服务业，大力培育新兴服务业，全面提升传统服务业，积极拓展服务业空间和服务业内容。二要把发展软件业作为重中之重，加快发展为制造业配套的研发设计、现代物流、金融保险和商务会展业。三是要加强服务业发展基础条件的建设与完善，满足城镇化进程对房地产业、居民服务业、城市交通业提出的刚性需求，加快完善基础设施，合理规划发展新的城市集群。四要加快推进和完善垄断性服务业的改革，重点是放宽市场准入，引入竞争机制。扩大服务业对外开放，利用开放带来的竞争效应和示范效应，促使四大城市群服务业提高效率和增强竞争力。

（六）积极构建产业（行业）人才体系

为适应着力次级突破，做强市（州）经济梯队、做大区域经济板块的需要，在四大城市群实行特色化、差异化人才发展策略，以企业－产业－园区为载体,以项目为依托,采取自主培养与招才引智相结合的方式,在优势特色产业、战略性新兴产业、传统产业及生产性服务业等重点产业领域实施产业人才专项,引导人才向产业带和经济区聚集,构建"梯度推进、层次分明、因业聚才、注重实效"的产业人才体系,形成与市(州)经济梯队相适应的人才梯队,推动工业强省、产业兴省(见表11)。

表11 四大城市群产业人才发展重点

城市群	产业人才发展重点
成都平原城市群	高端装备制造、新一代信息技术、生物、新能源、新材料、节能环保、现代服务业等产业人才
川南城市群	临港经济、能源化工、食品饮料等产业人才
川东北城市群	油气资源、生物、物流、绿色生态等产业人才
攀西城市群	战略资源开发、能源、新材料、精品钢材、特色农业等产业人才

(七)努力推动城市群对外贸易跨越发展

当前,四川省四大城市群国际贸易综合发展状况非均衡差异较大,因此必须有针对性地提出相应的发展策略。国际贸易发展水平较高的成都平原城市群是四川省核心城市群,对全省经济发展具有强大的辐射力,作为四川省经济腾飞的增长极,必须要充分认识到其龙头作用。为此,要以更加积极的姿态鼓励成都平原城市群加快高科技出口产品、旅游业、服务外包业、环境保护以及人才引进等方面接轨国际市场,努力融入全球经济一体化进程,积极拓展海外业务,开拓海外市场,提高自身国际竞争力和影响力。川南城市群作为仅次于成都经济区的省内第二大城市群以及联系成渝两地经济互动的重要地带,发展基础条件较好,其全面发展态势初见端倪,正逐渐成为川南经济发展的增长极。在大力发展对外贸易的同时,要积极推进区域一体化,建立区域联动发展分工体系和协调机制,努力提高基础设施建设水平、经济发展总量、产业结构调整以及经济发展质量,努力和成都平原城市群相对接,增强其带动力和可持续发展能力。川东北城市群国际贸易发展水平一般,则应该把重点放在追赶川南城市群上。通过积极推进工业化和城市化,在充分发挥自身优势基础上,增强可持续发展能力,积极延伸产业链条,多向发达地区学习,实现优势互补,缩小与国际贸易发展程度较强城市群的差距，重点突破在城市合理布局、产业升级、城市服务和环境状况等质量指标上的瓶颈。攀西城市群国际贸易发展水平相对较低。应凭借其特殊的地缘环境和丰富的自然资源，充分发挥其在发展外向型经济方面具有的地理区位和要素禀赋方面的比较优势，聚焦本地区域资源并引导其良性发展，积极发挥矿产资源和水电资源优势，进而努力转化为竞争优势，提高城市综合实力，加大招商引资力度，推动本区域国际贸易实现追赶式发展。

综上所述，加快四大城市群综合经济实力的跨域发展是四川省奋力谱写中国梦四川篇章的需要，也是实现由经济大省向经济强省跨越、由总体小康向全面小康建设的需要。在全国经济由东向西梯度推进、世界性产业转移由我国沿海向内地延伸的重要战略机遇期，"承东启西"的西部地区既是东部省份谋求发展的宝地，又是西部开放前沿，四川省四大城市群区位有利，资源丰富，经过多年发展，经济隆起优势彰显，必将利用好多点多级支撑发展战略，整体推进、扬长避短，走出一条有西部特色的快速协调发展之路。

B.6
四川省两化互动、统筹城乡发展状况

鲁 译*

摘 要： 四川正处于工业化城镇化双加速时期，并且国家在成都市设立了全国城乡统筹综合配套改革试验区。为了抓住发展机遇，四川在推进产业结构调整、发展方式转变、产业园区和产业新城建设、创新驱动发展、开放合作发展、产权制度改革、公共服务均等化、基层自治等方面开展了诸多实践。

关键词： 两化互动 统筹城乡 四川

一 两化互动发展的基本情况

工业化和城镇化水平是一个国家和地区现代化程度的重要标志。近年来，四川省通过大力发展七大优势产业，积极改造提升传统产业，加快发展战略性兴新产业，工业化进程不断加快，为四川省城镇化进程提供了强大动力支撑。

（一）四川省工业化城镇化发展阶段与水平

四川省正处于工业化城镇化双加速时期。根据世界各国的发展经验，当一个国家或地区人均GDP超过3000美元，非农就业比重和城镇化率超过30%，工业化城镇化就进入"双加速"时期。

"十五"期间，四川省全部工业增加值年均增速为15.6%，比"九五"时

---

* 鲁译，四川省经济和信息化委员会新型工业化城镇化工作推进处工作人员。

期提高了5.8个百分点,其中规模以上工业增加值年均增长24.5%。"十一五"期间,四川省规模以上工业增加值年均增长22.4%,增速居全国第四位,高于全国同期7.5个百分点。2012年,全省规模以上工业增加值总量历史性突破万亿元大关,达到10026.5亿元,增长16.1%;2013年全省工业增加值达到11578.5亿元,同比增长11%,高于全国和西部平均水平。

"九五"和"十五"期间,全国城镇化率年均提高1.49个百分点,而四川只有0.89个百分点。2003年,四川省工业化率与城镇化率持平,均为30.1%。2004年,四川省工业开始进入加速发展阶段,带动城镇化水平也同步加速提高,体现高度的正相关性。2004年至今,四川省工业化率平均每年提高1.7个百分点,带动城镇化率平均每年提高1.55个百分点,呈现典型的"双加速"特征。2012年,全省工业化率达到45.3%、城镇化率达到43.5%。受结构调整、外部大环境影响,2013年全省工业化率为44.1%,三次产业结构比为13.0:51.7:35.3,总体进入工业化中期。人均GDP达到5250美元,城镇化率为44.9%,城镇化率首次超过工业化水平。近5年来看,四川经济年均增速仍比全国高近3个百分点,城镇化率增幅比全国高了0.21个百分点,呈现典型的"双加速"特征,表明四川省已进入工业化城镇化双加速阶段。

(二)各市(州)"两化"互动发展情况

表1展示了2013年全省各市工业化率和城镇化率比较情况,按工业化城镇化发展水平可以分为三类。

第一类是工业化和城镇化率都低于35%的城市,有甘孜州、巴中市,主要是少数民族聚集区域和川东地区,处于工业化初期阶段;第二类工业化率和城镇化率在30%~60%,有绵阳市、广安市、广元市、遂宁市、南充市、眉山市、凉山州、资阳市、雅安市、达州市、阿坝州、泸州市、宜宾市、自贡市、内江市、德阳市、乐山市,主要是成都平原地区和川南各市,城镇化还没同步跟上,处于工业化中期阶段;第三类是处于工业化和城镇化中后期,有成都市和攀枝花市。从数据来看,发展水平最差的甘孜州与发展水平最高的攀枝花市相比,工业化率差距44个百分点,城镇化率差距37.6个百分点。

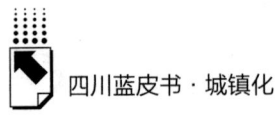

表1 2013年全省各市（州）工业化率和城镇化率

单位：%，百分点

地区	工业化率	城镇化率	工业化率与城镇化率差距
四川省	44.1	44.9	-0.8
成都市	38.3	69.4	-31.1
自贡市	54.5	45.5	9.0
攀枝花市	70.5	63.4	7.1
泸州市	55.9	43.3	12.6
德阳市	56.1	45.9	10.2
绵阳市	43.8	45.1	-1.3
广元市	41.5	37.8	3.7
遂宁市	46.4	43.1	3.3
内江市	57.7	42.7	15
乐山市	57.3	44.5	12.8
南充市	41.5	40.9	0.6
眉山市	49.5	39.0	10.5
宜宾市	55.3	42.5	12.8
广安市	41.4	34.3	7.1
达州市	46.9	37.8	9.1
雅安市	49.8	39.8	10.0
巴中市	27.4	34.8	-7.4
资阳市	50.0	36.9	13.1
阿坝州	42.2	34.6	7.6
甘孜州	26.5	25.8	0.7
凉山州	40.0	30.6	9.4

按工业化率与城镇化率差距分，全省21个市（州）可分为四大类。一是两率差距在1~5个百分点的，有绵阳市、遂宁市、南充市、广元市、甘孜州5个市（州）。二是差距在5~10个百分点的，有自贡市、巴中市、雅安市、广安市、达州市、攀枝花市、阿坝州、凉山州8个市（州）。三是差距在10~15个百分点的，有泸州市、内江市、乐山市、眉山市、宜宾市、资阳市、德阳市7个市（州）。四是差距在15个百分点以上的，成都市是工业化率已低于城镇化率，表明已进入工业化后期。

（三）目前四川省"两化"互动发展存在的主要问题

1. 四川新型工业化发展中的问题

工业经济发展的效率和水平不高。四川工业经济总量虽然进入全国前10位，在西部地区处于领先地位，但工业发展的质量和效率并不高，工业规模总量、人均总量和工业效益、工业贡献率等指标与全国工业十大省份有一定差距。2012年，在工业超万亿的省份中，四川工业总量占全国的比重为5.4%，仅为广东、山东、江苏的41%、45%、47%。从人均工业总量来看，四川人均工业增加值为1.34万元，仅为全国平均水平的91%，在工业十大省份中人均规模最小。从规模以上工业企业利润看，四川工业利润总量在工业十大省份中仅居第7位。

工业竞争力不强。一是工业结构偏重，四川工业是在"一五""二五"和"三线建设"时期采用嵌入式模式打下的基础，因此重化工业特征明显，先进制造业比重明显偏弱。2011年，四川以医药、装备制造、汽车等为代表的先进制造业总产值占全部工业的比重为27%，在工业十大省份中仅高于河南、河北。二是能源消耗较高，从各省万元地区生产总值能耗来看，四川万元地区生产总值能耗指标达到0.997吨标准煤，在工业十大省份中四川工业能耗仅比河北和辽宁少。三是产品市场占有率不高。四川工业品在国内市场的整体占有率约为3.4%，在统计局公布的重要产品中，只有彩电、天然气、水泥、微型计算机等27种产品产量占该产品全国总产量的5%以上，除发电设备、彩电外，多数为资源类产品。四是企业核心竞争力不强，与中东部地区大企业相比，四川大企业大集团无论在企业规模、市场占有率、创新能力、经营水平等方面存在明显的差距，主营业务收入占全国5%以上的优势产品中，除以发电设备、机车车辆、石油钻采设备等为主的机电产品外，其余产品的科技含量普遍不高。

工业集聚度不高。一是产业园区发展不够，四川省级以上开发区仅有61个，大部分产业园区内的产业仅是简单的聚集，没有形成有效完整的产业链条，没有形成集中度高、经营规模大、协作度紧密、品牌影响力大的产业集群，产业集聚能力不强；园区建设还比较粗放，土地节约利用不够，亩均投资强度和产出强度远小于发达地区。二是大企业大集团较少，2013年四川千亿企业仅有2户，百亿企业有53户，远远少于山东的130户，广东的181户和

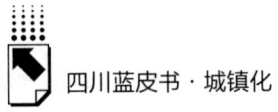

江苏的120户；全省入选全国制造业500强的企业仅有13家，远少于江苏的51家、广东的37家、山东的48家和浙江的42家。

工业支撑带动作用不强。一是工业化对于新型城镇化的带动作用不强，工业项目布局与城镇规划建设不统一，工业项目的聚集带动功能与城镇发展不协调，工业制造业和生产性服务业发展不协调。二是工业反哺农业的能力还较弱，四川农产品加工业发展滞后，工业对农业原材料资源的加工转化水平低，生产、加工、销售一体化的现代农业产业化经营发展不足。三是工业吸纳就业的能力较低，四川工业经济规模较小，企业数量有限，在解决就业特别是吸纳剩余劳动力转移方面的能力不强。四是工业对开放型经济发展的带动力不强，工业开放水平不高，产业国际化程度偏低，制造业利用外资后劲不足，跨国经营企业不多不强，通过"走出去"来转移四川过剩产能、拓展工业发展空间的作用发挥得还不够充分。

2. 四川新型城镇化发展中的问题

城市对农村剩余劳动力的吸纳力不强。一是区域性中心城市发展不足，辐射效应不明显。四川具有规模集聚效益的大中城市数量偏少，仅有4个超过百万人口的城市，目前仍有多个中等城市承担着区域中心或副中心城市的职能，而中等城市数量少、规模小，呈"小马拉大车"的局面，难以真正起到区域中心作用。二是县城的聚集作用大于辐射作用，不足以带动腹地乡村地区的社会经济发展。四川省多数县城的城镇人口规模在3万~10万人，小城镇的数量偏多、规模偏小，人口和产业的聚集能力较弱。许多小城镇发展动力不足，在现有财税管理体制下，基础设施和公共服务的资金来源不足，小城镇供水、排污、供电等基础设施和科技、教育等社会化服务体系发展滞后，对周边农村发展带动力较弱。三是小城镇建设发展薄弱，对人口和经济聚集效应不强。目前小城镇产业特色不够，对非农产业的承载、集聚力不强，对农村剩余劳动力的吸纳有限。小城镇在建设、运行、维护等方面资金政策资源等投入不足，城镇的功能仍需健全。

城市建设资源利用效率偏低。城市发展依然停留在以空间规模扩张、加大资源投入的粗放型发展阶段，同时缺乏提供城乡之间、本地户籍和外来人口之间的公共服务均等化供给的内在动力，一些城市超越发展阶段，将大量公共资源用于形象工程，导致土地、资金等稀缺资源利用效率低下。更加值得重视的是，乡村建设同样呈现粗放型发展状态，在农村人口大量减少的同时，村庄用地面积总量不减反增。2008～2013年四川农村人口减少627万人，但村庄用地从63.04万公顷上升到82.4万公顷。

城镇综合承载力不强。一是基础设施供应能力不足，投资力度有待进一步加大。水资源短缺和水污染、水源工程不足、节水措施难落实等仍然是部分城市供水紧张的重要因素；城市交通拥堵特别是大城市拥堵问题还未得到有效解决，公交优先政策还需进一步落到实处，公交线网规划不完善；城市道路网密度低，结构不合理；大运量公交系统建设滞后，交通结构失衡，交通拥堵加剧；地方配套资金到位率低和资金投入的不足，导致城市垃圾无害化处理、城市污水处理设施建设进展缓慢，设施不足，处理率低。二是基础设施供应和服务质量不高。城市供水水质标准偏低；公共交通行业的发展主要体现在车辆的增长方面，而乘车环境、车况、服务质量、换乘条件还需要较大的改善；城市道路占用严重，利用效率较低；燃气安全事故时有发生；城市垃圾处理达不到规定标准，而且资金不足使得一些已建成的垃圾处理、污水处理设施又难以保证正常运行，不能充分发挥作用。

半城镇化现象突出。2013年四川省城镇化率为44.9%，远低于全国城镇化率53.7%的水平，占全省城镇常住人口27%的户籍在农村的农民工及随迁人口，未能平等享受城镇公共服务。设市城市特别是大中城市旧城区普遍密度过大，容积率过高，居住环境质量不高。部分地方城镇污染源治理能力较弱，城市生活污水处理率、垃圾无害化处理率较低。大多数城镇定位不清，自然和人文资源保护不够，城镇特色不够鲜明。

二 统筹城乡基本情况

（一）四川省统筹城乡的现状

2007年，四川省以国家批准成都市设立全国城乡统筹综合配套改革试验区为契机，在全省开展统筹城乡综合配套改革梯度试点。

1. 扎实推进成都全国统筹城乡综合配套改革试验区建设

一是在全国率先建立耕地保护基金，建立"发达地区支援落后地区、城市反哺农村"的分享机制,促进城市化带来的高额土地收益在城乡之间和不同县(市、区)之间的统筹使用,使城市收益向农村转移。二是开展农村土地、房屋确权颁证。对农村土地进行分类梳理,对农用地、集体建设用地、农村宅基地分别提出切实可行的确权办法,依次确认各种农村财产的产权。三是建立农村产权交易市场。在基本完成农村产权确权后,把改革重心转向探索耕地、林地与集体经营性建设用地使用权的流转机制方面,搭建农村产权交易平台,促进生产要素在城乡之间的有序流转和优化配置。四是开展"拆院并院"试点,通过统一规划引导、旧房拆除补贴、集中居住配套设施建设、水上建筑整治、土地复垦等措施,盘活了存量土地,增加了土地收益。五是推行居住证制度及公民信息管理系统建设,深化全域成都城乡统一户籍制度改革,推进农民养老保险改革实践,逐步整合公安、计生、民政、住建等部门信息资源,提高政务服务管理效率,采取居住证制度,规范管理流动人口,保障流动人口合法权益,促进基本公共服务覆盖城镇常住人口。

2. 多措并举推动户籍制度改革

一是分类引导农业转移人口有序向城镇转移。2003年开始,全省开始将"农业户口"和"非农业户口"统一登记为"居民户口",2008年底基本完成了全省户籍人口登记为"居民户口"的工作。同时,取消原农业户口需经"农转非"才能迁入城镇规定。2009年,制定意见对全省21个市(州)分三类推进户籍制度改革。2013年5月,制订新意见全面启动新一轮户籍制度改革:全面放开除成都外的大中小城市、小城镇落户限制,率先推动已脱离农业生产的农村居民、失地农村居民和农村集中居住点居民入城转户。二是设立公共户口簿和放宽集体户口入户。2012年,四川省在各地的人才交流中心、派出所或乡镇推行"公共户口簿"制度,对符合落户条件的大中专毕业生、专业技术人员和因房屋拆迁、离婚等暂无住房的群众,经本人申请,可在公共户口簿落户。

3. 深入推进农村产权制度改革

在全省范围内推进农村产权制度改革,进一步明晰农村土地、房屋等财产权利归属。2013年上半年,全省已基本完成农村集体土地所有权、宅基地使用权、集体建设用地使用权的确权颁证工作。112个县开展了农村土地承包经营权确权登记工作试点。

4. 不断完善城乡社会保障制度

一是城乡养老保险制度进一步健全。相继出台养老保险关系转移接续办法和职保、居保间转移接续办法，切实维护灵活就业人员、外地务工人员和居保参加人员的养老保险权益。截至2013年11月，全省新农保和城居保参保人数达2967.58万人，参保缴费人数达到1395.32万人。二是城乡医疗保险制度更加完善。相继完善了失业、工伤保险制度，出台农民工失业保险相关政策，在全省范围内统一农民工与城镇职工失业保险参保缴费和待遇享受办法。截至2013年10月底，全省城镇基本医疗保险参保人数覆盖率达到97%，其中城镇职工参保人数达到1278.7万人，城镇居民参保人数达到1184.9万人，占非农业人口的97%以上。新农合保障群众受益进一步提高，全省新农合参合率为99.23%。三是社会救助制度更加健全。全省实现了以市（州）统一制定区域性低保标准，省财政设立专项临时生活救助资金用于开展城乡困难群众临时救助。2013年，符合条件困难群众政策范围内住院自负费用救助比例城市达到63.7%、农村达到62.5%，全省92.3%的县（市、区）建立了医疗救助"一站式"服务机制，4年来共救助临时生活困难家庭48.3万户。四是稳步推进农民工住房保障。开展"农民工住房保障行动"，2013年，在全省公共租赁住房中，提供3.2万套（间）房源用于农民工住房保障，占可供房源总量的44.7%。

（二）四川省统筹城乡存在的主要问题

与其他省级区域城乡统筹大胆创新相比，四川在推进统筹城乡改革、打破城乡二元结构过程中，主要存在以下问题。

1. 农民财产权利保障压力大

一是确权颁证配套政策不完善。对农村集体经济组织及其成员如何界定，新增成员的集体收益分配权益如何保障等问题，没有统一规定，各地操作方式不一，容易存在遗留问题。二是产权流转交易服务体系不健全。大多数地方都未建立农村产权交易平台和配套服务机制，农民的财产权利经确权后虽然有了"本本"，但变成"本钱"还很困难。三是确权颁证经费负担重。以土地承包经营权实测确权颁证为例，亩均成本约为40元，平均一个县大约为1800万元，再加上农村房屋产权等的确权，总的经费需要更多，均由地方财政负担，影响工作推进。

2. 农村用地制度改革尚需政策配套

一是被征地农民的保障机制尚不健全。法律规定的土地征收补偿标准偏低，对征地农民的多元保障还不完善，因农村集体土地征收引发的矛盾纠纷频发。二是城乡建设用地增减挂钩试点政策还需完善。增减挂钩的范围和指标规模还较小，且禁止跨县交易，影响土地级差收益。土地增值收益分配还不规范，土地增值收益必须及时全部返还农村的政策还没有落到实处。三是盘活农村集体建设用地的机制还不健全。鼓励进城农民有偿退出宅基地的政策缺失，农村集体建设用地闲置、使用效率低的现象较为突出。

3. 统筹城乡社会保障的难度较大

一是现有制度不统一、不衔接的矛盾比较突出。现行城镇职工、城乡居民、机关事业单位养老保险制度分立，影响到养老保险制度的公平性和关系的转移接续。大部分市（州）的城镇职工医保、城镇居民医保、新农合存在制度分设、管理分割、资源分散的格局，难以适应人口城乡之间的快速流动。二是整体保障水平偏低、差异大。2013年全省企业退休人员月人均基本养老金低于全国平均水平，城乡居民基础养老金标准每人每年只有660元，仅为2012年农村居民人均生活消费支出的12.3%、城镇居民人均消费性支出的4.4%。城乡居民养老保险和企业职工基本养老保险之间待遇差距大，城乡医疗保障水平差距明显，城乡居民抗大病重病能力仍然较弱，农民工养老保险参保率较低。三是社会保险统筹层次不一，城镇居民医保、生育保险还处于市级统筹层面且不规范，新农合大部分地区还处于县级统筹层面。城镇职工医保各市（州）在缴费标准、年限认定上不统一，社保基金存在结构性缺口。

4. 农业转移人口市民化进展缓慢

一是城镇户籍对农民的吸引力不强。由于城镇对进城农民缺乏长远生计保障，加之农民担心失去农村土地等诸多权益，对城市生活缺乏稳定预期，很多农民愿意在城镇生活但不愿转为城镇户口。二是农民市民化政府投入成本较高。据中国社科院测算，西部地区一个农民转移为县城居民，政府约需支付成本10万元。从四川情况看，成都市的成本相对较高，其他市（州）稍低。据南充市初步测算，农民市民化涉及的社会保障补差、教育设施增加、公共服务配套、公租房建设和市政设施配套等，每人约需6万元。

5. 农村服务体系建设仍需加强

目前农村服务业供给严重不足,表现在金融、保险等农村生产性服务业领域和商贸、物流、旅游等农村生活性服务业领域。其中最突出的表现:一是农村金融机构单一,由于涉农贷款的特殊性,国有商业银行"弃乡进城"倾向十分明显,涉农金融服务网点逐步萎缩。农村新型金融机构较少、实力较弱,支持农村新型金融机构发展的政策措施不足。二是农村融资市场发育缓慢,农村产权抵押融资缺乏配套政策,价值评估机构、资源收储和处置机构、风险防范机制缺失。农村征信体系还不完善。新型农村合作金融发展尚待破题。

三 四川省两化互动、统筹城乡发展的实现路径

(一)围绕"做大产业、做强企业、做优产品"三条路径,全力推进调结构转方式,大力发展实体经济

从国际国内市场竞争和产业分工的角度,找准四川省工业发展定位,科学选择产业,加强基础产业,做大优势产业,打造支柱产业,发展配套产业,加快培育一批龙头企业、拳头产品,促进产业结构调整优化。

一是战略性新兴产业要坚持基地化布局、规模化发展。贯彻落实《加快发展战略性新兴产业的意见》、7个专项规划和发展指南,用好财政性新兴产业引导资金。搭建科技成果转化平台和产业联盟,培育一批战略性新兴产业示范基地。完善战略性新兴产业统计体系,建立健全产业发展服务体系。力争在2015年,战略性新兴产业快速发展,实现增加值占规模以上工业增加值的15%左右。

二是7大优势产业要转型升级,实现重点突破。努力发展一批千亿产业,着力推进水电、天然气、钒钛稀土、农产品加工"四大产业"率先实现突破。到2015年,7大优势产业主营业务收入占全省工业增加值的82%。力争到"十二五"末每个产业工业增加值均超过1000亿元。

三是着力培育大企业大集团。精选推动一批兼并重组、指导推动一批上市扩张、引导承接一批龙头项目。促进资源向优势产业、产品、企业集中,支持

大企业大集团搞好结构调整、规模扩张，加强企业文化建设。到"十二五"末，力争培育主营业务收入超百亿企业50户。

四是抓好中小企业发展促进全民创业。指导和推动中小企业向"专、精、特、新、配"方向发展。继续落实好国家、省上扶持中小企业发展的各项政策，推动出台相关配套政策，切实减轻中小企业负担。督促各地设立中小企业发展专项资金，加大财政支持力度，推动中小企业服务平台网络体系建设。建立并用好创业基金，支持开展全民创业活动。

五是集中力量扶持一批拳头产品。深入实施产业发展规划，瞄准市场需求打造一批拳头产品。把技术进步作为培育拳头产品的关键抓手，抓紧制定工业产品培育发展规划，按发展壮大、巩固提升、加快培育三大类，每年遴选100个拳头产品进行重点培育。"十二五"期间，力争四川省工业在全国市场占有率居前三位并具有自主知识产权或自主品牌的产品超过100种，形成每一个百亿企业有一种以上在全国居前三位的产品、每一个千亿产业有5个以上百亿企业为龙头的递进支撑格局。

（二）立足产城共融、产城合作，推进新型工业化和新型城镇化互动发展

一是把产业园区作为"两化"互动的重要载体，加快产业园区发展。坚持"一园一主业、园区有特色"，突出园区主导产业，创新园区发展模式，打造优势特色产业发展大平台。重点支持成都高新区、成都经开区、绵阳高新区、德阳经开区和自贡高新区等一批重点产业园区建设，支持双流、新津、遂宁、乐山等地打造以战略性新兴产业为主的特色园区，支持绵阳科技城、广元加快建设军民结合园区，形成四川省成长型特色产业园区"1525工程"的重要支撑。同时，积极推进国家级、省级新型工业化产业示范基地建设，深入推进"中国白酒金三角"建设，积极推动园区扩区调位、提档升级，形成"两化"互动、"三化"联动的重要平台。力争到"十二五"末期建成8个销售收入超千亿元的园区（基地），产业集中度提高到70%。

二是依托产业集群（基地）打造产业示范新城区。搞好产业示范新城规划，明确特色产业定位，优化园区空间布局，完善新城区功能组团，加快打造一批特色产业示范新城区，力争取得明显成效。

三是加快发展生产性服务业。规划建设一批生产性服务业示范区,如成都现代生产性服务业枢纽、遂宁西部生产性物流园、青白江铁路综合物流基地、泸州和宜宾水运物流港、攀西生产性物流基地等,为现代物流、咨询、设计等生产性服务业提供发展平台。探索生产性服务业示范区内公共服务电子平台建设,推动现代服务业和现代制造业统筹发展。

(三)突出"技术改造、技术创新、节能减排"三大抓手,推进创新驱动和绿色低碳发展

一是确保技术改造投资保持高位增长。围绕品种质量改善、节能降耗、清洁生产、安全生产、军民结合、装备改善等方向,组织实施工业技术改造,提升产品制造档次和规模。推进信息技术在工业领域的应用、渗透以及生产环节的综合集成,重点推进产品智能化、生产过程智能化控制和生产管理信息化,组织实施一批信息化试点工程和示范企业,提升制造业核心竞争力。"十二五"期间,工业投资力争突破3.2万亿元,其中技术改造投资力争突破2万亿元。

二是切实加强企业自主创新能力建设。积极推进区域自主创新体系建设,实施产业重大关键共性平台专项,推进产业关键技术创新与系统集成。开展多形式的校企、院(所)企合作,推进产学研联合,推动产品技术资本化、专利技术产业化,加快推进创新成果转化。继续抓好国家级、省级企业技术中心创建和已有中心的能力提升,开展企业技术中心改制试点。到2015年,省级以上技术中心企业研发经费支出占主营业务收入达到4.7%,国家级、省级企业技术中心在600家以上。

三是着力推进节能减排和淘汰落后产能。坚持"控制增量、调整存量、上大压小、淘汰落后",做好节能减排工作。大力推广节能技术,全面推动行业能效、物耗"对标"活动,推广合同能源管理等节能新机制。加强十大节能重点工程建设,组织在清洁生产、工业节水、资源综合利用等领域开展示范工程。建立健全落后产能淘汰机制,按照国家下达的任务分阶段制定实施淘汰落后产能计划,有序关停企业落后产能,确保完成淘汰落后产能硬任务。"十二五"期间,规模以上工业单位增加值能耗下降23.5%,单位工业增加值用水量下降30%,工业固体废弃物综合利用率上升到72%。

（四）狠抓"两化融合、开发合作、要素保障"三个重点，着力提升新型工业化发展水平

一是推进信息化与工业化深度融合。支持信息技术在工业领域的应用、渗透以及生产环节的综合集成，提升信息化水平。聚焦电子信息、装备制造等10个重点产业，开展工业软件提升、两化融合示范园区、重点企业信息化示范带动等11个重点工程，推广敏捷制造、柔性制造、智能制造、虚拟制造等生产方式，提升行业数字化、智能化数控设备、数控加工中心等机电一体化设备比重，逐步形成覆盖工业主导行业、重点领域和公共服务支撑体系的两化融合格局。

二是加快承接产业转移。抢抓外资西进、内资西移的战略机遇，用好"西博会""中博会"等合作平台，深化"9+2"、成渝经济区合作机制，围绕产业链缺失环节，加大企业引进力度。继续深化川新等合作园区建设。推进鞋业、服装等劳动密集型产业向劳动力资源富集地区梯次转移，深入推进三州地区与成都平原和盆周地区合作共建园区。

三是着力优化要素保障。加强电力调度，争取扩大直购电试点范围，支持地方自备电厂网、煤电联营、热电联营和达州、宜宾、乐山分布式能源建设试点，降低企业用电成本。调整优化用气结构，重点向产业链长、带动效益大的企业和项目倾斜。推动煤炭企业兼并重组，关停15万吨以下小煤矿，力保煤炭生产安全。

（五）坚持产权制度改革、公共服务均等化、基层自治为突破，实现产业发展与城镇建设的统筹

一是统筹推进农村产权制度改革，促进生产要素优化配置。规范开展确权颁证。坚持"还权赋能"，明确农村自留地、公益设施占地、集体企业占地等未到户土地使用权，以及村级其他集体资产权属。稳妥推进用地制度改革。积极开展土地综合整治，用好用活增减挂钩政策，拓展城乡发展空间。探索在有利于增加耕地面积、提高耕地质量前提下，在更大范围内实施耕地占补平衡。完善农村宅基地管理制度，规范推进农村宅基地和村庄整理。

二是提高城乡基本公共服务均等化，完善城乡公共资源均衡配置的体制机

制。深化文化体制改革。强化统筹城乡的精神支撑和文化引领。逐步提高公共财政对民生的投入水平和保障能力。加快城乡统一户籍制度改革，进一步取消依附在户口上的各种福利和政策待遇差异，充分保障城乡居民平等享受各项基本公共服务和参与社会管理的权利。进一步提高农村地区社会保障、就业、教育、卫生等的发展水平。进一步增加对村级公共服务和社会管理专项资金的投入。

三是增强基层自治组织的自治能力，完善城乡基层的民主管理体制机制。进一步发挥城乡基层自治组织的作用，全面落实村民议事会配套制度，推进农村自治组织和经济组织的分离，提高自治组织自我服务、自我教育和自我管理的能力和水平，切实保护好群众的决策权、知情权、监督权。逐步完善乡镇（街道）群众参与的民主管理机制，促进乡镇（街道）、村（社区）向公共服务和社会管理的职能回归。积极引导社会组织的发展，有效满足广大城乡居民多元化社会需求。

B.7
四川省"百镇建设试点行动"调研报告

辜仲江 盛毅 池瑞瑞*

摘　要： 四川省"百镇建设试点行动"开展已近两年，试点镇工作获得了许多好的经验和做法，但也表现为缺科学规划、缺主导产业、缺管理制度、缺发展资金、缺建设用地、缺专业人才、缺规范标准等"七缺"问题。在对推进试点工作进行深入再认识的基础上，从规划、产业、扩权、财政、用地、用人、建设、标准、工作指导等方面提出对策建议。

关键词： 百镇建设行动　小城镇　扩权

从2013年开始，四川省政府连续两年在全省1831个镇中筛选了200个镇，开展"百镇建设试点行动"，这一举措得到了各市（州）、县政府和各试点镇的高度重视。为做好试点工作，各级政府将工作重心下移，把试点镇工作作为重点，开展大量卓有成效的工作，并在试点行动推进过程中，探索出了许多好的做法和经验。

为全面了解"百镇建设试点行动"成效，课题组组长辜仲江、副组长盛毅、成员池瑞瑞，在四川省委省政府决策咨询委员会主任甘道明、常务副主任李成云的带领下，于2014年4~7月进行专项调研，实地走访了阿坝、甘孜以外的19个市（州）的110个镇（其中2013年试点的有48个，2014年试点的有44个，以及18个非试点镇），发放并回收了127个镇的调查问卷（未走访

---

* 辜仲江，四川省人民政府原副秘书长，四川省决策咨询委员会宏观经济组副组长；盛毅，研究员，四川省社会科学院副院长，主要研究方向为产业经济、区域经济等；池瑞瑞，助理研究员，四川省社会科学院经济研究所，主要研究方向为产业经济、区域经济、新型城镇化。

的部分镇也填写并提交了问卷),获得了十分翔实的第一手资料。

在调研座谈中,大家一致认为,四川省抓"百镇建设试点行动",是贯彻落实习近平总书记在兰考考察时提出的"乡村处在贯彻执行党的路线方针政策的末端,是我们党执政大厦的地基,在座各位可以说是这个地基中的钢筋,位子不高但责任很大"重要指示的具体体现,是贯彻落实省委多点多极支撑发展战略的重大举措,省政府推进"百镇建设试点行动"是一个正确的决策。在调研基础上,课题组对所获取的资料进行了归纳整理,并围绕试点镇阶段性的成绩、经验和问题,进行了研究和分析讨论,形成了本调研报告。

一 试点对象的现状

本次走访和座谈的试点镇,占全省试点镇数量的46%,调研过程中,收集了127个镇的详细资料,总面积占全省面积的2.1%,总人口占全省人口的7.0%。以下定量分析基于127个镇的数据资料,样本数量巨大,其反映的情况对全省小城镇建设具有一定指导意义。

(一)基本情况

1. 镇域概况

按镇全域总人口统计,调研镇人口数普遍偏少,镇均人口仅为4.8万人,2万人以下的镇仍有不少,占总调研镇数的7.9%(见图1)。按场镇人口统计,调研镇的场镇规模普遍较小,场镇平均人口仅有1.9万人,且人口规模差距较大,场镇人口最多的是金城镇,达11.7万人,最少的是龙苍沟镇,只有191人(见图2)。

2. 基础设施

道路管网:第一、二批试点镇的通镇公路、通村公路通达率达到100%。其中,通镇的道路硬化率达到100%,通村的道路硬化率普遍在70%以上。有的镇已完成低压弱电线路入地工程。

饮用水:场镇居民饮用自来水基本实现全覆盖。场镇周边村民以饮用自来水为主。远离场镇村民以自建水井取水为主,部分村在干旱季节饮水有困难。

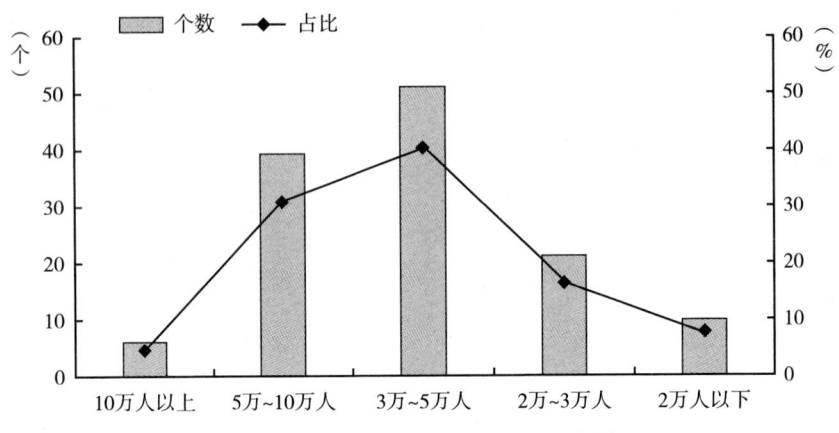

图1 按全域人口统计调研镇人口分布情况

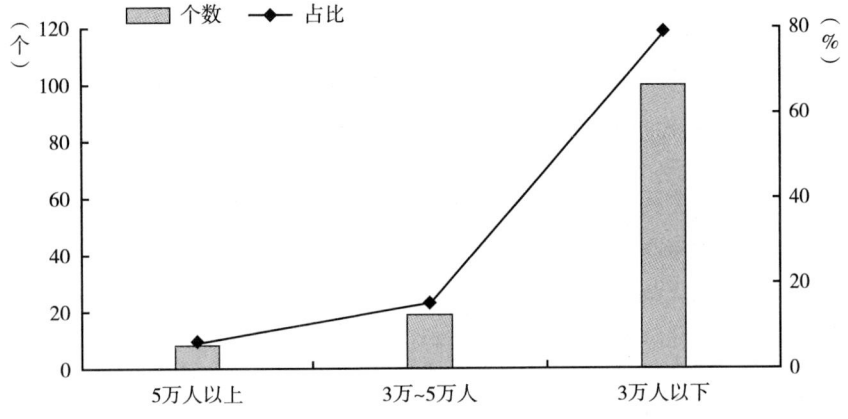

图2 按场镇人口统计调研镇人口分布情况

天然气：场镇居民使用天然气比例平均达78.9%，高的在90%以上。

污水处理：有75个镇已建成污水处理厂，占59.1%，但处理率及效果都不理想，如恒升镇污水处理厂，处理后的水仍是污黑色，带有刺鼻气味。在建的有7个镇，占调研镇总数的5.5%。有5个镇已规划，占3.9%。有40个镇无建设规划，占31.5%。

垃圾处理：垃圾普遍实行了村收集、镇转运、县处理，其中转运前实现垃圾压缩的有7个镇，占调研镇总数的5.5%。

3. 产业发展

被调查的127个镇三次产业年总产值平均为16.26亿元（见图3）。其中，

50亿元以上的镇仅占调查总数的6.3%。最高的嘉农镇2013年三次产业总值达160亿元，最低的旧院镇只有4200万元，仅相当于前者的0.26%，经济发展水平差距巨大（见图3）。

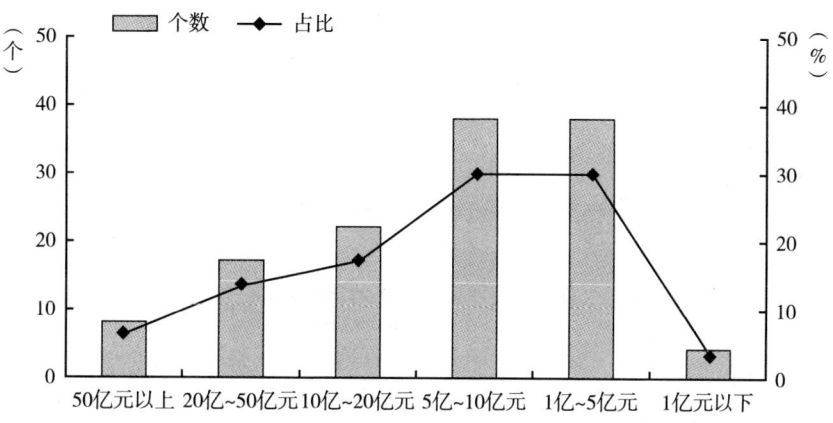

图3　调研镇2013年三次产业总产值分布

按三次产业产值计算，调研镇三次产业结构为14.4∶63.6∶22.0，呈现典型的工业化中期特点。工业总产值镇均为10.34亿元，工业比重在70%以上的有24个，占18.9%（见图4）。第三产业总产值镇均为3.58亿元，大部分调研镇的第三产业总产值比重都位于30%以下（见图5）。

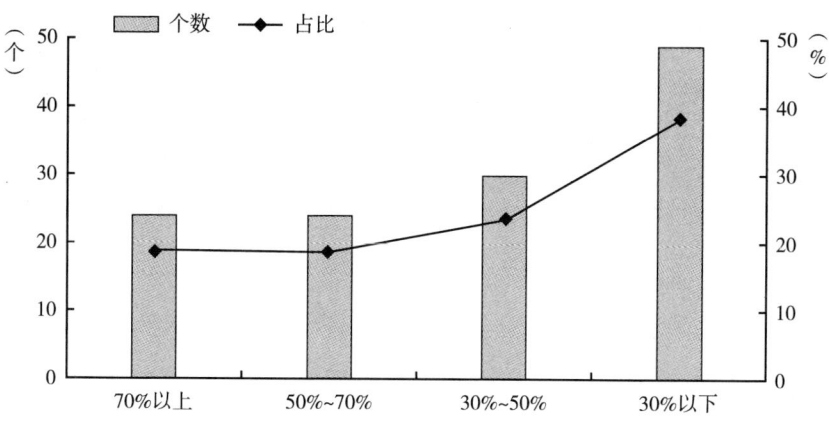

图4　调研镇工业比重分布

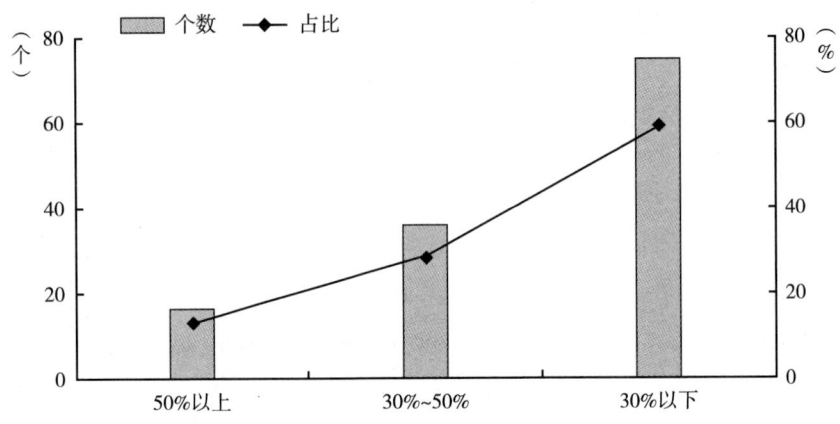

图 5 调研镇第三产业比重分布

4. 商贸设施

被调查的 127 个镇中有 123 个建有专业农贸市场,占总调查数的 96.9%。农贸市场利用率 100% 的镇有 97 个,占建有总数的 78.9%;利用率为 50%~99% 的镇有 24 个,占 19.5%;利用率在 50% 以下的镇有 2 个,占 1.6%。一些已建有农贸市场的镇,因发展受限,正准备在原有基础上进行升级改造。如九襄镇将川九襄农贸市场迁建至高速路连接线附近,占地 150 余亩,不仅解决造成九襄城区交通大面积拥堵问题,还将完全满足九襄乃至整个汉源地区的农产品交易需求。

5. 公共服务

被调查的 127 个镇平均拥有幼儿园 6 个(包括下辖村组所在地幼儿园及场镇所在地幼儿园)。建有教师寝室的镇有 103 个,占调查总数的 81.1%。每个镇卫生院平均有 80 名工作人员,每月平均接诊 4318 人次。本次调研的镇中,不少为前些年"拆乡并镇"或"拆区并镇"形成的新场镇,一个镇有 2 万人左右,方圆十几公里,学校和医院由多变少,造成农村儿童读书难,农村老百姓看病难。调研镇中有 111 个镇医院配备了救护车(多数是长安车改装的,缺乏车载医疗设备),占调查总数的 87.4%。每镇平均有 18 个村卫生室。

6. 金融网点

农村信用社网点数量镇均达 1.8 个,一些经济发展较好的镇金融网点还较全。如淮口镇,入驻了中国银行、中国工商银行、中国农业银行等金融机构8家。嘉农镇,有农村信用社、乐山商业银行、中国农业银行、中国邮政储蓄银行等5家金融机构,2013年镇级内金融机构共揽储55亿元。蓬南镇成立了国有的"蓬溪县南兴建设有限责任公司",具体承担重点镇建设项目管理。

7. 森林保护

调研镇分布在平原、丘陵、山地地区,近些年经过退耕还林,大力绿化,森林覆盖率在30%以上的达96个,占75.6%(见图6)。树种以柏树、杉树、桉树、湿地松、马尾松为主,部分地区有桢楠、香樟等珍稀树种。调研镇挂牌保护大树共有12965株,镇均102株。

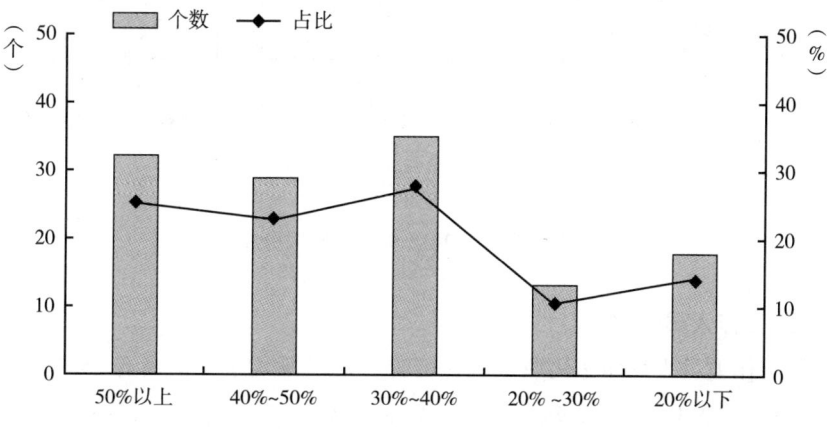

图6 调研镇森林覆盖率分布

8. 人口结构

在调研的127个镇共567.4万人的总人口中,场镇人口占39.4%,多数场镇的常住人口主要由教师、中小学生、医护人员、党政干部、商贸业从业人员等组成,有省、市、县工业园区和大型工业企业依托的镇,工人占有较大比重。劳务输出人口占总人口的23.8%,60岁以上人口占总人口的17.4%,妇女占总人口的36.2%,14岁以下少年儿童占总人口的16.0%。

9. 乡镇财政

调研镇2013年平均统计财政收入为3008.8万元,财政支出为3031.2万元。其中，年财政收入1亿元以上的镇仅占总调查数的3.9%，年财政收入处于1000万~3000万元的镇数最多，占调查总数的38.6%（见图7）。在财政管理体制上，蓬南镇还探索成立了"蓬溪县财政局蓬南分局"。

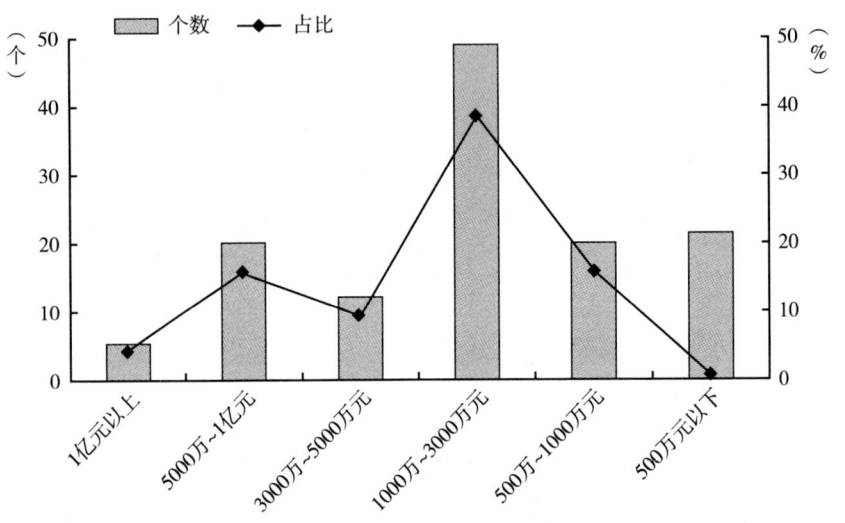

图7 调研镇2013年财政收入分布

10. 工作人员待遇

镇工作人员人均年平均收入为4万元，低于平均水平的镇有75个，占调研镇总数的59.1%。收入较高的镇，如成都天府新区太平镇人均年收入可达10万元，收入较低的镇，如桤泉镇人均年收入仅有3万元左右，前者为后者的3倍多。总体来看，镇工作人员收入普遍偏低。

11. 执法管理

调研镇由于没有执法权，为了管理场镇社会事务，有的镇建立行政执法派出机构，有的镇采取委托执法方式，有的镇正在探索一些新的形式。如汪洋镇成立了由26名专职人员组成的仁寿县城市管理行政执法局汪洋分局。富加镇在城管执法分局下，设行政执法中队、环卫队、路灯管理队、园林管理队等，以城市标准管理场镇。蓬南镇成立了县城管执法局蓬南执法中队。调研镇平均每镇派出所有14名警力（包括警察及协警）。有煤矿企业的镇有22个，占调查总数的17.3%。

（二）主要特点

总结调研镇的基本情况，主要呈现以下五个特点。

1. 位于多种类型区域

按照四川省经济类型的区域划分，被调查的 127 个镇中，有 34 个处于市辖区，49 个处于重点开发区县，37 个处于农产品生产区县，7 个处于重点生态功能区县。在平原、丘陵、山区、民族地区、革命老区、贫困地区均有分布。

2. 平均经济规模较小

被调查镇的第二、三产业发展普遍处于初期阶段，镇均工农业总产值仅为 16.26 亿元，产值在 50 亿元以上的镇只有 8 个。镇均财政收入 3008.8 万元，年财政收入 1 亿元以上的镇只有 5 个。而目前全国千强镇的镇均产值在 100 亿元左右，排名末位的产值也在 60 亿元以上，平均财政收入超过两亿元。

3. 各镇发展差异较大

从产业层次看，邻近成都和地处平原或交通要道的镇，正在发展具有一定技术含量和附加值的产品，而有的镇仍然以原料的粗加工为主。从产业规模看，发达的镇总产值已超百亿元，地区生产总值已近百亿元，而欠发达的镇总产值仅为几亿元，生产总值刚过亿元。从投资规模看，发达的镇年投资规模可达几十亿。如成都市第一批 8 个试点镇 2013 年共实施重大项目 60 个，总投资 38 亿元，2014 年上半年两批 17 个试点镇完成投资 19.6 亿元。而有的镇年投资规模上千万元也很困难。

4. 基础设施普遍落后

不少镇的骨干道路等级低，街道破烂，主要建筑物服务功能简单，商业业态单一，各种市政设施不能有效支撑具有规模的企业运行。地下管网建设严重滞后，少数镇的污水只是经过简单处理就进行排放，很多镇的污水更是未经处理就直接排放。

5. 体制机制探索起步

在人口和经济增长较快的试点镇，现有管理体制、运行机制、人员编制等已经不适应要求，因此不得不进行新的探索，相继出现了行政权力下放到镇，镇建立行政执法派出机构、行政执法分局、委托执法和副县长兼任镇党委书记等多种形式。

二 试点取得的经验及面临的问题

（一）取得的经验

为推进"百镇建设试点行动"，各市（州）形成了由分管副市长负责、住建局牵头、各相关部门配合的工作推进机制，将确定的任务纳入年度目标绩效考核，严格实行"一把手"责任制，层层签订责任书。县级政府把试点作为工作重点，着重抓发展规划、产业发展、基础设施、民生工程和体制机制建设。各试点镇也配备了专职工作人员，负责协调、研究和解决小城镇建设中的重大问题。省、市、县住建部门具体指导和检查督促，做了大量卓有成效的工作。在具体实施中各地涌现了一些好的经验和做法，值得认真总结。

1. 突出特色优势制定发展规划

各试点镇对规划的编制高度重视，基本上按照产业优势明显、人口集聚度高、人居环境优化、辐射带动力强、地域风貌突出等标准，开展了新一轮的"六规"规划，即土地利用总体规划、城镇发展规划、产业发展专项规划、交通发展专项规划、社会事业专项规划、乡镇文化和生态绿地规划。

在发展思路上，要依托名山建名镇（如符溪镇）、依托名酒建名镇（如二郎镇）、依托古镇建名镇（如礼州镇、李庄镇、五凤溪镇）、依托产业建强镇（如淮口镇、新繁镇、集凤镇、嘉农镇）、依托生态建强镇（如龙苍沟镇）、依托"灾后重建"建强镇（如飞仙关镇）、依托阳光旅游建强镇（如红格镇）、依托红色资源建强镇（如石桥镇、师古镇、化成镇）、依托特色蔬菜建强镇（如安宁镇、东观镇）。有的镇还根据自身需要，编制了古镇保护、湿地公园建设、红色或生态旅游、传统村落保护一类的专题规划。

调研发现，第一批试点镇基本完成总规修编和控制性详细规划的编制和评审，第二批试点镇已完成总规修编，正在编制和即将完成详规和专项规划。其中许多镇的规划已延伸到村，完成了部分示范村的规划。比如成都市就对重点镇按照"小城市"标准进行规划，一般镇按照突出特色的要求进行规划，编制规划升级版。巴中市按照"全域巴中"的要求，在编制试点镇规划时，城镇、农村一盘棋考虑。

2. 突出重点项目促进城镇发展

针对"功能薄弱"的现状，试点镇普遍率先从建设一批关键项目着手，列出了一批重点项目，其中在进入试点前就已经上马的项目，加快了进度或提高了建设标准，新推出的项目则按照试点要求，加快前期工作或迅速上马，形成新一轮建设热潮。

各试点镇的项目原则上落实到部门和人员，并按计划实施，工作排出了进度。如广安市提出了乡镇建设的"七个一"工程（一条特色街区、一座污水处理厂或站、一个规范化的农贸市场、一处以上市民休闲广场、一所公办幼儿园、一所标准化公厕、一座压缩式垃圾中转站），将建设内容具体落实到相关领域。攀枝花4个试点镇目前已投入资金6.27亿元，2014年计划投资2.35亿元。荣山镇提出"一年起步抓亮点、两年突破显特色、三年发展见成效、五年推进新面貌"的设想，并且提出打好"六个攻坚战"，建成"四个基地"，完成"四个率先"，实现"三翻番两跨越一提高"。江南镇遴选了一批场镇支撑项目，分类推进，其中七项骨干项目采取主管部门组织推进和引导，市场运转相结合的方式实施，十项重点项目采取政策引导、市场运作的方式推进。

3. 突出主导产业推进城镇发展

在突出产业的支撑作用方面，许多试点镇明确提出要依托产业园区、依托龙头企业、依托名山名景、依托特色矿产、依托优势农产品发展主导产业。

按照主导产业类型的不同，可将试点镇初步划分为工业镇、商贸镇、旅游镇和农业镇，各试点镇围绕产业定位，进行了卓有成效的探索。

如二郎镇围绕打造"中国特色酱香酒谷"的产业发展目标，将酒业发展与城镇建设融合，以郎酒为龙头拓展农村成片种植高粱作酿酒原料，兴办郎酒包装材料配套企业，带动商贸物流等产业链。嘉农镇依托不锈钢产业园发展不锈钢产业链，已有48户企业入驻，2013年实现工业总产值165亿元。安宁镇依托成凉工业园，引进规模以上企业16家，工业总产值达到49亿元。符溪镇依托峨眉山旅游资源，以发展休闲养生和会展经济为目标，规划了5个村文化旅游产业园区，在建中华药博园投资30亿元，投资10亿元的西南养老基地已启动。红格镇将阳光休闲、康养度假旅游与小城镇建设有机结合，打造宜居宜业宜游的南亚热带风情小镇。淮口镇突出"产镇一体"理念，立足成阿工业园和节能环保产业园，将工业化作为加快城镇发展的动力。石桥镇对历史风貌着力维护和打造，保留全世界唯一的一条列宁街，修旧如旧，建设具有独特秦巴风情与红色文化内涵结合的旅游小镇。师古镇深入挖掘特色文化资源，着力打造"药王会""乞巧节"等文化旅游品牌，带动婚纱摄影、婚庆活动、乡村客栈等特色旅游产品。集凤镇依托盛产白芍、丹参、菊花、桔梗等名贵中药材优势，开发"春赏芍花、夏尝野菌、秋品硕果、冬观雪景"的四季乡村旅游产品，举办芍药花生态旅游节，配套建设特色农家乐、乡村旅馆等，既满足游客需求，又促进农民增收。东观镇利用"整村推进、连片开发、产业扶贫"项目，以邱家树村为核心，建设万亩蔬菜产业基地。安宁镇形成了以蔬菜、花卉种植、玉米制种等特色农业为主的"一村一品"发展格局。

4. 制定配套政策推进城镇发展

为配合全省"百镇建设试点行动"的顺利推进，各市、县分别出台了有关重点小城镇建设、激发乡镇发展活力等规定，大力探索试点镇综合配套改革，积极探索综合执法和管理、委托执法、高配镇主要领导职级等办法，解决现有城区管理和执法中遇到的权责不匹配的矛盾。

针对试点镇的有泸州市《关于加快推进小城镇建设的实施意见》、攀枝花市《关于加快推进小城建设的实施意见》、宜宾市《关于加快小城镇建设的意见》和《关于实施扩权强镇试点工作的意见》。针对全县乡镇的有：蓬溪县《关于充分激发乡镇发展活力的实施意见（试行）》和《关于进一步加快省级重点镇发展的意见》。针对某个试点镇的有：汉源县《关于切实加快九襄镇发展和改革的实施意见》、南江县《关于推进长赤镇扩权强镇试点工作的实施意见》，符溪镇也出台了《扩权强镇工作实施意见》。

根据扩权的要求，金堂县列出了600多项应下放的权力。也有的试点镇将其归纳为14个领域、112项事权，或者确定为15个部门、59项权限，并根据自身条件和试点的目标按需放权。为了让参与试点的部门和人员加深对试点工作的理解，成都市还编制"一问一答"，对政策、土地问题逐个解释。

为了方便小城镇管理，部分试点镇在市、县的指导下，还在政策允许范围内进行了行政管理权限的探索。比如淮口镇整合镇政府与工业园区服务资源，建立集公共服务大厅、村集中办公区、人力资源市场、多功能厅、综合文化站、群众广场6大功能于一体的淮口镇公共服务中心，一站式服务淮口镇周边12个乡镇40万群众及园区内180家企业。富加镇成立城管执法分局，下设行政执法中队、环卫队、路灯管理队、园林管理队，以城市的标准建设管理小城镇。

5. 制定基本标准推进城镇发展

为使试点镇发展目标更为明确、推进方式更为科学，各地还相继出台指导试点镇发展的相关标准，从建设标准、建筑保护、给排水、绿化、道路、供电、供气等各方面予以量化指导，或排出时间表，提出定性目标要求。

比如成都市结合试点镇建设实际，制定了小城市、特色镇建设标准，小城镇改造建设技术导则、传统民居建筑保护与利用技术导则、绿色低碳村镇建设技术导则等，印发了特色小城镇建设案例分析，同时配套小城市和特色镇考核评价办法。一些地方对污水、垃圾、水、电、气的建设标准及考核进度都进行了量化。符溪镇提出到2015年，各项发展指标明显高于全市发展的平均水平，建成区面积在8平方公里以上，镇区人口在8万人以上，建成较为完善的道路、供电、供气、给排水、绿化、垃圾处理等基础配套设施，基本建成山水田园新城镇。

（二）面临的问题

经过将近两年的试点，不仅取得很多好的经验，也存在诸多问题，课题组将试点反映的问题，归纳为"七缺"。

1. 缺科学规划

在调研中发现，很多镇的现有规划是几年前获批的，本次试点行动启动的规划还在编制或者审批中，没有用于指导修建的控规，导致不少镇存在边建设边规划，建设牵着规划走的情况，"五乱"现象仍然存在，部分违规建筑将成为合理布局和风貌塑造的障碍。受规划资金少、规划专业人才缺乏等的制约，新编制的规划存在"百镇一面"现象，风貌没有特色。有些镇聘请专业机构时过于重名气不讲实效，编制的规划或"不接地气"，或过于超前，缺乏科学合理的标准。这些过度贪大求洋不切合实际的规划难以有效指导试点镇的建设。

2. 缺主导产业

农业依然是多数试点镇的主导产业，但高标准农田建设、一村一品的现代农业在试点镇中优势并不明显，大多数镇以传统农业为主，非农产业发展相当薄弱，农产品"靠天吃饭"情况普遍，有特色而无竞争能力，附加价值比较低，特色农产品普遍达不到建设加工的标准。交通等配套设施落后，不能为农产品创造较大需求。服务业发展缓慢，没有形成一定的规模，不能为工业和农业提供较好配套。除少数依托省、市经济开发区，市级工业集中区，中心城区，国家和省重点建设项目的镇，有一定规模的第二、三产业外，工业普遍规模较小、水平不高，企业多为粗放型、小规模的传统企业，污染物排放大，能源和原材料消耗高，多数产品处于价值链底端，极易成为淘汰对象。

3. 缺管理制度

调研中发现，即使是被调查的127个试点镇，经济水平、人口集聚规模也差别较大。有的试点镇人口超过10万人，三次产业年产值过百亿元，它们面临"镇级体制、县级工作量"，大量事务"看得见，管不着"的突出矛盾。不少试点镇集聚非农业人口已超过3万人，产值达到几十亿元，也面临着财权与事权不对称而引起的"小马拉大车"，"有限的权力承担不了无限的责任"等问题。多数试点镇非农业人口不到1万人，三次产业产值仅有几千万元，扩权后的效果非常有限。

但是目前的管理体制是不论镇的大小、经济实力强弱，都按相同方式管理。尤其是有一定规模和发展潜力的镇，事权与财权不匹配，镇财县管使试点镇没有独立的财权，所有支出只能按规定的预算额度报账，使得镇不能根据事权灵活安排支出，不利于调动试点镇的积极性。事权与事责不配套，当前的行政权力下放，更多的是责任下放。比如场镇道路绿化、居民广场的建设、管理、养护工作归镇政府管理，但没有赋予镇城管局权力；场镇的卫生由镇负责，但没有拨付聘请保洁员的资金。为推动工作，镇领导往往通过个人关系与县级派驻部门进行工作勾兑，或者通过回乡老板捐赠等其他渠道挤出部分资金用于场镇卫生等维护。

4. 缺发展资金

试点镇没有可支配的财力和筹资能力，停留在"有多少钱办多少事"上，通过土地出让、资产出租、经营承包、变卖运营权等手段筹集的资金规模较小，省政府给予的财政专项补助资金也难以弥补项目建设所需的资金，缺口很大。土地确权流转后，将土地直接变为资本难度依然很大，流转方不能利用土地资源直接向银行申请贷款。基础设施后期管理维护费用占镇级财政支出比例大，即使建得起也养不起。如孝泉镇仅道路、管网、绿化、路灯、环卫等维护费用，每年支出高达300万元，占镇级财政收入的一半。镇污水处理厂建成后无法通过收费维持，垃圾清运费、自来水费、燃气费等的收取困难，导致基础设施疏于维护，使用年限被严重缩减，安全隐患难以排除。农村公路缺少维护资金，正常使用后的磨损，以及泥石流和塌方造成的损坏得不到及时修缮。

5. 缺建设用地

按照规划，许多试点镇的场镇占地面积，在未来几年之内一般要扩大1倍以上，但产业发展所需的用地没有指标。每年各镇需用土地少的要上百亩，多的则要数百亩甚至上千亩。市、县能够给予试点镇的用地指标很少，省上承诺专项用地指标支持也不能达到项目建设的需要，争取重点项目用地指标只有少数项目具备条件，各镇要在县年度用地指标中调剂解决非常难。

6. 缺专业人才

目前试点镇的工作人员主要由公务员、事业编制、编制外临聘人员、大学生村官、志愿者等组成。扩权后的管理职能明显增多，需要更多专业管理和技术人才，而现有的在编人员大多为一般行政管理干部，难以满足发展需求。虽然有些乡镇拥有县国土、住建等部门的派驻机构，承担了部分乡镇建设、管理职能，但配备的兼职工作人员大多为非专业出身。有的镇干部任职十多年不变，没有畅通的上升渠道，没有相对优厚的收入，难以留住人才。

7. 缺规范标准

试点有目标任务，但没有具体的规范和标准，各镇在规划编制、城镇建设、产业发展、管理体制、土地利用、生态环境、公共服务等方面，均按照各自的理解进行，随意性和盲目性较大。

三 对推进试点工作的几点再认识

（一）试点意义重要影响深远

乡镇作为"贯彻执行党的路线方针政策的末端"和"执政大厦的地基"，作为实施"多点多极支撑发展战略"和"两化互动，统筹城乡"的重要环节，作为深入推进城镇化和解决好现有"三个1亿人"问题的依托，作为今后较长时间拓展投资空间和优化城镇体系的重要载体，其发展的好坏，直接关系到基层政权是否巩固和底部基础是否牢实。近年来，四川省城镇化进程加速，在中心城市、县城的人口和产业迅速集聚的同时，部分靠近市县城镇的乡镇的人口增长速度加快，产业发展呈现新格局。而现有的乡镇管理体制、基础设施和公共服务，越来越不适应要求。目前，四川省乡镇在经济发展、公共服务、社会管理、生态建设等方面，基础非常薄弱，开展试点工作，探索加快小城镇发展的体制机制，总结出一套科学推进小城镇发展的经验和办法，对于巩固基层政权、促进城乡融合、壮大县域经济、扩大投资需求、改善公共服务、提高农民收入等，必将产生深远影响。

（二）建成一批强镇是关键

四川省实施的"扩权强镇"，与发达地区实施的"强镇扩权"，着眼点差距很大。四川省是要通过扩权来建设一批强镇，进而形成示范效应，带动周边镇和农村的发展。而发达地区则是要对强镇的管理体制进行改革，促进部分镇向小城市发展。尽管四川省强镇的内涵包括经济、政治、文化、社会、生态等的全面改善和提升，但当前最关键的任务还是要做大经济总量，做强三次产业实力。因此，基础设施建设、体制机制创新，要坚持围绕如何更好地促进产业发展来推进，其中，做大第二、三产业的规模和逐步提高水平，尤其是集聚一批具有竞争力的工业企业，又是产业发展的重中之重。此外，农业要突破现有瓶颈，也必须找到特色化、规模化的路子。

（三）根据四川省实际确定目标

从党的十五大到党的十八大，中央都提出要加快推进小城镇发展，但是一直没有取得根本性的突破。东部地区小城镇发展的基础比四川省好得多，其扩权强镇也一直处于试点中，如江苏的盛泽镇GDP为200多亿元，财政收入为30多亿元，但县级经济社会管理权限如何下放到位，依然在试点中。为此，浙江和山东开展的扩权强镇试点，将重点放在了培育镇级市上，进入试点的对象较少，既有利于好中选优，又能给予更大力度支持。如浙江省温岭市选择的5个试点镇，财政收入已过10亿元。浙江省的试点镇每年基础设施建设就能投入几个亿，其中省财政每年要给予试点镇近4000万元的资金补助，所在市、县还有一定数量的配套支持资金。如浙江温岭市按1:3配套财政资金。该市所属泽国镇目前已聚集人口约25万人，全年财政总收入为6.57亿元。该镇制定的"三年行动计划"，重点实施82个项目，总投资额155.1亿元，其中政府性投资安排了33亿元。而四川省的试点镇数量远远大于浙江和山东,每年投入上千万元基础设施建设资金也很困难,其中省财政对重点镇的资金支持仅有1000多万元,一般镇只有几百万元,市县能够给予的配套资金很少。2011年山东省工业产值超过100亿元的乡镇已经接近30个,四川省只有个别乡镇能达到这个水平,山东省每个乡镇的规模以上企业普遍在几十家甚至上百家,四川省一般只有10多家,有的甚至只有几家。浙江省27个扩权强镇中排在后面的缙云县壶镇镇,产值与四川省最大的新繁镇、淮口镇相当。基于这种现状,我们不能对所有试点镇抱有太高的预期,指望其都能在短期内见到显著成效。对具有不同基础的镇,扩权的清单也不强求一致,要考虑一镇一策。

(四)通过改革创新破解难题

前面提到的七大难题,每一个都是难啃的骨头,目前尚不具备全面解决的条件,有的甚至短期还很难破题。如资金问题,各级政府即使增加一些资金支持,相对于需求来说仍然是"杯水车薪",简单地靠土地、靠负债等常规办法,很难有效解决资金缺口的问题。土地指标也是如此,省、市、县面临的建设任务重,许多重点项目和市政建设需要土地,现有缺口已经很大,不可能调剂更多的土地指标给试点镇。产业发展依赖于基础设施、土地要素、管理体制等的保障,而目前多数镇不具备良好的配套条件和一定的保障水平。如果试点镇把主要希望寄托在上级政府的支持上,面临的困难不可能得到根本解决。因此,扩权强镇的关键是体制机制创新,各市、县政府要从管理重心下移到乡镇和增强基层政府财政能力两大关键出发,将扩大土地使用权、财政支配权、行政审批权和事务管理权等作为重点,根据各试点镇的实际情况确定各类权力下放的范围和方式。各镇也要把用好下放权力作为重点,根据自身实际积极探索用好权力的方式,争取在一个或几个方面有所创新、有所突破。

四 对推进试点的几点建议

(一)加强规划编制协调工作

建议在总结第一批试点镇规划编制工作的基础上,制定试点镇规划编制指南,以指导第二、三批的规划编制工作。尽量加快规划编制和审定的进度,使试点镇建设一开始就在规划的指导下进行,在规划没有通过前,建议不要安排重大项目建设,防止边规划边建设。建议规划不仅要实现镇、村全域覆盖,而且多数试点镇,尤其是具备建设小城市条件的镇,要在总体规划指导下,编制产业发展、基础设施、民生工程、环境保护、土地利用等方面的专项规划。同时,考虑到部分试点镇规划经费欠缺,建议为试点镇规划编制提供必要的经费支持。

(二)突出产业的支撑作用

建议把做大做强产业作为强镇的关键,着力培育有一定规模的特色产业,建设具有一定水平的产业功能区,培育一批具有较强竞争力的优势企业。同时,建议市、县应围绕有利于推进试点镇的特色产业发展来扩权,帮助其做好产业项目的引进与布局,优先安排强镇的产业项目并给予相应的资金、土地、项目等支持。可以考虑由省级职能部门与试点镇结对帮扶、对口支持。为解决试点镇产业发展启动资金筹措难的问题,可以考虑探索建立小城镇产业发展扶持引导基金。

(三)分层次下放管理权限

目前的200个试点镇中单列了21个重点镇,建议先集中力量抓好这21个重点镇的建设,尤其是对于场镇人口已经超过5万人、产业基础较好、发展潜力较大的镇,建议按照县级小城市标准进行规划和建设。对于有一定潜力被培育为重点的镇,县级职能部门可以考虑原则上在试点镇设立办事机构,相关执法和审批权通过办事机构授权或委托办理等方式下放,部分权力可授予乡镇行使。对于其他试点镇,则促使其在试点期间打好基础,形成一定特色,逐步增强发展后劲。

(四)分类建立财政管理体制

建议对重点镇实行镇财镇管的体制,支持组建镇级金库,把发展权及发展动力交给重点镇。省、市、县奖补资金直接拨付到镇,并且容许镇根据自身情况整合使用。对拟培育为重点的镇,可根据实际情况选择财权由镇管还是由县管。

（五）多渠道解决用地问题

从长远来看，建设用地作为稀缺资源是不可再生的，因此为了拓宽试点镇的发展空间，建议扭转思路，从增加用地指标向提高已有用地使用率转变。一是通过场镇和棚户区改造挖掘土地潜力，通过拆旧建新、提高密度、土地复垦等措施，腾出新增用地指标。二是实行土地双挂钩改革，探索场镇的集体建设用地与国有建设用地同地、同价、同权，允许集体建设用地指标用于工业、商业和部分住宅。三是将试点政策明确给予的土地指标，每年由省直接下达到试点镇。四是探索建立镇土地储备中心，作为县（市）土地储备中心的延伸。

（六）创新用人机制和考核办法

通过多种方式探索镇级引进人才、留住人才、用好人才的方式。第一，建议可以根据试点镇扩权的需要，适当增加人员编制，每年新进的公务员有计划地先安排在试点镇进行锻炼。第二，可以采取固定和轮岗的形式，由规划部门增派专业人员指导和帮助镇的规划编制。第三，为解决镇级人才待遇偏低的问题，建议允许镇实行雇员制和临时招聘方式，增强用人的灵活性。第四，建议适当提高重点镇公务员待遇的级别。第五，建议分期分批对试点镇的书记、镇长进行培训，提高党政一把手的执政素质。

（七）将部分设施建设纳入省统筹

场镇基础设施方面，建议污水能够纳入市、县城区污水处理管网的，由所在市、县组织实施，污水处理设施能够多镇共建的可以多镇连片共建，一些丘陵地区一般单独建设污水处理系统，可以由县协调相关镇进行建设。场镇应以改造提升为主，一般不要异地建设新城。民生工程方面，省级有关部门决定在县乡实施的公共服务设施建设，可考虑率先在试点镇进行。

（八）分层次建立试点的标准并加强领导考核

针对建设一批小城市、培育一批重点镇、加快建设一批特色镇的需要，分别制定试点的标准和实施的细则，形成可推广的建设规范。建议试点镇的试点期由现在的三年延长至五年,并定期召开经验交流会,及时总结和推广好的做法,完善试点的政策措施。

建议在省级部门成立试点工作领导小组,适时组织开展专项督查,确保各项政策措施落到实处,及时掌握试点镇发展情况。同时,建议完善试点镇发展指标体系和考核评价制度,实施明确的奖惩制度。

B.8 四川省民族地区城镇化概况

何建兴*

摘　要：	四川省民族地区城镇化水平和质量不断提高，但城镇化水平仍然较低，产业支撑作用有限，基础设施建设滞后，城镇体系结构不合理。应加快重大交通设施建设和生态环境建设，重视发展特色生态产业，创新发展新型工业，增强城镇化可持续发展动力。
关键词：	民族地区　生态特色城镇化　发展动力机制

一 四川省民族地区城镇化发展现状

（一）城镇化水平稳步提高

四川省民族地区城镇化水平稳步提高。甘孜州2012年城镇化率达到24.41%，比2006年提高6.51个百分点，年均增长1.1个百分点；阿坝州2012年城镇化率达到33.37%，比2006年提高4.37个百分点，年均增长0.73个百分点；凉山州2012年城镇化率达到29.57%，比2006年提高4.57个百分点，年均提高0.76个百分点。尽管三州地区城镇化水平仍然普遍较低，但是均有所上升（见表1）。

（二）基础设施建设不断完善

近年来，随着中央财政对民族地区投入力度不断加大，四川民族地区的

---

* 何建兴，四川省社会科学院区域经济研究所副研究员。

表1 2006～2012年三州地区城镇化率对比

单位：%

地区	2006	2007	2008	2009	2010	2011	2012
甘孜州	17.9	18.4	18.9	19.02	20.53	22.39	24.41
阿坝州	29	30	29.1	30	30	31.65	33.37
凉山州	25	26.7	27.4	27.04	27.52	30	29.57

资料来源：《四川省统计年鉴2013》《阿坝藏族羌族自治州2012年国民经济和社会发展统计公报》《甘孜藏族自治州2012年国民经济和社会发展统计公报》等。

城镇道路交通、供水、生活垃圾处理、污水处理、市政基础设施等城镇基础设施建设不断完善。以甘孜州为例，截至2011年，新增城市供水能力0.7万吨，13个城市生活垃圾处理工程新增垃圾处理能力297吨。另外，各个县城城市污水处理工程、供热工程、城市防洪堤等城镇基础设施建设项目也已陆续完成。城镇基础设施的完善对改善城镇面貌、增强城镇功能、推进城镇化发展、保护生态环境、提高人民生活水平、促进城镇经济社会又好又快发展起到重要作用。

（三）小城镇发展较快

四川省民族地区城镇体系建设主要依托重要交通干线和重要的大江大河建设，现在甘孜州、阿坝州和凉山州的城镇体系建设均已初具规模。甘孜州的城镇体系主要沿国道G318和省道S211建设，截至2011年，甘孜州城镇中，具有5万以上人口的城镇仅有康定县，人口为1万～3万人的城镇有理塘县、泸定县、甘孜县、丹巴县、炉霍县、巴塘县、道孚县，人口为0.5万～1万人的城镇共有8个，其余城镇的城镇聚居人口小于0.5万人。阿坝州城镇主要沿国道G213、G317和省道S302建设，这三条主要交通干线上汇聚60%以上的城镇。目前阿坝州共有13个县城、19个镇（不包括13个城关镇）、191个乡，基本形成了以汶川、茂县、马尔康、九寨沟4个州级中心，松潘、金川、小金、黑水等9个县城为县域中心，19个城镇为节点的城市体系雏形。凉山州依托安宁河谷的成昆铁路、西攀高速公路以及国道G108，已形成较为典型的"点-轴"发展态势。凉山州南部的会理、会东、宁南、普格通过省道S213、S310、S212，以及国道G108形成一个环线，东北部的昭觉、金阳、雷波、美姑、喜德、越西、甘洛通过省道 S208、S307、S208、S103 与成昆铁路甘洛至泸沽段相互连接，西北部的木里和盐源通过省道 S216 联系起来，东向连接国道 G108，初步建立起以西昌大城市为核心，四大城镇群为主体形态，4 个片区中心城市为依托，12 个县城为骨干，170 个左右小城镇为基础的城镇体系，整个凉山州的城镇体系已经初步形成。

（四）城镇化质量不断提高

四川省民族地区城镇化质量不断提升，城镇功能日趋完善，公共服务体系建设逐步完备。阿坝州城镇基础设施和公共服务设施进一步完善，2011 年阿坝州人均日生活用水量达到 170.08 升，用水普及率为 94.53%，燃气普及率为 49.24%。县城供水综合生产能力为 9.79 万立方米/日，供水管道长度为 324.43 公里。建成区供水管道密度为 7.11 公里/平方公里，排水管道密度为 5.33 公里/平方公里。污水集中处理率为 13.89%，生活垃圾处理率为 69.28%（生活垃圾无害化处理率为 36.74%）。天然气储气能力为 12.74 万立方米，供气总量为 724.62 万立方米，供气管道长度为 103.05 公里；年污水处理总量为 85.35 万立方米，排水管道长度为 21.25 公里；道路长度为 229.92 公里，道路面积为 245.97 万平方米；污水处理厂 6 座，日处理能力达到 4.5 万立方米；茂县、松潘、九寨沟三县的生活垃圾处理率已达到 100%。凉山州全面提升城镇基础设施、公共设施管理水平，大力推进数字化城市管理信息平台建设，完善公共服务配套，积极推动城镇供电、供水、供气、公交、污水和垃圾处理等市政公用设施向农村延伸。2012 年凉山州完成城镇市政基础设施投资 5.2 亿元，建成无害化垃圾填埋场 8 个，新建城市道路 27 公里，西昌 6 万吨污水处理厂建成并投入使用，城市生活污水处理率、生活垃圾无害化处理率同比分别提高 2.7 和 2.6 个百分点。城镇功能和人居环境的改善，提高了城镇承载力，对城镇化的推动作用逐步增强。

二 四川省民族地区城镇化发展存在的主要问题

（一）城镇化水平较低，城镇规模偏小

四川省民族地区城镇化水平较低。2012 年，阿坝州城镇化率为 33.37%，

凉山州城镇化率为29.57%，甘孜州城镇化水平相对较低，只有24.41%，分别低于全省城镇化率（43.53%）10.16、13.96、19.12个百分点。和全国相比，城市化率差距更大，阿坝州、凉山州、甘孜州分别低于全国城市化率平均水平（52.57%）19.2、23.0、28.16个百分点（见表2），特别是甘孜州的城市化率还不及全国城市化率的一半。在四川省民族地区，行政事业单位职工占城镇人口较大比重，在第二、三产业就业的城镇人口比重偏低，城镇的发展亟须人口和产业的进一步集聚。

表2　2006~2012年全国、全省与三州地区城镇化率对比

单位：%

地区	2006	2007	2008	2009	2010	2011	2012
全　国	44.3	45.9	47.0	48.3	49.9	51.27	52.57
全　省	34.3	35.6	34.4	38.7	40.3	41.83	43.53
甘孜州	17.9	18.4	18.9	19.02	20.53	22.39	24.41
阿坝州	29	30	29.1	30	30.1	31.65	33.37
凉山州	25	26.7	27.4	27.04	27.52	30	29.57

在城市规模方面，甘孜州只有康定县人口超过5万人，人口低于1万人的县城就有8个，约占甘孜州18个县城的44.4%。凉山州除了西昌市城镇人口超过30万人以外，大多数县城人口在1万~3万人，多数小城镇人数仅有几百到几千人，上万人的小城镇屈指可数，城镇规模偏小，且为数不少的小城镇还处在自然发展状态。由于城镇化水平低和城镇规模过小，在很大限度上制约了城镇的集聚能力和辐射能力。

（二）产业结构单一，支撑作用有限

四川省民族地区城镇产业构成单一，社会经济发育程度低，产业对城镇化发展支撑作用有限。凉山州有13个县的第一产业产值比重在30%以上，其中5个县在40%以上，农业是县域经济的主体，同时也是县域城镇发展的经济支柱。工业主要以矿产开采与粗加工为主，产业的加工度低，经济效益较差，带动能力较弱。第三产业层次低，以商贸、饮食、服务业为主，且整体消费能力偏低。2012年，阿坝州尚有63.99%的从业人口吸附在产值占比仅为26.72%

的第一产业上。在以旅游业为支柱产业的城镇中,旅游业对城镇化发展没有起到应有的支撑作用,与城镇结合度偏低。在阿坝州旅游业的消费结构中,餐饮、住宿、交通、游览费用约占85%,经济附加值较高的购物娱乐业发展缓慢,旅游工艺品、纪念品开发档次低,旅游业对关联产业的带动力较弱,旅游对城镇经济的拉动力还未充分释放,接待服务设施与城镇建设结合不足。甘孜州城镇产业发展严重滞后,在国民经济体系中第一产业的比重较大,农牧业收入占GDP总量的40%左右。工业总量小,主要以资源粗加工业为主,整体上处于工业化初期阶段,采矿业是大多数城镇的支柱产业,但仍处于初级采矿洗选阶段,产业附加值低,也难以带动当地就业。第三产业仍是传统的"商饮服"为主,金融、信息、咨询等现代服务业几乎没有发展,旅游资源丰富的城镇大多数都还未建立起旅游服务体系,城镇缺乏特色产业支撑,千城一面。由于四川民族地区大部分城镇非农产业支撑弱,城镇功能不完善,就业机会小,部分偏远城镇对人口的吸引力不足,极化作用不明显,人口外流,部分县城以及城镇的城镇人口呈机械负增长。

(三)城镇化水平差距较大,发展极不均衡

四川省民族地区各县城镇化水平差距较大,所处城镇化进程阶段各不相同。2011年甘孜州康定县城镇化率最高为48.7%,新龙县城镇化率最低为9.24%,康定县比新龙县高出39.46个百分点。在甘孜州18个县中理塘县增长速度最快,年均增长4.02个百分点,而新龙县、德格县、白玉县3县的城镇化水平则呈现负增长趋势,州域内各县之间的城镇化发展差距正加速扩大。根据城镇化发展阶段的规律,康定县、泸定县、理塘县已进入城镇化的快速增长阶段(城镇化率超过30%),而其余各县仍处于缓慢增长阶段。凉山州由于特殊的地理环境与地形条件,除安宁河谷平原与盐源盆地地势相对开阔,城镇发展条件较为优越外,其余城镇的发展大多处在山原与狭窄的河谷,发展空间受到极大的限制。全州来看,2012年城镇化水平为29.57%,比全省平均城市化率约低14个百分点。西昌作为区域中心城市具有较高的城镇化水平(56.3%),其余各县大多数的城镇化水平在20%左右,其中美姑仅为13%。由于城镇化水平低、差距较大,在很大限度上制约了其区域增长极作用的发挥。

（四）基础设施建设滞后，城镇承载能力有限

四川省民族地区大多处在高原或者高山地区，地形较为复杂，基础设施建设难度较大。突出表现为城镇道路建设质量差、城镇供水设施建设远不能供应需求、城镇生活污水处理设施和管网建设严重滞后、城镇生活垃圾处理设施落后等。而且城镇基础设施建设发展不均衡，凉山州的安宁河谷地区地势较为开阔，交通发展较快，G108国道、成昆铁路、成昆高速，以及即将开工建设的成昆快速铁路，使得安宁河谷的交通基础设施得到飞跃式的发展。而阿坝州、甘孜州等地区由于山势较陡，以及地质灾害的影响，道路的通达能力性差，缺乏能承担大容量安全稳定运输任务的铁路交通，各个县城出口通道数量少，部分县城只有一条出口通道，难以满足经济社会发展和应对灾害、紧急事件的需要，极大影响了对外开放与交流合作。基础设施滞后严重制约着城镇的承载能力和城镇化进一步发展的空间。

（五）城镇体系结构不合理，城市功能较为单一

四川省民族地区城镇体系规模分布受地形地貌、经济发展水平、用地条件等因素的影响，城镇等级结构不完善，城镇体系结构松散，存在城镇规模小、职能单一、低水平均衡的发展特征。整体来看，5万人以上的城市和人口大于1万人的建制镇数量明显不足，城镇密度较低，阿坝州城镇密度仅为3.7个/万平方公里，仅为全省平均密度（37.5）的1/10；甘孜州的城镇密度为1.77个/万平方公里，为全省平均密度的4.7%，是四川省城镇密度最小的地区。目前全省每257平方公里就有一个建制镇，全国是每499平方公里就有一个建制镇，四川省民族地区城镇分布密度远远低于全国和全省水平。甘孜州和阿坝州尚无一座设市城市，整个四川民族地区只有一个西昌市。城镇化水平最低的甘孜州2011年城镇人口规模为24.63万人，352个镇（乡）平均城镇人口规模仅为700人，而全省镇（乡）平均人口规模为1500人左右。可见，无论是从城市数量还是从城镇数量来看，四川民族地区均低于全国和全省的平均水平，城镇体系结构极为不合理。同时，由于缺乏主导产业带动，城镇间缺乏合理的功能分工，多数城镇都是以行政管理、文化教育为主要功能，与其他城镇的经济联系较弱，城镇体系结构相对松散和脆弱。

三 四川省民族地区新型城镇化发展动力机制

四川省民族地区旅游条件优越、矿产资源丰富、生态农牧业基础较好，且地处藏羌彝民族文化走廊，拥有丰富的民族文化资源。同时，绝大多数地区处于重点生态功能区，属于限制开发区或禁止开发区，不宜选择以工业驱动型为主的城镇化动力机制，应在保护环境生态的基础上，大力发展生态旅游产业及民族文化产业，培育农副产品加工业，合理开发矿产资源，以旅游城镇化为主、农牧业产业化和集贸流通业为辅的特色化城镇化动力机制应作为四川民族地区主要的城镇发展模式。

（一）重视发展特色生态产业，增强城镇化发展基础动力

积极发展生态绿色农业，提高农业劳动力的生产效率，推动农村剩余劳动力向城镇尽快转移。大力发展高原生态农业、沿河谷地带的水果种植产业、草原地区的畜牧养殖业，畅通渠道，以专供、直供形式与城市超市对接。积极发展农副产品加工业，提高商品竞争力及附加值，为城镇提供充足就业岗位，增强城镇经济实力及就业吸纳能力，增强城镇化发展基础动力。

（二）积极发展旅游产业，增强城镇差异化发展动力

立足四川民族地区丰富的旅游资源，依托旅游产业的推动力和促进作用，积极推动城镇化发展。积极依托"新大九环线"战略的形成以及大香格里拉旅游环线、环德格康巴文化旅游圈、藏羌彝走廊等旅游线路和产品，提升旅游业发展等级，以生态观光、休闲度假、商务会展、生态养生为重点开发旅游项目。结合城镇建设发展旅游项目，提高城镇旅游接待能力，持续增强旅游业可持续发展能力，提高民族地区城镇差异化发展能力。

（三）创新发展新型工业，增强区域辐射带动能力

积极利用四川省民族地区矿产资源和水利资源优势，壮大第二产业，辐射带动城镇化发展。民族地区的矿产资源较丰富，水能资源可开发量较大。积极推进高价值矿产资源开发、石材资源开发、生物资源开发和水电能源开发，拉

动城镇经济发展。在条件许可的城市加快工业集中区建设，引入沿海地区资金雄厚、技术先进的大企业入驻工业园区，逐渐形成以大企业集团为主导，以大量中小企业为基础，大企业和小企业紧密分工协作的产业集群。同时，在工业企业周围将集聚起大量为其服务的生产服务型小企业，提供金融、咨询、科技研发、广告、营销、包装、物流等服务，带动相关配套产业的发展，从而提供大量就业岗位，为城镇完善基础配套设施，提高人口吸纳能力。

（四）加快重大交通设施建设，增强城镇发展的支撑能力

抓住四川省建设西部综合交通枢纽的历史机遇，借助红原机场、稻城亚丁机场、康定机场、甘孜机场的通航，以及雅康高速、雅西高速、汶马高速、川青高速、成昆高速、宜攀高速、西昭高速、川藏铁路、川青铁路、成昆铁路、攀昭铁路等重大交通干线的建设，提升道路等级，提高县城与县城、县城与城镇、城镇与乡村之间的交通连通度，加强对外经济社会联系，夯实城镇间生产要素流通通道，为城镇发展注入强大活力。

（五）加强生态环境建设，增强城镇化可持续发展动力

四川省民族地区特殊的地理位置决定了生态建设的重要性，随着生态建设保护力度不断加大，生态移民规模将进一步加大。甘孜州和阿坝州大部分地区地处长江黄河上游地区，属于重要的水源涵养地，是"中华水塔"的重要组成部分，属于国家主体功能区的限制开发区，属于重点生态功能区。为了实现减人减畜，实现草蓄平衡，减轻草场的生态压力，构筑重要天然生态屏障，保障西部地区生态安全，做到人口集中居住是现实选择。目前，很多城镇都集中了一定比例的生态移民，随着草原生态工程建设的全面启动，生态移民力度进一步加大，城镇都在不同程度地接收和安置移民，城镇人口规模将逐步扩大。

除此之外，四川省民族地区城镇化的发展还有政府推动、区域合作、牧民定居工程以及灾后重建等外在因素的驱动。

四 四川省民族地区城镇化发展思路

四川民族地区新型城镇化发展应坚持新型工业化、旅游全域化和农牧业现

代化相互促进,与生态环境建设相协调,与文化保护相协调,与扶贫开发相协调,坚持多种模式发展,实现具有四川民族地区特色的城镇化发展战略。

(一)城镇化发展与生态环境建设相协调

四川省民族地区绝大多数地区位于国家主体功能区的重点生态保护区域,生态环境脆弱,环境承载能力较低,城镇化发展必须坚持与生态环境协调发展的原则。城镇的发展要树立生态思想,按照增强城镇竞争力和可持续发展的要求,把城镇生态建设放在突出位置,以生态环境保护为核心,加强环境治理和生态体系设计,把生态环境建设融入城镇建设规划,实现城镇化与生态建设的融合发展,着力建设"生态城镇"。同时,强化环境保护,加强工业"三废"和生活垃圾无害化处理。合理规划城镇空间规模,加强空间管制,建设节地城镇和环境优美、空间合理、规划科学的城镇生态系统和人居环境。

(二)城镇化发展与文化保护相协调

城镇化没有文化定位,城市就没有灵魂,没有比较优势。四川省民族地区拥有丰富的民族文化资源,包括语言、习俗、服饰、节庆、建筑、艺术、旅游,等等。以城镇化发展为载体,充分发掘和利用民族文化,将文化的传统性、民族性、生动性与现代性相结合,打造城镇文化品牌和民族文化品牌。同时,民族地区拥有大量的历史遗迹和历史文物,在建设现代化城镇中如何保护和利用好这些遗迹和文物,是民族地区城镇化不可忽视的内容。因此,民族地区在建设现代化城镇的过程中,要坚持城镇化建设与历史文化名城(镇)、文物保护相结合的原则,注重开发的合理性,结构布局的整体性,人文景观与现代工业、商业发展的兼容性,保持这些城镇的特色性,将保护与开发、传承与创新有机结合起来,最终实现城镇的现代化建设和民族文化传承与创新的和谐发展。①

(三)城镇化发展与扶贫开发相协调

《中国农村扶贫开发纲要(2001—2010年)》指出:"把扶贫开发纳入国

---

① 李艳萍:《西部地区城镇化进程中的民族文化保护与传承》,《经济问题探索》2009年第5期。

民经济和社会发展计划，把贫困人口集中的中西部少数民族地区、革命老区、边疆地区和特困地区作为扶贫开发的重点。对目前极少数居住在生存条件恶劣、自然资源贫乏地区的特困人口，要结合退耕还林还草实行搬迁扶贫。"[1]四川省民族地区的城镇化应把扶贫开发作为重要内容，这既符合民族地区的客观实际，也是扶贫开发的明智之举。四川省民族地区的贫困人口大多数分布在资源匮乏、交通闭塞、生态环境恶劣的高海拔地区和边远山区，很多贫困人口只有通过异地搬迁才能实现脱贫，特别是高原病多发区，比如大骨节病区，只有通过移民才能解决贫困问题。因此，四川省民族地区的城镇建设必须与扶贫开发和生态建设结合起来，既有利于稳步推进自愿搬迁的农民进入城镇或向中心城镇周边集中，解决部分特困人口的温饱问题，又是实施可持续发展战略的一项民心工程。[2]

（四）坚持多样化城镇发展模式

四川省少数民族地区有其独特的资源禀赋和发展条件，城镇化过程中要充分挖掘各地的资源优势和特征，确定城镇化发展的理念和战略方向，突出城镇化的灵魂和个性。各地区城镇化发展要根据自己的特色产业和资源禀赋，或以历史文化模式，或以交通区位模式，或以产业优势模式，或以优越的自然生态环境模式，或以几种资源配置复合模式等。因此，四川省少数民族地区的新型城镇化，要有一个科学合理的新理念和新思路，通过积极探索多样化的城镇化道路，以自身的资源和产业优势为依托，以提升城镇化的质量为导向，积极稳妥地推进少数民族地区的城镇化进程。同时，少数民族地区的城镇化应根据各地的经济基础和环境条件，找准城镇发展定位，实行差异化发展战略和非均衡发展战略，使城镇化建设特色更加鲜明。并按照功能区划的要求，对条件优越的城市进行集中投资、重点建设和集聚发展。对生态环境脆弱的城镇，应该以人口疏散为主，控制城镇规模，走具有民族地区特色的集聚型差异化发展和持续发展、有市场竞争力的城镇化道路。

---

[1] 参见《中国农村扶贫开发纲要（2001—2010年）》。
[2] 袁仲由：《关于加快民族地区城镇化战略的思考》，《中南民族大学学报》（人文社会科学版）2003年第1期。

五 四川省民族地区城镇化发展路径

（一）推动重大交通骨干网络建设，增强城镇发展能力

加大对民族地区交通的建设力度，构建以高速公路、干线公路和铁路为骨架，与航空运输相互衔接的综合交通运输网络，打通重要节点与周边地区的连接通道，提高路网通畅水平和通达深度。加快民族地区重要旅游景区景点、重要经济区和产业带的骨干网络建设，比如，稻城亚丁大香格里拉旅游通道、贡嘎山旅游圈、大九寨旅游环线、攀西城市群等主要干线公路建设，对重点国省干线公路改造升级，加快川藏铁路、川青铁路、攀昭铁路、成昆高铁、汶马高速、雅康高速、川青高速、成昆高速、宜攀高速、西昭高速等的建设，打通对外联络的大动脉。加快建设综合运输大通道，以快速交通系统建设为重点，形成民族地区交通网络骨架，推动与云南、西藏、甘肃、青海、宁夏等周边省区联动发展的旅游交通环线的建设。对内应加大交通投入，从升级干线公路等级、加快农村公路建设等方面入手，丰富民族地区的交通"毛细血管"，完善内部交通网络。同时，加强运输组织和管理，全面提高民族地区综合运输能力，通过交通项目引导有效配置交通基础设施，实施非均衡交通发展战略，促进城镇紧密联系、紧凑发展，形成支撑开放式城镇发展空间的交通骨架。

（二）优化城镇规模结构，培育民族地区特色城镇体系

科学规划、突出特点、有序推进，强化城镇体系等级规模结构，加快生产要素在空间上的集聚，促使优势产业向富有竞争力的中心城市集中，重点发展县城和少数中心建制镇。提升以西昌、马尔康、康定为中心，县城和特色集镇为重点，农牧民新村和牧民定居点为基础的具有民族特色的城镇体系。充分发挥县城在县域政治经济文化中心作用，不断扩大县城规模，提高建设水平。依托旅游景区、交通干线和产业发展基础，重点规划建设一批旅游集镇、商贸集镇和特色集镇。加快城市间快速通道的建设，紧密各级城镇的联系，以发展组合城市的理念构建以西昌、马尔康、康定为核心的一小时或两小时城镇协作联动圈，通过完善城际合作机制，深化区域合作领域，促进区域要素资源自由流

动与优化配置，推进圈内各城市在产业功能、城镇体系、基础设施、生态环境等方面的全面协作与协调。

合理引导中心城市空间有序拓展，提倡发展"城市组团"，在充分挖掘土地潜力的前提下，用地紧缺的中心城市可将邻近的乡集镇纳入城镇规划区范围内作为城镇功能组团，建立起组团间便捷的交通联系，统一规划基础设施和公共服务设施，实现空间的紧凑开发、集约增长。适当考虑调整行政区划撤乡并镇或设街道办事处的可能，避免多头管理。积极发展县城及重点城镇，重构城镇体系空间结构，挖掘具有发展潜力的地区以及特色类型的乡集镇，在政策和资金上予以适当倾斜，完善城镇服务功能，提高综合承载能力，引导生态环境恶劣地区的人口向城镇集聚，使其成为相应腹地产业和人口聚集的中心，提升其规模等级地位，弥补城镇体系的薄弱环节，重构城镇体系空间结构。完善和提升城镇生产功能，促进产业布局与城镇空间协同发展，优化城镇职能结构，强化各级城镇的经济联系，通过促进城镇在产业上的合理分工，积极培植特色型城镇，增加专业型城镇数量，壮大综合型城镇实力，形成城镇职能各异、相互联系的有机城镇职能结构。

（三）加强产业支撑，努力实现产城一体

推进新型工业化与新型城镇化协调发展，强化工业对城镇化的推动作用。以特色产业园区或工业集中区为重点，强力推进两化互动。优化升级水电开发、矿山冶炼及深加工和电子材料加工产业，壮大农副产品加工、中藏医药制造、旅游纪念品制造等特色工业实力。加速推进产业升级和产业转型，增强工业对城镇化的推动力，实现农村剩余劳动力的就地转移，为新型城镇化的发展奠定基础和提供动力。抓好产业园区建设，将工业园区纳入城镇规划区范围进行布局，强化产业园区与城镇建设的互动发展。引导和强化工业企业向城镇集中、向园区集中，实现工业园区发展与城镇规划建设的有机衔接，使工业园区成为城镇空间拓展和经济发展的增长极。通过提升产业集聚规模和发展水平，增强产业对人口的就业吸纳能力，并且完善城镇功能，强化城镇对园区的服务支撑作用，使工业园区作为城镇的产业功能区，加快新区人口、生产要素的集聚。同时重视重点小城镇特色工业集中区建设，充分利用这些城镇连接城乡的区位特点和协同城乡的分工特点，促进城镇技术资金与农村劳动力等生产要素良性互动与优化配置。

积极发展以旅游业为主的服务业，实现旅游产业与城镇化发展的良性互动。积极开展跨区域旅游合作，"全域景区"促进旅游产业向民族地区腹地纵深推进。积极推动西部民族地区无障碍旅游区的建设，争取贯通连接川、甘、青、云南、西藏等旅游风景名胜区的高等级公路，与周边景区联合打造世界级的旅游发展高地。通过构建多条满足游客差异化消费需求的跨州、跨省旅游环线，利用跨地区合作的"叠加效应"实现旅游产业的有序竞争、有序发展。同时，积极延长旅游上下游产业链，实现旅游开发与城镇发展的良性互动。优化重组旅游产业链，发挥旅游对区域资源的有序开发利用和整体经济发展的推动作用，提高区域经济的自我发展能力。坚持景区开发与城镇建设并举的方针，抑制景区内城镇化现象，依托城镇开发一批有着良好市场需求前景的旅游资源及其产品，有效地促进城镇产业结构调整特别是第三产业的发展。加强城镇基础设施和旅游接待设施的建设，为旅游者营造健康、舒适的旅游环境，有效推动城镇转型和功能转变。加强城镇风貌改造，充分挖掘城镇历史文化内涵，塑造富有民族文化特色的城镇风貌。

（四）加快城乡统筹步伐，努力实现公共服务均等化

按照"布局科学化、环境生态化、景观田园化、风貌特色化"的要求，打造"田园牧歌"式的新型农牧民村落，将村落改造与旅游发展结合起来，形成一批旅游村、文化村和现代村，促使生产要素、生活要素向旅游城镇（村落）集中。加快发展农家乐、牧家乐、渔家乐或者藏家乐、彝家乐、羌家乐，做到农（牧）家乐经营与放牧、务农互为补充、互为促进，形成适合自身家庭特点的产业支撑和收入来源。鼓励条件成熟的牧民退出牧业生产，向工业、旅游业及其他三产部门转移，促进农牧民向城镇经济的生产经营者转变，通过生产方式的转变推动农村剩余劳动力向城镇的尽快转移。积极引导工程移民、生态移民有序转移，合理引导移民向县城、公路沿线乡（镇）集聚，或以新建新村居民定居点或牧民定居点为载体，完善基础设施和公共服务设施配置，实现移民人口的相对集中。再通过吸引各类生产要素的集中布局，发展旅游接待、农副产品加工、手工业、农产品生产销售等产业，为移民提供充足的就业岗位，满足他们的生产生活需求。同时，加强对城郊地区新村点的建设力度，将其纳入城市建设中统筹考虑，从布局、功能、管理层面推进"城郊新村一体化"，使新村融

入城镇建设区，协调城镇－新村间的功能，使之成为城镇新的功能组成部分。同时坚持集中连片发展优质粮油、蔬菜、干果等基地，为新村提供建设平台和经济支撑。统筹城乡基础设施和公共服务设施建设，切实改善农牧群众生产居住条件。整合牧民定居工程、城乡统筹和扶贫、以工代赈等政策资源，统筹安排基础设施和公共服务设施，完善道路、给排水、电力能源、垃圾处理、教育、医疗、文化等设施。大力提高城乡绿化水平，加强城乡生态环境的统筹发展，美化城乡人居环境，改善农牧民生产条件和生活环境。

（五）重视区域生态环境保护，增强城镇应急防灾能力

加强区域环境综合治理，构筑区域和谐空间体系。继续实施退耕还林工程、封山育林工程、水电矿山开发生态治理工程、水土流失防治生态工程、干旱河谷治理工程，积极开展小流域综合治理，大力发展生态农牧业、生态旅游等生态经济。通过建立自然保护区、生态控制区、开发行为限制区等空间规划调控手段，划定区域可持续发展的生态环境的"底线"，为促进城镇化健康发展塑造良好的生态"基底"。重视城镇公共安全设施及生命线工程建设，提高重点工程抗灾防护等级，加大防灾设施建设投入，增强城镇综合防灾减灾能力。严格按照城镇总体规划及相关专项规划，建设完善城镇消防站、消火栓等消防设施；严格按照城镇规划人口规模及重要性，新建和完善区域内主要河流及重要支流防洪工程，重点加强黄河上游、大渡河、岷江、金沙江、雅砻江、安宁河等河流城镇堤防设施建设。采取生物和工程措施治理有安全隐患的地质灾害，城镇新建、改建工程抗震设防烈度应达到国家建筑抗震设防分类标准的规定。城镇和重大基础设施选址时应避让行洪区、地震断裂带和地质灾害易发地区。健全应急处理机制，区域联动优化综合防灾减灾应急体系，建立专业性突出、协作性强、可统一调度的应急防灾减灾队伍，包括地震救援队伍、抢险救援队伍、森林火灾扑救队伍、防汛抢险救援队伍、抗旱救援队伍、地质灾害应急救援队伍、气象灾害应急队伍、公安救援力量、医疗急救队伍等，形成完善的现场治安、医疗救援、应急通信、自然灾害救助、红十字会救助、生活物资等保障体系。各城镇要建立不同等级的避难场所，重视城镇绿地的防灾避险功能，具体落实避难场所建设用地并严格管理控制。

B.9 四川省土地城镇化与人口城镇化协调发展报告

高 杰*

摘　要： 在城镇化进程中，四川省出现了土地城镇化与人口城镇化发展不协调的问题，这种问题出现的根本原因在于，现行的城乡土地、人口等制度未能适应城镇化发展的新需求。因此，要通过推进农村土地制度、城乡就业制度及户籍制度等改革促进土地城镇化与人口城镇化的协调发展。

关键词： 土地城镇化　人口城镇化　协调发展

在城镇化进程中，四川省立足省域经济发展实践，探索形成了具有四川特色的城乡统筹发展道路。在工业化、城市化不断推进的同时，全省农业和农村经济也得到了迅速发展，城乡居民收入差距不断缩小，二元结构问题得到有效解决。但是，四川省的城镇化也同样面临着一系列问题，其中最为显著的问题表现为土地城镇化与人口城镇化发展的不协调。土地和人口是城乡发展中最重要的资源，二者间的均衡配置是城镇化质量的重要保证，因此，四川省委四届十次会议提出"紧紧围绕提升城镇化质量，以人的城镇化为核心，推进城镇化转型发展、加快发展"的新要求。在城镇化发展的关键时期，四川省必须通过全面深化城乡相关制度改革构建起城乡土地和人口资源的均衡配置机制，实现土地城镇化和人口城镇化协调发展，形成健康、可持续的城镇化发展道路。

---

* 高杰，博士，四川省社会科学院农村发展研究所助理研究员，主要研究方向为农业经济学、组织经济学。

一 四川省土地城镇化与人口城镇化现状评估及现实表现

20世纪70年代末以来，随着产业结构的优化升级以及户籍、土地等制度改革的逐步推进，四川省进入工业化和城镇化稳步发展阶段，特别是进入21世纪以来，随着城乡改革的深入推进，全省城镇化进程加快发展。但是，在这一过程中，全省土地城镇化和人口城镇化之间的不协调问题不断凸显。一方面，城镇人口增速缓慢。2004～2013年，全省城镇常住人口由2665万人增加到3640万人，户籍人口由1914万人增加至2594万人，两者年均增长率分别为3.52%和3.44%；城镇人口占总人口的比重从31%上升到44.90%。另一方面，城镇面积迅速扩张。全省城镇建成区面积由2004年的1393.94平方公里增加至2013年的2058.11平方公里，年均增长4.42%。土地城镇化与人口城镇化的不协调必然影响全省城镇化的健康发展，因此，对四川省城镇化过程中土地与人口配置的均衡程度进行客观评估并分析土地与人口城镇化不协调的现实表现对于推进全省城镇化健康、持续发展具有重要意义。

（一）四川省城镇化过程中土地和人口资源配置的对比分析

作为西部人口和经济大省，四川省实现土地、人口等要素的城乡均衡配置，进而走出一条健康、持续的城镇化道路，对西部乃至全国的经济发展都具有重要的战略意义。为掌握全省城镇化过程中土地和人口资源的配置状态，本文对全省土地城镇化和人口城镇化发展水平进行对比分析和评估，为新阶段新型城镇化相关政策的制定提供客观依据。

为把握近年来四川省城镇化过程中土地与人口资源配置的协调程度，本文计算了2004～2013年全省土地化率与人口城镇化率，并对比分析了二者的发展水平，以对全省城镇化发展态势做出客观评价。

1. 土地城镇化和人口城镇化的含义及评价指标

土地城镇化是指土地资源由农村形态向城市形态的转变，一般表现为城镇面积的增加①，包括新城镇建成面积以及已建成城镇面积的扩张。目前，衡量土地城镇化的方法较多，其中较为常用的方法包括：①以城市建成区面积占区域总面积的比重作为衡量土地城镇化水平的指标；②用城镇工矿用地占城乡建设用地的比重来衡量土地城镇化水平；③选择土地利用的结构、景观、利用程度、投入、效益等指标构建起复合指标体系，综合衡量土地城镇化水平。

人口城镇化是城镇化的核心，是指人口及其生产、生活由农村向城镇的转移过程，包括数量和质量两部分内容。从数量上看，人口城镇化就是城镇人口比重不断提高的过程；从质量上看，人口城镇化指农村转移人口与城市的融合程度，如转移人口的定居情况、与本地居民在就业和收入方面的差异、是否能够享受平等的社会保障等。衡量人口城镇化水平的方法较为统一，一般都采用城镇人口总量占总人口的比重来计算人口城镇化率，但是在城镇人口数量的核算上，存在一定争议，官方的统计往往选择城镇常住人口为标准，而部分学者则认为，常住人口不能真实反映人口与城市的融合，因此应选择城市户籍人口计算人口城镇化率。

2. 四川省土地城镇化和人口城镇化的对比分析

（1）土地城镇化率

土地城镇化反映的是土地资源向城市集聚的过程，从空间上看，表现为城镇面积扩大的过程，从用途上看，表现为用于承载城市生产生活的土地资源增加的过程。而根据国家统计标准的定义，建成区指一个市政区范围内经过征用的土地和实际建设发展起来的非农业生产建设的地段，包括市区集中连片的部分以及分散在近郊区域城市有密切联系、具有基本完善的市政公用设施的城市建设用地（如机场、污水处理厂、通信电台）。本文用建成区面积反映土地的城镇化过程，因此，选择建成区面积增长率表示土地城镇化率。

2004~2013年，四川省城市建成区面积年均增长率为4.42%，2004~2008年，增速保持在5%以下，2008年以后，建成区面积增速开始加快，最高增速为2011年的9.72%（见图1）。

---

① 陈春：《健康城镇化发展研究》，《国土与自然资源研究》2008年第4期，第7~9页。

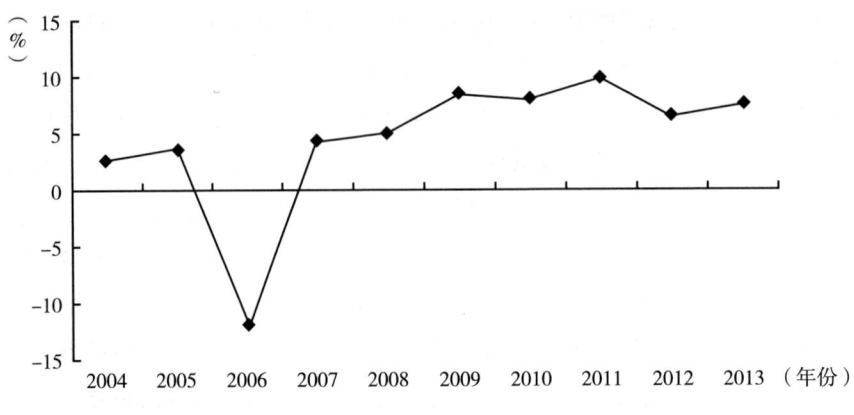

图1　2004~2013年四川省城市建成区面积增长率

(2) 人口城镇化率

人口城镇化反映的是人口由农村向城镇的转移，在传统城市化战略中，人口城市化被简单定义为农村人口流向城市的过程，往往仅强调城乡人口相对数量的变化，并以城镇常住人口在总人口中所占的比重作为人口城镇化的衡量指标。随着城镇的扩张和城镇人口的增多，传统城市化道路的诸多问题不断被暴露出来，其中最为严重的问题在于，从农村转移到城市的人口无法享受城市居民的福利，无法与城市相融合，进而无法实现身份由"农民"向"市民"的转变。党的十八大提出了实施新型城镇化战略，更加强调"人的城镇化"这一概念，即要求在城镇化过程中必须使转移人口能够享受均等的城市公共服务，真正实现由农民向市民的转变。

总体来看，2004~2013年四川省常住人口城镇化率、户籍人口城镇化率均呈持续上升趋势。以常住人口计算的城镇化率远高于以户籍人口计算的城镇化率，2004~2013年，常住人口城镇化率均值为37.88%，而户籍人口城镇化率仅为27.52%，两者相差超过约10个百分点（见表1）。

从图2可以看出，2004~2013年，四川省以常住人口计算的人口城镇化率均高于以户籍人口计算的人口城镇化率，且两者差距呈扩大趋势。2004年，四川省以常住人口计算的城镇化率为31%，以户籍人口计算的城镇化率为22.27%，两者相差8.73个百分点，至2013年，四川省以常住人口计算的城镇化率为44.90%，以户籍人口计算的城镇化率为32%，两者相差12.9个百分点。

表1 2004~2013年四川省城镇人口和人口城镇化率

单位：万人，%

年份	总人口	城镇常住人口	城镇常住人口增长率	常住人口占总人口的比重	城镇户籍人口	城镇户籍人口增长率	城镇户籍人口占总人口的比重
2004	8595.30	2664.54	3.79	31.00	1914.30	6.63	22.27
2005	8642.10	2710.00	1.71	31.36	2013.80	5.20	23.30
2006	8169.00	2802.00	3.39	34.30	2070.80	2.83	25.35
2007	8127.00	2893.20	3.25	35.60	2140.00	3.34	26.33
2008	8138.00	3043.60	5.20	37.40	2203.40	2.96	27.08
2009	8185.00	3168.00	4.09	38.70	2286.30	3.76	27.93
2010	8042.00	3231.20	1.99	40.18	2355.20	3.01	29.29
2011	8050.00	3367.00	4.20	41.83	2462.70	4.56	30.59
2012	8076.20	3516.00	4.43	43.54	2512.00	2.00	31.10
2013	8107.00	3640.00	3.53	44.90	2594.25	3.27	32.00

资料来源：历年《四川省统计年鉴》。

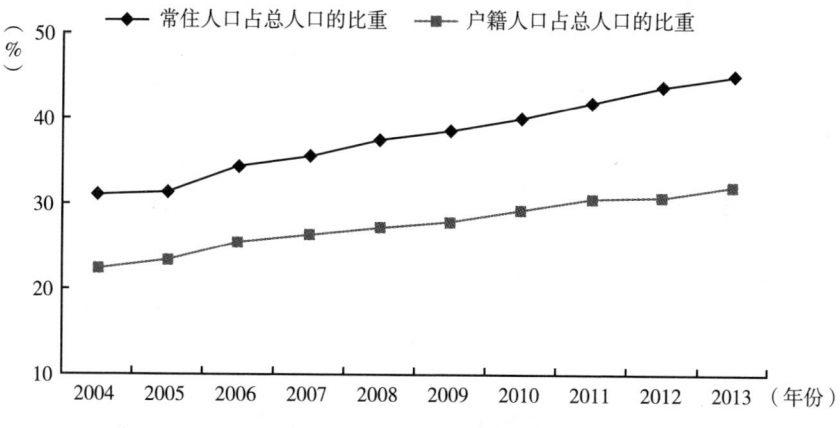

图2 2004~2013年四川省不同口径统计的人口城镇化率比较

（3）四川省土地城镇化与人口城镇化协调度分析

衡量土地城镇化与人口城镇化的指标较多，但是国际上较为通用的指标是城镇用地增长弹性系数，因此，本文也使用这一系数衡量城镇化过程中四川省土地和人口资源配置的协调程度。用地增长弹性系数为建设用地增长率与人口增长率之比，其中，建设用地增长率通常用城镇建成区面积增长率表示；城镇人口增长率有两种计算方法，一是用城镇常住人口增长率计算，二是用城镇非农户籍人口增长率计算。根据国际经验计算，城镇用地增长弹性系数的合理区间为1~1.12。当系数高于1.12时，表示土地由农村向城镇集聚速度过快，也就意味着土地城镇化速度高于人口城镇化速度；当系数低于1时，表示人口由农村向城镇聚集速度过快，即人口城镇化速度高于土地城镇化速度。

2004~2013年，四川省以常住人口计算的城镇用地增长弹性系数从0.72增长至2.11，以户籍人口计算的城镇用地增长弹性系数从0.41增长至2.28（见表2）。

表2 2004~2013年四川省城镇用地增长弹性系数

年份	城镇用地增长弹性系数（以常住人口计算）	城镇用地增长弹性系数（以户籍人口计算）
2004	0.72	0.41
2005	2.06	0.68
2006	-3.47	-4.17
2007	1.34	1.30
2008	0.92	1.61
2009	2.07	2.25
2010	3.99	2.64
2011	2.31	2.13
2012	1.43	3.17
2013	2.11	2.28

资料来源：根据历年《四川省统计年鉴》相关数据计算。

从发展阶段来看，2004~2010年，全省城镇建设用地面积扩大，城镇用地增长弹性系数呈加速增大趋势，2010年，以常住人口和户籍人口计算的用地增长弹性系数分别达到3.99和2.64；2011~2013年，用地增长弹性系数趋于下降，但2011年和2013年仍保持在2以上。上述数据表明，自城镇化进程加快发展以来，四川省城镇土地增长速度始终高于人口向城镇集聚的速度，全省土地城镇化与人口城镇化不协调，土地城镇化超前于人口城镇化，存在土地和人口资源配置不协调、不均衡的问题（见图3）。

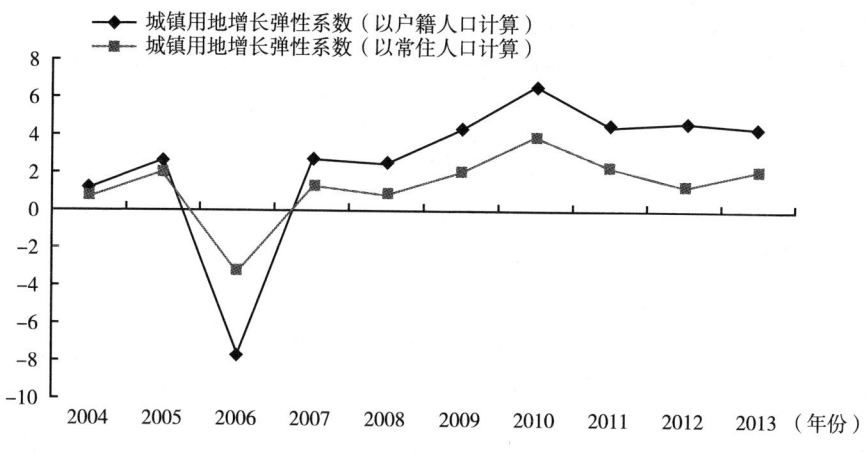

图3 2004～2013年四川省城镇用地增长弹性系数

（二）四川省土地城镇化和人口城镇化不协调的现实表现

城镇化的本质是通过城乡间资源的优化配置实现城乡经济发展的互动与协调，因此，城镇化过程应该表现为城乡二元结构逐步缩小的过程。但与全国大部分地区一样，四川省的城镇化过程中普遍存在土地城镇化快于人口城镇化、城乡土地与人口资源配置不均衡的问题，表现为资源在城乡间配置效率低下、城乡二元结构矛盾愈加突出等现象。

1. 城乡土地资源利用效率低下

土地资源浪费是城镇化过程中资源配置不均衡的重要表现，具体表现为：在城市，征地制度下较低的土地占用成本催生了空间扩张式的城市发展模式；在农村，由于缺乏城乡土地双向流转机制，农村土地价值无法实现，土地闲置和浪费问题不断凸显。

一方面，城市快速扩张，但国有土地利用效率低下。征地模式下，土地使用价格相对较低，同时，"以GDP为纲"的政绩观仍然对执政者的决策产生影响，导致城市建设仍采用大规模迅速推进的方式。在发展过程中，许多城市采取了"摊大饼"的空间扩张发展模式，盲目兴建开发区、大学城、标志性广场、高尔夫球场等。在大城市迅速扩张的同时，小城镇也存在严重的建设用地浪费问题。据估算，全省建制镇单位土地面积的平均容积率不到0.2，土地利用效率低，集聚人口和资源的能力极为有限。

另一方面，农村土地闲置和浪费问题严重。在国有土地利用效率低下的同时，农村集体土地也出现了大量闲置和浪费的趋势。从承包地方面看，近年来，全省农村承包地抛荒现象加剧，许多地区都出现了大面积的耕地抛荒问题。从集体建设用地方面看，由于缺少合理的流转机制，目前农村宅基地和房屋空置现象较多。外出打工、经商及随子女外迁的农民不断增多，但大部分离乡农民仍保留宅基地及住房，导致农村房屋闲置。同时，随农民建房选址习惯的改变，出现了在村庄外围建新房而保留村庄内老房的倾向，多地都出现了无人居住的"空心村"。据 2014 年四川省农业厅和四川社会科学院在内江、乐山等地农村的调研资料显示，调研地区的农民户均占有宅基地为 150.83 平方米，含院坝面积则达 220.19 平方米，房屋平均建筑面积 172.83 平方米，而每户仅有 1~2 人长期居住，还有许多宅基地和房屋长期空置。即使在完成农民集中居住的村庄，也有大量土地和房屋闲置。据基层干部估算，平均每村长期举家外出务工的家庭占到 40% 左右，这就意味着，这些家庭的宅基地处于常年闲置状态。

2. 城镇规模结构尚不完善

从目前的城镇体系看，全省共有 32 个城市，包括 18 个地级市和 14 个县级市，其中 1 个超特大城市成都，南充、自贡等 8 个大城市和 16 个中等城市。城市群包括成都平原城市群、川南城市群、川东北城市群以及攀西城市群四大城市群，并逐渐形成成都经济区、川南经济区、川东北经济区、攀西经济区和川西北生态经济区五大经济区，基本建立了以大城市为引领、中型城市为支撑、小城镇为基础的城市体系。但在城镇体系不断健全的同时，城镇规模结构仍不完善，主要表现在以下两方面。

一是城镇人口规模分布不合理。从人口规模结构来看，呈现显著的两极化趋势，成都市区常住人口接近千万人，而其他城市人口较少，人口规模大多在 100 万~200 万人，缺少人口为 300 万~500 万人的城市（见图 4），出现了明显的城市人口规模断裂问题，成都市的城镇人口过多，人口密度已经达到 1181 人/平方公里，而除内江、自贡、遂宁三城外，大多数城市人口密度较低。另外，全省小城镇数量较多，但人口规模较小。全省有 5088 个小城镇，平均 104 平方公里就有一个乡镇，但小城镇平均人口规模较小，平均每个小城镇的人口不到

1.7万人，而全国小城镇平均人口约为2万人。小城镇平均建成区面积约为20公顷，集聚人口2000人左右，仅相当于全国平均水平的一半。

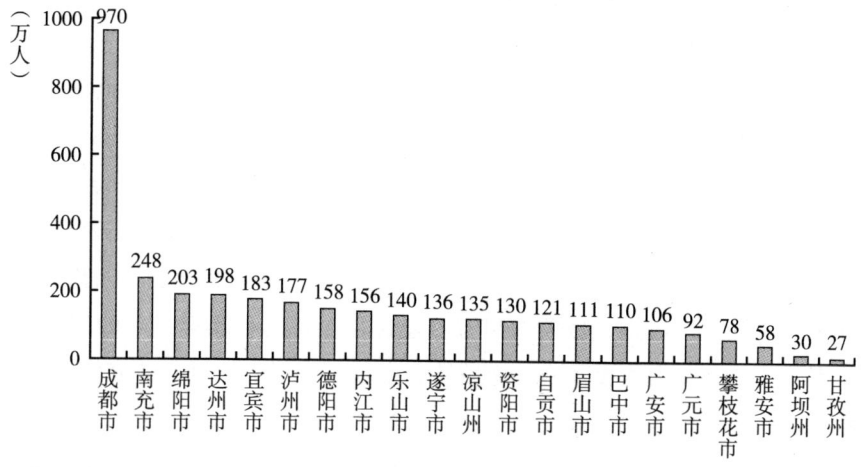

图4 四川省各城市人口规模

二是城镇人口承载能力较弱。在城市化进程中，全省城市面积不断扩大，吸纳人口不断增多，城市提供公共服务的能力不断增强，但是与全国平均水平相比，省内大多数城市的城建水平还处于较低水平。在基础设施方面，2012年底，全省人均城市道路面积为12.72平方米，人均公园绿地面积为10.79平方米，均低于全国14.39平方米和12.26平方米的平均水平。另外，城区供水管网陈旧老化，漏损率较高，城市污水和生活垃圾处理能力不足，特别是小城镇的污水处理问题已经成为城镇发展的严重制约因素。在小城镇建设过程中，缺乏合理的规划布局，产业发展滞后，城镇集聚和扩散功能较弱，仍表现为以路为市、以市为街的特征，难以有效发挥小城镇对农业转移人口的吸纳作用。在教育和医疗方面，目前全省各城镇存在显著的教育和医疗资源供需缺口，入学和医疗问题成为转移人口"市民化"的主要阻碍。从教育资源配置来看，作为流动人口迁入地，各级城镇教育资源的供给增量滞后于迁入人口增量，加之户籍制度的限制，各城市均出现了农民工随迁子女入学困难的问题。从医疗资源配置来看，随着城市存量人口老龄化和外来人口的增多，公立医疗机构数量有限，同时，各类非公立医疗机构不规范，难以有效弥补公共卫生资源的不足，医疗资源供求缺口不断扩大，城市居民长期面临"看病难"的困境。公共服务供给不足限制了城镇的承载能力，延缓了农村人口向城市转移的速度。

3. 农业转移人口与城市的融合度较低

四川省土地城镇化与人口城镇化发展不协调的重要表现还有城镇未能有效吸纳农业转移人口，大部分农民工仍处于城乡"两栖"状态，"市民化"进程缓慢，外来人口与城市的融合度较低。与老一代农民工相比，绝大部分新生代农民工不具备农业生产技能，也没有回乡务农的意愿。据四川省社会科学院的一项调查显示，仅有1.6%的新生代农民工打算回乡务农。推动这部分群体真正实现"市民化"，从根本上解决其未来的生存和发展问题将成为四川省必须解决的重要问题。但是，目前四川省农业转移人口具有非常显著的"半城市化"特征：即一部分农民虽有一定城镇务工收入，但仍然没有放弃农业生产，并对家庭经营性收入的依赖较大。农民工无法完全融入城市，实现市民身份的主要原因在于城市管理制度改革的滞后，城市对外来人口的吸引力和包容度不足。

城市化不仅要求城市在空间上扩张，更要求城市的社会结构、管理方式实现调整和优化，使城市能够具有更强的吸纳性和融合性。但是，在全省城市面积扩大的同时，城市管理体系的建设相对滞后，城市居民，特别是外来人口缺乏参与社会管理的途径，外来人口的政治权利也未能得到有效保障，农民进城后处于城市边缘和社会结构的底层，无法实现外来人口与城市文明的有机融合。虽然随着户籍制度改革的推进，城乡户籍门口逐渐消失，但是城乡福利差异仍存在，大量农民工被排除在城市公共服务范围之外，难以享受参政权、子女受教育权等诸多市民权利。

二 四川省土地城镇化与人口城镇化不协调的原因分析

土地城镇化与人口城镇化间的不协调是四川省新型城镇化战略实施过程中面临的主要问题，也是全面深化改革阶段四川省必须解决的核心问题之一。土地与人口城镇化不协调的原因是复杂的，包括经济、社会、文化、政治等多方面因素，但是，最根本的原因还是在于现行的城乡土地、人口等制度未能适应城镇化发展的新需求,在制度约束下城乡资源无法实现均衡、高效配置。因此,从制度方面分析四川省土地城镇化与人口城镇不协调的具体原因,对于四川省新型城镇化战略的实施具有重要作用。

(一)现行土地制度在加快土地城镇化的同时抑制了人口城镇化进程

现行土地制度对城市和农村土地的权利设定方面存在较大差异,如国有土地使用权可以较为自由地流转,而集体土地使用权流转则受到诸多限制。城乡二元土地制度下,一方面,各地政府均有较为强烈的"圈地建城"意愿,另一方面,对集体土地的限制使农村土地、房屋等财产的流动性变弱,农民无法"带着财产权利进城",因而不愿完全脱离农村和农业,实现由"农民"向"市民"的身份转变。可见,现行土地制度在加快土地城镇化的同时抑制了人口城镇化进程,是四川省土地和人口城镇化发展不协调的主要制约因素。

1. 征地制度加快了土地城镇化的速度

在城市化进程中,征地制度发挥了巨大作用,农村土地向非农建设用地的转变,有力地支持了地区经济的发展。但同时,现行征地制度也造成了一系列矛盾和问题,现行征地制度下,城市能够低成本、快速地获得土地资源,使地方政府具有圈地建城的冲动。可以说,征地制度加快了土地城镇化的速度,是土地城镇化速度快于人口城镇化速度的主要原因之一。

我国征地补偿的基本依据是"按照被征收土地的原用途给予补偿",很明显,根据这个原则制订的补偿标准并不能体现土地增值,也无法对失去土地后农民的长期生活、发展提供保障。《土地管理法》规定,"土地补偿费和安置补助费的总和不得超过土地被征收前3年平均年产值的30倍"。征地补偿标准过低使土地占用成本偏低,在巨大利益的激励下,政府往往更愿意通过征地扩大城市范围,从而加剧了土地城镇化和人口城镇化间的不协调。

2. 农村土地流转机制缺失限制了人口城镇化的速度

现行的农村土地管理制度对集体土地流转设置了诸多限制,同时集体土地流转的市场体系尚未建立,流转范围有限、流转价格偏低,导致农民在农村的财产流动性极低。农民一方面不愿放弃土地、房屋等农村财产,另一方面为获得更高的收入不得不进入城市,最终造成了"两栖农民""候鸟农民"的大量存在，人口城镇化进程滞后。国家对集体土地的流转范围做出了明确限制，特别是对农民宅基地的限制尤为严格，不仅使农村宅基地只能在农村内部流转，也使与宅基地无法分割的农村房屋交易受到极大限制，农民无法通过宅基地和房屋交易实现农村财产的变现和流动。除法律限制外，农村土地流转还面临中介服务体系不完善、农村地价评估机制缺失、土地流转信息服务体系建设滞后等一系列问题。体制机制的不健全使农村土地流转困难，农民的财产权利得不到保障，无法带着财产权利进城、成为真正的城市居民。

（二）城市就业环境较差使农业转移人口定居城市的能力不足

虽然四川省城乡统一的劳动力市场体系已经基本建立起来，城市居民和农业转移人口都能够获得平等的市场竞争机会，但是，与城市居民相比，农业转移人口在信息获取能力、职业技能、社会资源等方面仍处于劣势。此外，部分行业、岗位对城乡户籍的要求实际上仍然存在，使得农业转移人口在城市的就业环境依然未能得到有效改善，农民工的就业稳定性差、工资收入低，城市生活成本不断上涨。许多农民工不具备定居城市的能力，只能长期游走于城市和乡村之间，导致全省农民工"市民化"进展缓慢，人口城镇化相对滞后。

1. 农业转移人口在城市的收入水平较低

劳动力价格是劳动者收入的重要来源，对于转移到城市的外来务工者而言，劳动力价格的高低直接决定了其收入水平和在城市生活的意愿。劳动力价格越高，劳动者收入越高，定居在城镇的意愿就越强烈；反之，劳动者定居在城镇的意愿就越小。近年来，随着劳动力市场供求关系的变化，以及农民工工资保障相关政策的出台，全省农民工工资不断上升，城市外来人口的收入水平持续增加，但是，相对于不断上涨的城市房屋价格及物价水平而言，大多数农民工的工资收入仍无法达到定居城市的基本要求。农业转移人口进入城市后的收入增速低于支出增速，如果计入城市购房成本，其城市生活压力将更大。较低的收入水平与较高的生活成本是阻碍农业转移人口在城市定居，实现市民化最重要的原因。

2. 农业转移人口就业稳定性差

一般而言，劳动力市场包括首属劳动力市场和次属劳动力市场两个层次，首属劳动力市场为拥有较高科技文化素质的劳动力市场，劳动者收入高、稳定性强、福利好；而次属劳动力市场为科技文化素质较低的劳动力市场，表现为收入低、稳定性差、福利差。在劳动力市场中，大部分农民工受教育程度较低，并缺乏技术、管理等职业经验，因此往往只能进入次属劳动力市场，从事以体力劳动为主的相关工作，如制造业、建筑业、服务业等。据调查，全省农民工就业主要集中于制造业、服务业和建筑业，大部分就业都存在稳定性较差、缺乏劳动保障等问题，农业转移人口缺乏人力资本投资的动力和融入市民社会的意愿，也难以放弃农业经营[①]，不仅造成了人口城镇化进程相对缓慢，而且也在一定程度上阻碍了农业经营方式的转变，城乡产业结构调整变得更为困难，进一步制约了全省城镇化的持续、健康发展。

3. 无法享受完善的社会保障抑制了农村转移人口的"市民化"意愿

近年来，四川实施了一系列以保障农业转移人口与城市居民同等享受社会保障的改革措施，如《2013年四川省加快推进新型城镇化重点工作实施方案》提出要促进农民工参加基本医疗保险、工伤保险和生育保险，农民工在城镇就业参加城镇基本医疗保险、工伤保险和生育保险与城镇人口缴费标准相同、享受待遇相同，进城务工人员将被纳入失业保险范围，切实保障其失业后的基本生活[②]。随着户籍制度改革的推进，四川省又出台了城乡养老保险不再受户籍限制等一系列推进城乡社会保障一体化的新政策。总体而言，四川省现行的社会保障制度已经将农业转移人口纳入城镇社会保障体系。虽然通过改革赋予了农业转移人口与城镇居民享受同等社会保障服务的权利，但是农民工群体的收入水平和缴费意愿与城镇群体具有较大差距，其能够享受到的社保服务仍然有限。2013年，全省川籍农民工总量为1246.8万人，参加城镇职工养老保险的有100.2万人，仅占农民工总量的8.04%；参加城镇居民医疗保险的有87.1万人，仅占农民工总量的6.99%；参加失业保险的农民工有66.6万人，仅占农民工总量的5.35%；参加工伤保险的有144.4万人，仅占农民工总量的11.58%；参加生育保险的有80.4万人，仅占农民工总量的6.44%。可见，虽

---

① 赵红霞、张红：《失地农民职业技能培训现状及对策研究》，《职业技术教育》2011年第16期，第61~64页。
② 《四川省人民政府关于2013年加快推进新型城镇化的意见》，http://www.sc.gov.cn/10462/10883/11066/2013/5/14/10262097.shtml。

然在制度设计上,四川省已经消除了城乡社会保障的差异,基本消除了农业转移人口加入城市社会保障体系的制度性障碍,但是,仅有极少数农民工能够享有城市养老、医疗等保障,大多数农业转移人口并未能够真正进入城市保障体系,享受完善的城市社会保障服务。

三 四川省土地城镇化和人口城镇化协调发展的实现路径

在人口城镇化与土地城镇化的不协调阻碍了四川省新型城镇化战略的实施和全省城镇化、工业化进程的持续、健康推进。因此,在新阶段,必须通过城乡土地、户籍、公共服务等领域的全面深化改革实现土地、人口等资源的均衡配置,进而实现四川省新型城镇化战略目标。

(一)实施以城乡要素均衡配置为核心的新型城镇化战略

1. 将农业转移人口"市民化"程度纳入城镇化考核指标

新型城镇化应当围绕人的城镇化来展开,要防止片面追求城镇化率而忽视人民生活质量,盲目扩张城市,大搞城市"跃进"等问题的出现和扩大。新型城镇化要实现人口从乡村到城镇的迁移与人口从农民到市民身份转换同步推进,让迁移到城市的居民能够享受到真正的市民待遇。因此,应建立新的城镇化指标体系,淡化城镇化率指标的衡量作用,而以影响居民实际生活的就业、社会保障、教育等指标作为考核城镇化推进程度的标准。

2. 形成以城乡经济同步发展为基础的城镇化道路

推进新型城镇化,工作重点不应仅局限于城镇和第二、三产业的发展,更应重点关注农村经济和农业的发展,只有实现了农村经济的发展和农业效率的提高,城镇发展才具有根基和可持续性。因此,在城镇发展的同时要积极推进农业产业化,让农业能够释放更多的资源和要素,为城镇发展提供空间和要素,同时通过农村与城镇经济的同步发展形成城乡要素自由流动的基础,避免出现城镇,特别是大城市对资源的过度吸附问题。

3. 加强城镇发展的包容性

在城市化的同时,许多地方都出现了由区域要素快速流动带来的社会

"碎片化",带来了社会贫富差距扩大、城乡二元结构加剧、半城市化问题和城市贫民凸显、社会矛盾和冲突加剧等一系列影响社会稳定和持续发展的问题。因此,在实施新型城镇化战略阶段,要更加突出城镇发展的包容性,从顶层制度的设计上减少城镇的排斥性,增强其对外来人口的接纳与融合能力,使全体居民都能够在事实上享有平等权利。

(二)全面深化农村土地制度改革

1. 大力推进征地制度改革

通过改革征地制度,减少行政手段对城乡土地资源配置的干扰,能够使城市空间扩展在合理的土地使用成本的约束下进行,进而使土地城镇化以适度的规模推进,实现土地与人口资源的均衡配置。征地制度改革主要从限定征地范围和调整补偿标准两方面进行。

一是限定政府征地范围。对公共利益做出明确的司法解释,明确界定公共利益的内涵外延。将商业、旅游、娱乐和商品住宅等"营利性公益事业"退出征地范围①,逐步缩小征地范围。制定《政府征地项目清单》。列明可采用政府征地方式建设的土地项目,不在清单上的项目禁止征地。

二是提高征地补偿标准。改变征地补偿核算方式,将标准的计算依据从以农业产值为基础向以土地市场价值为基础转变,即使是公益性项目建设征地也要按土地市场价格予以补偿。保障被征地农民能够获得可持续的经济收入。探索多元化的征地补偿方式。统筹考虑被征地农民就业、住房、养老、教育、医疗等问题。为有劳动能力和就业意愿的被征地农民提供劳动技能培训和就业信息。

2. 加快推进农村集体土地流转制度改革

集体土地流转是提升土地配置效率、提升农民财产性收入的重要途径。加快推进农村集体土地流转制度改革,逐步建立起以市场机制为核心、以政府调控为保障的城乡统一的土地市场能够促进城乡统筹发展、推动农村转移人口市民化,最终实现土地城镇化和人口城镇化相协调。农村集体土地流转制度改革主要包括以下内容。

---

① 王巨祥:《推进农村集体土地收益分配制度改革》,《江苏农村经济》2009年第4期,第34页。

一是建立健全集体土地流转市场机制。强化基层产权中心职能,加大对各级农村产权中心建设的支持力度。在各乡镇农村产权中心设立承包地、宅基地和房屋交易专项服务窗口,规范流转程序及合同形式,为流转双方提供法律咨询和纠纷调解服务。加快农村土地估价体系建设,大力培养专业的农村土地估价人才,允许并鼓励社会相关组织提供农村土地估价服务。尽快出台全省统一的集体土地流转交易税费标准,为土地价值评估提供统一、稳定的制度环境。

二是探索农村宅基地有偿退出机制。赋予农民更多选择权,使农民能够在不放弃原有财产权利的前提下落户城镇。在补偿内容上,提供货币、房屋、社保、经营性资产等多种形式,允许农民在各种补偿方式中自由选择。在补偿方式上,提供一次性补偿、分期补偿、土地和房产入股分红补偿等多种形式,允许农民根据自身需求自由选择。分离居住权与集体经济组织成员权,将农民居住权与集体经济组织成员权分开,在集体经济组织成员身份认定过程中,保留退出宅基地农民的集体成员资格,使其能够继续享有承包经营权、集体资产收益权等权利。

三是建立集体土地流转的金融支持机制。增强集体土地抵押融资能力。完善金融配套政策,参照城镇土地标准对集体建设用地抵押物合理估值。探索合理的土地抵押物处置方法。放宽《担保法》中关于集体土地作为抵押物的限制性规定,明确集体建设用地抵押后的权属关系,承认金融机构对抵押土地具有转让、转租等处置权。

(三)建立以城乡居民权利平等为基础的现代户籍制度

四川省的户籍制度改革正在积极推进中,并且取得了显著成效。通过改革,降低了城乡人口迁徙的制度成本,使农业转移人口能够更加顺畅地进入城市。但是,目前城乡户籍附着的福利分配功能依然未能完全剥离,户籍制度改革的配套制度也尚未完善,户籍对于人口城镇化的阻碍作用依然存在。在新阶段,四川省应该全面推进户籍制度改革,制定以给予公民自由迁徙权为基本内容的户籍管理体系,清理废除附着于户籍上的各种福利待遇,建立起以城乡居民权利平等为基础的现代户籍制度。

1. 重构户籍管理制度的顶层设计

目前,我国户籍管理制度的顶层法律依据依然是20世纪50年代出台的

《中华人民共和国户口登记条例》，在《户口登记条例》未做修改的同时，包括四川在内的各个地区所采取户籍改革措施可能出现与现行法律相悖的问题，同时，各地改革缺乏统一的法律标准和边界，也可能出现无序、无度的后果，改革面临较高的法律和政治风险。因此，建议尽快修订原有《户口登记条例》，同时出台相关的配套法律，构建起与现代户籍管理相适应的户籍管理法律体系。

2. 彻底剥离户籍制度的福利分配功能

户籍制度改革最核心的内容是彻底剥离依附于户籍之上的各项福利，恢复户籍制度本身的人口登记和服务功能。因此，应使户籍与政治权利、就业权利、教育权利、社会保障、计划生育、义务兵退役安置政策和标准、交通事故人身损害赔偿等一系列个人权利相脱钩，简化户籍功能，使户籍只具备人口信息登记和服务功能。

3. 深化与户籍制度相关的配套改革

在户籍制度已经嵌入各种福利和其他制度安排的背景下，单纯推进户籍制度改革必然面临较大阻力，改革也可能引发社会混乱等问题。因此，推进户籍制度改革的同时必须深化相关制度改革，建立起深化户籍制度改革的配套制度。各地改革的实践证明，户籍制度改革必须与土地制度、住房制度、教育制度、医疗制度等改革相结合，各项改革统筹推进，相互配合，最终实现户籍制度改革能够平稳、顺利推进。

（四）优化农业转移人口的非农就业环境

良好的非农就业环境是吸引农业转移人口真正成为"市民"的重要因素。要实现土地城镇化和人口城镇化的协调发展，就要改变城乡二元就业结构，制定和完善城乡统一的就业和创业支持体系、统一城乡劳动力的价格和福利待遇，消除劳动力市场的分割和城乡劳动力就业差别，优化农业转移人口在非农领域的就业环境。

1. 建立就业培训体系，增强农业转移人口的城市稳定就业能力

整合政府和社会的培训资源，建立起针对农业转移人口的城市就业能力培训体系，以多元化的方式培育适合本地产业发展、有利于承接产业转移的专业技术工人。联合大中专院校，开展义务的普通话、礼仪等基本素质教育，鼓励支持农业转移人口参加职业继续教育。支持企业以自主培训的方式，对农民工进行培训，对于规模培训农民工的企业，地方政府应给予政策优惠和倾斜。

2. 加大对农民工在城市创业的支持

对有创业意愿和能力的农业转移人口进行创业方案、资金扶持、减免费用等方面的指导和支持。建立农民工创业风险分散机制，通过专项的政策性风险基金、互助基金等形式降低创业者风险。在工商登记注册、政策咨询、法律服务等方面加大对农民工创业的支持力度。

3. 提高农业转移人口的工资和福利水平

确立同工同酬制度，从法律层面要求用工单位对城市和外来人口采取相同的薪资体系。提高最低工资标准，对拖欠农民工工资的用工单位和个人进行法律制裁。建立统一的劳动保障制度，规定在用工时间、各类保险、奖金福利等方面不得具有歧视性。改善农业转移人口的城市工作条件，加大对劳动安全保障的投入，提高基本的安全生产和工作环境标准，并完善稽查制度，加强对违规企业的处罚力度。

（五）构建城乡一体化的公共服务体系

农业转移人口进入城市后，无法获得相应的市民权利、无法享受到与城市居民相同的公共服务，许多农民不愿定居于城市，而是选择了"城乡两栖"的生产生活方式。因此，建立起能够保证城乡居民享受均等服务的城乡一体化公共服务体系，消除公共服务对城乡人口自由迁徙的阻碍，对于推进土地适度城镇化、加快人口城镇化具有重要意义。

1. 建立和完善农民工社会保障制度

逐步建立起多层次、全覆盖的社会保障体系，把养老、医疗、工伤、生育、失业等社会保险合并为统一账户，分级缴费，对等保障。在全省范围内实现参保信息共享、自由转移。简化参保程序，在申领和报销保险费用时减少手续、合并环节。针对农民工流动性强，生活和工作区域跨度大的特征，做好各类社会保障的跨省参保转移对接。人力资源社会保障部门应定期对用人单位用工情况和社保缴纳情况进行监督检查，做到应保尽保。探索出台专项的四川农业转移人口权益保护法律法规，对其城市就业、保障、政治、公共服务等方面的权益做出明确规定。确保农业转移人口能够与城市居民同等享有最低工资、同工同酬、社会保障等权益，逐步建立起无差异的市民权利体系。

2. 充分尊重农业转移人口平等的教育和医疗权利

教育方面，严格执行"学区制"，禁止通过择校、赞助等形式挤占入学名额，确保随迁子女能够就地就近入学，不做区别对待。推进教育资源均等化，通过职称评定、福利待遇等方面的优惠条件鼓励教师到教育资源相对匮乏的地区，试行教师轮换制。鼓励学校之间采取联合办学的模式，优化教育资源配置。

医疗方面，完善基本医保管理体制，全面实现省内医疗费用异地即时结算。改革医保支付制度，支付比例进一步向基层医疗卫生机构倾斜。完善城乡医疗救助制度，鼓励和引导社会力量发展慈善医疗救助，鼓励工会等社会团体开展多种形式的医疗互助活动。推进医院体制改革，鼓励三甲医院与县级医院建立帮扶协作关系，推动医疗资源优化升级。全面破除"以药补医"运行模式，统筹推进医疗管理体制、补偿机制等方面的综合改革。

案 例 篇
Case Reports

B.10
成都市新型城镇化过程中涉农社区公共服务和社会管理状况

"成都市村级公共服务和社会管理改革评估"课题组

摘 要： 成都市健全城乡发展一体化体制机制，将推进村级公共服务和社会管理改革有机结合起来，撬动基层民主，优化基层治理结构，落实公共服务均等化，健全公共产品供给机制，从而推动实现可持续的、健康的城镇化发展目标。

关键词： 新型城镇化 城乡一体化 公共服务均等化 基层民主 成都

从整个世界现代化的进程来看，通过城镇化的过程，大幅度地减少农村人口，一方面可以使大量农村劳动力进入城市从事其他产业，另一方面也可增加农村人均资源占有量，从而实现城乡相对均衡发展。但城镇化只能减少农村人口的数量，缩小农村人口在总人口中的比重，而不可能使农村消失。这种情况下，尤其是在工业化的时代，由于大量资源集中到城市，城乡均衡发展仍然是一个有待解决的问题。

从中国的情况来看，由于原有的城乡二元结构限制，城镇化过程中，农村资源过多地流入城市，而城市资源流入农村则遭遇种种制度性障碍。近些年快速城市化过程中，城乡差距不仅没有缩小，反而呈现不断拉大的态势。就全国情况来看，城乡人均收入差距之比已从改革开放初期的1.8∶1扩大到2006年末的3.23∶1。在农村地区，社保普及面小、福利少，作为流动人口的农民工参保比例也偏低。

一般来说，破解城乡二元结构困境的思路主要有两种：一是传统的城镇化；二是城乡发展一体化。传统城镇化的思路强调以城市发展带动农村发展，变农村为城市；通过城镇化减少农村人口，增加农村人均资源的占有。从中国的实际情况来看，传统的城镇化道路不仅不能有效破解城乡二元结构的困境，而且还会导致城乡二元结构的固化，城乡差距会越来越大，城乡发展不均衡状况日益严峻。

肇始于20世纪的城乡发展一体化思路强调城乡的统筹、互补和协调发展，但在实践层面一直徘徊不前，理论共识的缺乏固然是原因之一，但主要困难还是城乡二元结构造成的积弊，农村发展的历史欠账太多，城乡之间的隔离与差距涉及制度、基础设施、社会服务、收入水平等诸多方面，千头万绪无法同时入手解决，在实践中难以找到破解困局的突破口。如何找到破解城乡二元僵局的突破口已经成为城乡发展一体化面临的第一个，也是至关重要的环节。

一 成都模式：城乡发展一体化

在统筹城乡综合改革试验的实践中，成都市逐渐认识到，要解决现代化过程中城乡发展不均衡的问题，必须双管齐下，一方面通过城市化的过程促进人口在城乡之间的流动，另一方面采取有力措施，缩小城乡基本公共设施供给差距，促进城乡发展一体化进程。以这一认识为指引，成都市在改革实践中将城乡公共服务均等化作为破解城乡发展困境的重要突破口，通过推进村级公共服务和社会管理改革，撬动基层民主，优化基层治理结构，健全公共产品供给机制，落实公共服务均等化，从而实现破解城乡二元结构、启动城乡发展一体化进程的目标。

成都市的具体做法是：通过村级公共服务和社会管理改革，找准公共服务二元结构的症结，确立城乡发展一体化的突破口；将政府的有限投入覆盖农村，打破城乡公共服务壁垒，推进公共服务均等化，形成城乡发展一体化的基础；同时以民众需求为导向，以民众满意为尺度，通过基层民主运作公共服务项目，创新和优化基层治理结构，撬动基层民主，构筑城乡发展一体化的保障；并在此基础上，形成以民生促进民主、以民主保障民生的良好社会生态，构建城乡发展一体化的长效机制。

（一）城乡二元结构的根源：基本公共服务的二元结构

城乡二元结构是新中国成立以来国家发展战略选择和相应制度、政策实践的直接产物，具体表现为城乡之间发展机会的不平等和相应规则的不公平。政府在基础设施和基本公共服务投入上实行城乡二元化的做法，其具体表现是城市公共基础设施由公共财政覆盖，而农村基础设施和公共服务则延续计划经济时期的做法，主要由农民自行解决，形成所谓"城里什么事都是政府干，农村什么事都是农民干"的格局。农村公共服务事业的缺失和滞后正是这种制度性歧视的后果。

新中国成立以后，为加快发展重工业实施工农产品价格"剪刀差"政策。据估计，1950～1994年剪刀差累计总额约两万亿元。农村经济发展水平低、经济积累不足，城乡人均基础设施投入差距越拉越大。2000～2003年，村镇人均公用设施投资分别为36元、42元、68元和67元，而同期城市则分别为487元、658元、887元和1320元，二者之比一直在1:13以上。① 改革开放以来，由于联产承包责任制等制度和政策的引入，农村地区的生产力固然得到了一定程度的解放，但与此同时，农村地区基层组织涣散，基础设施建设停滞，基本公共服务凋敝则进一步拉大了城乡之间在社会、经济、文化和生态等诸多方面的差距。

---

① 汪光焘：《认真研究社会主义新农村建设问题》，《城市规划学刊》2005年第4期。

有调查表明，我国的收入差距有将近一半来自城乡之间的收入差距。① 城乡居民收入差距持续扩大，20世纪80年代中期为1.8∶1，20世纪90年代中后期为2.5∶1，2003年为3.2∶1。根据《中国统计年鉴》数据，2000年，全社会固定资产投资为32917.7亿元，其中城镇为26221.8亿元，占79.7%；到2011年，全社会固定资产投资为311485.1亿元，其中城镇为302396.1亿元，占97.1%。目前，中国城乡居民收入差距较大（2009、2010、2011、2012年分别为3.33、3.23、3.13和3.10倍），如果考虑到各种福利保障及其他公共服务，实际的差距要超过6倍。大量研究表明，无论是在短期还是长期，城乡固定资产投资差异的扩大都是城乡收入差距扩大的重要原因，其表现在城乡居民财产性收益上的差距就更为明显。② 因此，增加农村固定资产投资、实现城乡发展一体化，对于缩小城乡收入差距有积极意义。

基础设施和公共服务领域的城乡不平等不仅是城乡二元体制在制度和政策层面的集中体现，也是城乡二元结构得以长期维系和不断固化的基础。非均衡的城乡公共产品供给体制导致农村公共产品供给严重不足，公共产品制度外供给致使农民负担加重。当前，农村与城市在公共服务领域的不平等不仅成为中国城市化的最大问题之一，也日益成为社会矛盾的源头和焦点。现阶段，中国社会的主要矛盾依然是人民日益增长的物质文化需要与落后的社会生产之间的矛盾，这个矛盾的主要表现形式则是广大人民群众对公共品和公共服务的需求迅速上升与本应由政府提供的公共品和公共服务供给不足且配置失当之间的矛盾加剧，包括就业培训、社会保障、义务教育、基本医疗、廉租房、安全生

---

① 中南财经政法大学中国收入分配研究中心"规范收入分配秩序研究"课题组调查研究表明，城乡居民人均收入比不断提高，农村居民收入占居民总收入的比重不断下降，而城镇居民收入占居民总收入的比重不断上升；城乡收入差距的分解结果表明，我国的收入差距有将近一半来自城乡之间的收入差距。

② 如陆铭、陈钊：《城市化、城市倾向的经济政策与城乡收入差距》，《经济研究》2004年第6期；惠宁、熊正潭：《城乡固定资产投资与城乡收入差距研究——基于1980～2009年时间序列数据》，《西北大学学报》（哲学社会科学版）2011年第4期。睢党臣：《基于贡献率的农村公共产品供给结构分析》，载《农村公共产品供给结构研究》，中国社会科学出版社，2009。有研究估计，固定资本存量对农户收入的贡献为正，产出弹性系数为0.465，即固定资本存量每增加1元，农户收入就增加0.465元。李锐：《农村公共基础设施投资效益的数量分析》，《农业技术经济》2003年第2期。

产、社会治安等关系群众切身利益的问题。①

因此,要打破城乡二元结构的僵局,不论是在改革宏观制度设计层面,还是在回应社会矛盾的现实操作层面,打破基本公共服务的城乡二元结构、取消歧视性的制度安排都是首要任务。从这一点来说,成都启动村级公共服务和社会管理改革、选择基本公共服务的城乡二元结构作为突破口是找到了城乡二元结构的症结所在。

(二)破解城乡二元结构的突破口:赋予城乡平等地位,推进公共服务均等化

从全国的一般情况来看,取消农业税后,农民负担减轻,乡镇、村两级组织公共产品供给方式较之以往更为规范,但筹融资渠道明显减少,由村出资的比例则大幅上升②,一些本来该由公共财政支付的事项仍然全部或部分通过"一事一议"由农民负担,农村公共事业的发展面临着财力不足的突出问题。一方面农村公共事业发展需要大量资金投入,然而另一方面,公共产品的性质决定了供给主体只能是政府,但由于农村政府财政转移支付相对不足,"财权上收,事权下移",乡镇、村集体负债严重。从一些调查来看,一半以上的乡村债务形成因素来源于义务教育、公路、水利、电力等基础设施建设和公共服务。尤其在一些地区农村经济整体发展水平较低,筹资十分困难,甚至乡村组织运转出现困难,公共产品供给资金出现下滑的局面。

我国城乡差距突出表现在公共产品供给上,尤其是农村地区的公共服务中存在的供求结构性失衡。主要表现为供求内容的不匹配、供给方式的不适当、供给机制过于单一、供给中的重建设轻管护和重县城轻乡村。农村地区出现公共服务供求结构性失衡的重要原因则是财权过于向上集中造成的基层财力紧张、公共服务严重依赖省级以上专项资金。③ 如果说成都选择公共服务的二元

---

① 常修泽:《中国现阶段基本公共服务均等化研究》,《中共天津市委党校学报》2007年第2期。
② 根据CHIP2007调查数据统计计算,平均而言,农村修路工程建设资金来源中52.4%来自村自筹。有实证研究也验证了统筹城乡发展与城乡收入差距的关系,发现二者都具有较为持续的相互促进作用,且作用程度随着滞后期的加大而加强。高春利:《四川省城乡统筹发展与城乡居民收入差距关系的实证研究》,《重庆工商大学学报》(自然科学版)2013年第10期。
③ 林万龙:《中国农村公共服务供求的结构性失衡:表现及成因》,《管理世界》2007年第9期。

结构作为改革的突破口是找准了问题的症结,那么启动村级公共服务和社会管理改革则做到了对症下药,有效回应了这种结构性失衡状况:赋予城乡平等地位,通过公共服务的均等化为城乡要素进入市场,参与公平竞争,实现平等交换提供先决条件。

(三)设立公共服务专项资金,建设城乡统一的公共服务制度:奠定城乡发展一体化的基础

2008年11月,成都市出台《关于深化城乡统筹进一步提高村级公共服务和社会管理水平的意见》,这是全国第一个针对村级的公共服务和社会管理的政策措施。同时,在全国率先将村级公共服务和社会管理经费纳入财政预算,并建立了逐年增长机制,即村级公共服务和社会管理投入的增长幅度要高于同期财政经常性收入增长幅度。

2009年,成都市发布《成都市公共服务和公共管理村级专项资金管理暂行办法》,首次明确要求市县两级财政每年向全市范围内建制村、涉农社区、城市社区提供一定的(不少于20万元)公共服务专项资金。每年年初,村级公共服务与社会管理专项资金即被纳入了当年市县两级财政预算,在执行上,主城区相关涉农社区的经费由区财政全额负担,近郊区(县)财政按市与区(县)5:5的比例安排,远郊县(市)财政按市与县(市)7:3的比例安排。基层社区开设专用账户,实行专账核算、专款专用。同时,由于成都市有2800多个村(涉农社区),历史欠账太多,许多村需要短期集中投入才能迅速有效地改变村级公共服务现状。因此,成都市发布《成都市公共服务和公共管理村级融资建设项目管理办法》,引入社会力量,允许经村民(代表)会议决定,向成都市小城镇投资有限公司融资,解决可能存在的公共服务资金不足的问题,形成公共产品供给多元化的格局。明确规定近远郊区(市)县的村级自治组织可以一次性以不超过专项资金7倍的额度,向成都市小城镇投资有限公司融资贷款,用于民主决策议定的交通、水利、公共服务用房等群众急需的公共服务设施建设,相邻村还可按照共建共享的原则跨村联合申报建设项目。2009~2010年,对于每个行政村和涉农社区,村级公共服务和社会管理专项资金都按20万元的标准实施。2011年,专项资金额度上调到至少25万元。2012年,专项资金额度至少为30万元,同时持居住证、临时居住证的非户籍居民也被纳入村级专项资金覆盖范畴。2013

年，专项资金额度达到至少40万元的标准。

在体制上，成都市明确了政府投入的主体地位，构建公共财政保障机制，要求各级政府将村级基本公共服务和社会管理经费纳入本级财政预算，设立村级公共服务和社会管理专项资金，根据本地实际情况制定村级公共服务和社会管理投入的最低标准。在此基础上，成都市要求各级政府对村级公共服务和社会管理投入的增长幅度必须高于同期财政经常性收入的增长幅度。为了确保资金对农村倾斜，成都市规定，各级政府应以2008年为基数，每年新增公共事业和公共设施建设政府性投资，都将主要用于农村公共事业和公共设施建设，直至城乡公共服务基本实现均等化。

成都市公共服务建设的目标是：到2012年，城乡统一的公共服务制度建设取得重大进展，农村公共服务和社会管理体系进一步完善，村级公共服务和社会管理水平明显提高，城乡基本公共服务差距显著缩小。其中，村级公共服务和社会管理水平达到"四个有"：有一套适应农民生产生活居住方式转变要求、城乡统筹的基本公共服务和社会管理标准体系；有一个保障有力、满足运转需要的公共财政投入保障机制；有一个民主评议、民主决策、民主监督公共服务的管理机制；有一支协同配合、管理有序、服务有力的村级公共服务和社会管理队伍。到2020年，建立城乡统一的公共服务制度，基本实现城乡基本公共服务的均等化。

成都的实践证明，通过财政下乡，设立村级公共服务和社会管理改革专项资金，在短期内进行基础设施和公共服务的强化建设，这一模式有效弥补了农村公共服务的历史欠账，改善了长久以来农村基础设施建设停滞和公共服务凋敝的状况，解决了广大农村地区道路、灌溉、环境等紧迫性、实质性问题，并在此基础上提升了村民的生活质量、促进了农村基层民主建设，提高了居民的满意度，凝聚了人心，为城乡发展一体化奠定了坚实的物质基础和群众基础。

在全国范围内，成都市对农村的财政投入比例处于领先地位。根据成都市统筹委的汇总数据，在财政投入方面，2009～2013年市县两级财政预算专项资金为44.22亿元，其中，市财政为25.9亿元，区（市）县匹配18.3亿元。专项资金投向近郊区县占比37.1%，投向远郊市县占比58.3%。平均每个涉农社区/村经费达到118.8万元。同时，自2009年开展至2013年底，村级融资项目共有326个，涉及11个区（市）县72个镇326个村项目签约，融资金额为4.45亿元，其中道路1763公里，提灌站128个，沟渠318公里，蓄水池460口，供电、供水设施72处，累计完成资金拨付3.93亿元。根据调查，成都市94.8%的涉农社区/村主干道是柏油路或水泥路，所有涉农社区/村78.9%的村民/居民小组的道路已经是水泥路或者柏油路。除了4.3%的涉农社区/村没有水利设施外，60.5%的涉农社区/村水利设施"一直发挥作用"，21.6%的涉农社区/村水利设施"近年进行修葺，可以发挥作用"，二者之和达到82.1%。48.1%的涉农社区/村主要饮用水源属于经过集中净化处理的自来水。[①] 97.2%的涉农社区/村有保洁员，保洁员报酬由村公资金出的比例平均为87.9%。有图书室的涉农社区/村的比例达到97.8%。76.2%的涉农社区/村有专门的体育场所。设置就业服务站的涉农社区/村比例达到78.1%。有治安巡逻队的涉农社区/村的比例为96.5%，各涉农社区/村由"村公资金"聘用的人员（如保洁员、代办员等）平均为8.8名。

在总量上，2009年"村级公共服务与社会管理改革专项资金"投入之后，成都市涉农社区/村财务收支（含公共服务与社会管理支出）状况得到转折性增长（见表1、表2、表3、表4；图1、图2）。相比于2008年，2009年全部涉农社区/村财务收入、支出、公共服务与社会管理支出分别增加了0.53、0.45和9.56倍。尤其对于三圈层涉农社区/村而言，其增加的比例更为显著。2009年三圈层涉农社区/村财务收入、支出、公共服务与社会管理支出分别是2008年的6.20、3.72和11.33倍。

表1 2006~2012年成都市涉农社区/村集体平均财务收入

单位：万元

年份	一圈层	二圈层	三圈层	总计
2006	140.6	51.3	4.0	38.2
2007	152.3	31.1	4.1	33.2
2008	224.8	53.7	5.4	51.3
2009	227.2	94.2	33.5	78.5
2010	240.8	134.9	37.2	95.6
2011	209.2	116.3	52.0	93.4
2012	192.8	138.9	58.8	101.9

---

① 居民调查该比例为50.1%。

表2　2006～2012年成都市涉农社区/村集体平均财务支出

单位：万元

年份	一圈层	二圈层	三圈层	总计
2006	98.3	53.7	4.5	32.0
2007	112.4	41.1	4.6	30.1
2008	161.8	44.0	6.4	38.5
2009	180.0	64.3	23.8	55.8
2010	165.4	107.5	34.6	72.7
2011	200.3	97.1	48.6	82.6
2012	144.8	106.5	49.9	79.1

表3　2006～2012年成都市涉农社区/村公共服务与社会管理平均支出

单位：万元

年份	一圈层	二圈层	三圈层	总计
2006	1.3	1.4	1.5	1.4
2007	4.8	0.4	0.5	0.9
2008	3.0	1.3	1.5	1.6
2009	23.4	14.0	17.0	16.9
2010	35.3	45.0	27.2	33.6
2011	53.2	36.9	33.2	37.0
2012	95.2	44.5	34.6	45.4

表4　2006～2012年成都市涉农社区/村公共服务与社会管理支出占财务总支出比例

单位：%

年份	一圈层	二圈层	三圈层	总计
2006	1.3	2.6	33.3	4.4
2007	4.3	1.0	10.9	3.0
2008	1.9	3.0	23.4	4.2
2009	13.0	21.8	71.4	30.3
2010	21.3	41.9	78.6	46.2
2011	26.6	38.0	68.3	44.8
2012	65.7	41.8	69.3	57.4

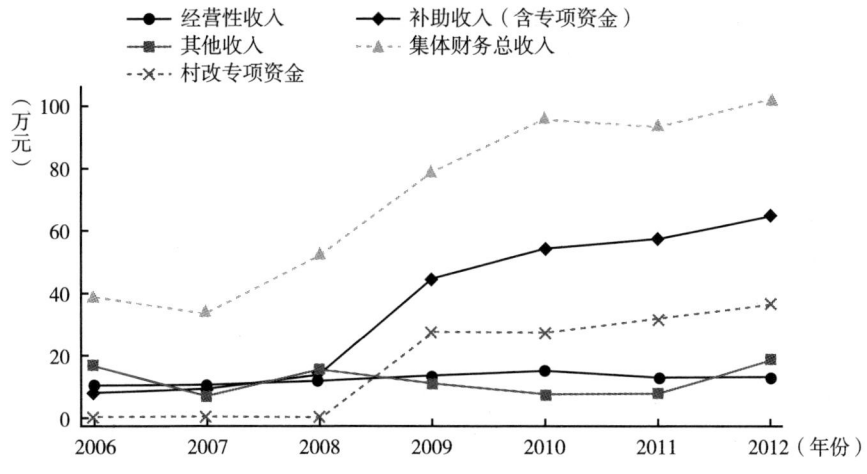

图1 成都市涉农社区/村集体财务收入情况

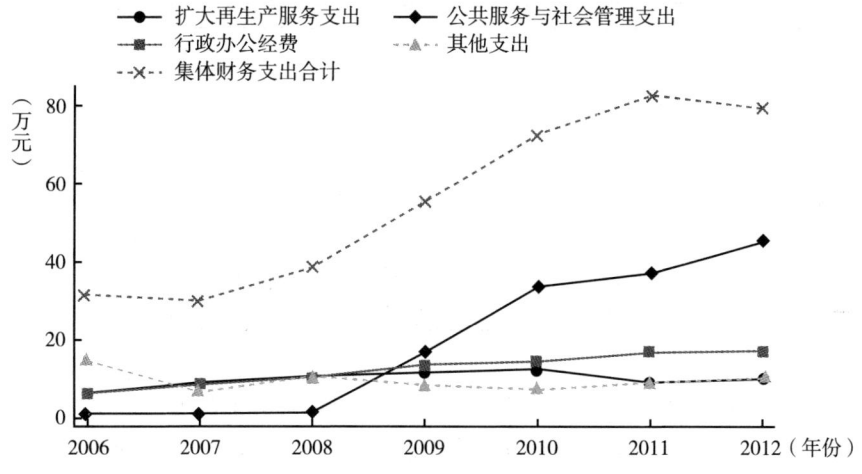

图2 成都市涉农社区/村集体财务支出情况

从结构上来讲,2009年"村级公共服务和社会管理改革专项资金"投入后,总体来看,涉农社区/村财务收支中公共服务与社会管理所占比例呈现显著增长。从数据来看,2008年,成都市涉农社区/村公共服务与社会管理支出在财务总支出中的比例为4.2%,而到了2009年"村级公共服务和社会管理改革专项资金"普遍投入后,该比例跃升到30.3%(见表4)。在相对量上,各圈层涉农社区/村公共服务与社会管理支出占财务总支出比例均有所增加,其中尤以三圈层涉农社区/村增加幅度最大，从23.4%增加到71.4%。

这样一套财政投入机制，对扭转农村地区公共设施和服务不足局面、缩小城乡发展差距起到了重要作用。调查结果表明，由于"村级公共服务和社会管理改革专项资金"的投入，成都市涉农社区/村之间在财政收入和支出（尤其是公共服务与社会管理支出）两个方面的差距显著缩小。通过计算可衡量分化程度的GINI系数可以看到，2006年成都市涉农社区/村财务收支GINI系数在0.8左右，2009年村公资金落实后下降为0.6以内，至2012年则降到0.5以内。尤其是公共服务和社会管理支出GINI系数由2006年的0.9左右降低到2009年的0.5左右，2010年后则进一步降低到0.4左右（见表5）。① 这在很大程度上表明，成都市在城乡财政均等化、公共服务公平性方面取得了显著的成就。

表5　2006~2012年成都市涉农社区/村集体财务收支GINI系数

年份	财务收入	财务支出	公共服务与社会管理支出
2006	0.80965	0.79897	0.91687
2007	0.76854	0.75510	0.91575
2008	0.77570	0.74609	0.93708
2009	0.54666	0.59428	0.55400
2010	0.59923	0.53196	0.39995
2011	0.50184	0.47506	0.34367
2012	0.49176	0.45165	0.43332

赋予城市和农村平等的地位是城乡发展一体化有别于传统城市化模式的重要特征，也是启动城乡发展一体化的重要制度基础。成都市为建立城乡发展一体化的制度框架奠定了重要基础。除了在教育、社保、户籍、就业、医疗等方面进行有力的改革之外，成都市还通过"村级公共服务和社会管理改革"，走出了消除以机会不平等和规则不公平为特征的针对农村地区的制度性歧视的重要一步，赋予了农村在发展过程中与城市对等的地位，以公平的规则建设平等的机会。

正是由于长期统筹城乡发展政策的实施包括"村级公共服务和社会管理

---

① 根据北京师范大学中国收入分配研究院中国居民收入调查（CHIP）2007年调查数据，村集体财政收支GINI系数分别为0.79732和0.74629，与当年成都市数据基本接近。

改革"措施的落实,成都在有效遏制城乡居民收入差距这一关键领域取得突破性进展,成为全国城乡居民收入差距最小的地区之一。根据统计局城调队数据,自2009年以来,成都市城乡居民收入比已从2009年的2.62∶1降到2013年的2.32∶1。城乡居民人均收入差距远小于全国平均水平,甚至2009~2013年农村居民家庭人均纯收入年均增长高于城镇3.9个百分点。成都"村级公共服务和社会管理改革"这一经验,对于统筹城乡发展一体化、建立促进基本公共服务均等化的公共财政体制均具有重要的借鉴意义。

(四)民主运作公共服务项目,创新基层社会治理机制:建立城乡发展一体化的保障

遵循学理上"地方治理"(Local Governance)或"基层民主"(Grassroots Democracy)与"公共产品供给"(Public Goods Provision)相辅相成的关系[①],成都市建立了基层民主管理机制,民主运作公共服务项目以实现高效率的城乡均等化公共服务供给。

成都市在村级公共服务和社会管理改革中,项目由村级自治组织具体实施,依据民主决策、自主建设、严格监督的原则,村民(代表)会议决定专项资金的使用、管理和监督。在实践中,民主管理机制主要包括三个步骤:首先,民主议定项目。通过走访摸底、问卷调查、投票记分、综合排序等方法,由村民集体决定项目内容和实施次序,最大限度地实现公平与效率的平衡;其次,民主监督项目。村民选举产生的村民议事会或监事会,定期对项目的实施和经费的使用进行监督和管理;最后,民主评议项目。完成项目要经过"三评":一评是否达到合同要求,二评村民是否满意,三评如何改进提高。

公共服务项目的民主运作得以实行,首要前提是成都市政府执政理念的转变。成都市在改革中一方面强化各级政府提供农村基本公共服务的责任,另一方面强调各级行政机构作为服务提供者的角色和身份。在具体的公共服务项目

---

① 地方治理与公共产品供给之间的关系是公共经济学、公共治理理论等关注的核心问题之一。一些针对中国经验的研究也肯定了二者之间相互促进的关系,如 Zhang X, Fan S, Zhang L, et al, "Local Governance and Public Goods Provision in Rural China," *Journal of Public Economics* 2004, 88 (12): 2857~2871; Sato H., "Public Goods Provision and Rural Governance in China," *China: An International Journal*, 2008, 6 (02): 281~298.

运作中，政府机构不再是集决策、实施和监督于一身的家长，而是成为专项资金、公共服务的提供者和保障人。相应地，公共服务项目的决策、实施、监督和评议等环节都由村民及其代表组织决定和实施。

成都市积极推进行政管理体制改革，从2003年出台《关于全面推进规范化服务型政府建设工作的意见》到2010年，成都市行政许可项目由原来的1166项减少到107项，减幅达91%，审批办理时间平均缩短77%；调整取消行政收费项目352项；撤去了27%的乡镇，减少行政事业编制1.2万余名；建立了近900人的专家咨询库，先后对110多项价格调整方案和地方性法规实施公开听证；全面实施村级公共服务和社会管理体制改革；基本形成了包括所有区（市）县和乡镇（街道）便民服务中心、2595个社区（村）便民代办点在内的四级政务服务体系；初步实现了全市教育、医疗、文化、就业、社会保障等公共服务的城乡均衡化。

成都市涉农社区/村居民对"村级公共服务和社会管理改革"的知名度、满意度和参与度均达到较高水平。调查显示，涉农社区/村居民对"村公"专项资金知晓率达到96.0%。在知道专项资金的居民中，98.6%的居民表示村/社区就专项资金用途征求过家庭或本人意见；95.4%的居民表示家人或本人就本村/社区专项资金用途参加过投票；90.7%的居民知道可以上网查询专项资金使用情况。

人民满意是最高标准。调查显示，94.02%的居民对专项资金的使用情况表示"非常满意"或"满意"，尤其是基础设施建设类、环境卫生管理和维护类项目上，表示"非常满意"的比例更高（分项情况参见表6）。因其内容的综合性和惠及面，成都村改也是本次调查所列举近些年主要惠农政策中村/居民感受的受惠程度和满意程度最高的项目。81.7%的居民表示因村公资金受惠多，感到受惠一般的占14.0%，感到没有受惠的仅占1.0%（见表7）。

成都市在改革中民主运作公共服务项目，使得基础设施和公共服务摆脱了以往"一刀切"的从上而下指令式建设，确立了以民众需求为导向，以民众满意为尺度的从基层实际情况和需要出发的自主发展模式。这一模式转变的意义不只在于更充分地使用专项资金，更好地满足基层民众的需求，而是在根本上尊重城乡基层民众在发展问题上的主体性和自主性。承认和尊重基层民众的主体性和自主性，是民主运作公共服务的前提，更是城乡发展一体化的根本保障。

成都市新型城镇化过程中涉农社区公共服务和社会管理状况

表6 成都市涉农社区/村居民对专项资金使用的满意情况

单位：%

类别	非常满意	满意	一般	不满意	很不满意	总计
文体类	66.62	27.98	4.89	0.49	0.02	100.00
就业和社会保障类	65.91	25.66	7.86	0.55	0.02	100.00
基础设施建设类	76.36	19.75	3.78	0.11	0.00	100.00
环境卫生管理和维护	74.26	22.11	3.43	0.09	0.11	100.00
生产服务类	66.29	26.00	7.03	0.67	0.00	100.00
社会管理类	69.95	23.20	6.63	0.22	0.00	100.00
总计	69.91	24.11	5.60	0.36	0.02	100.00

表7 成都市涉农社区/村居民对近年主要惠农政策感知的受惠与满意程度

单位：%

类别	受惠度					满意度		
	多	一般	没有	不了解	不适用	满意	一般	不满意
农业补贴	67.1	22.9	3.8	3.1	3.1	84.13	15.35	0.51
最低保护价	37.5	20.7	14.4	14.5	13.0	74.25	24.47	1.28
农村新型合作医疗	75.5	19.5	2.3	0.7	2.0	86.66	13.11	0.22
农村养老保险	64.6	18.8	9.2	3.6	3.7	83.05	16.11	0.85
最低生活保障	37.1	11.8	22.1	8.3	20.7	76.00	23.31	0.69
义务教育"两免一补"	54.4	12.8	13.4	5.6	13.9	81.38	17.82	0.81
小型基础设施建设补助	53.2	13.8	15.0	10.3	7.6	79.10	20.12	0.78
农业税减免	66.7	14.9	7.2	4.5	6.7	84.42	14.91	0.67
土地整理	47.4	14.6	18.9	8.3	10.8	77.91	20.99	1.09
新居建设	48.7	13.5	19.5	5.3	13.0	80.58	18.04	1.38
扶贫	40.2	17.0	19.1	6.6	17.1	79.94	19.47	0.59
电网改造	66.3	20.9	5.9	5.7	1.2	80.23	19.51	0.27
农村公路改善	78.9	15.4	2.4	2.8	0.5	85.13	14.38	0.50
水利设施建设	71.8	18.3	4.7	3.6	1.7	83.93	15.38	0.69
家电下乡	64.8	19.1	9.2	5.4	1.5	82.93	16.55	0.52
劳动力就业培训	65.4	18.5	7.7	5.0	3.4	81.17	18.13	0.70
文化下乡	69.6	21.0	4.3	4.5	0.6	81.50	17.62	0.87
耕保基金	76.6	13.1	3.1	3.6	3.6	88.13	11.62	0.25
村级公共服务专项资金*	81.7	14.0	1.0	3.1	0.2	89.36	10.50	0.14
其他	52.2	11.1	22.5	9.6	4.6	82.60	16.11	1.29
总计	61.3	16.8	9.8	5.6	6.5	82.20	17.12	0.67

*本课题调查居民对村公资金满意度与单问满意度题目结果略有差异，是因为问题表述上有所区别，前者指的是对村公资金项目本身的满意度，后者指的是对这笔资金使用情况的满意度，另选项设置也不同。将该项目置于多个其他题项之间与单独成题，受某些因素干扰结果也会有所不同。此外，前者满意度是针对表示因该项政策受惠"多"或"一般"的被访者，单问的满意度则针对一般居民但计算时排除了对村公资金不知晓的被访者，因此二者口径也有所不同。

（五）民生促进民主，民主保障民生：确立城乡发展一体化的长效机制

成都市全面创新村级公共服务与社会管理的体制机制，实现了全市涉农社区/村在公共产品供给总量、供给结构、供给模式方面达到提升和优化的目标。而实现这一点，关键即在于，以公共服务项目为平台，创新基层治理结构，并以此形成基层政府—市场—居民协同治理的格局，保证专项资金的有效使用，最大限度地满足广大居民的需求。这一做法的意义在于将民生注入民主，使民生成为基层民主的基础，基于民生的民主使民主具有了实质性，促进了村庄治理结构的转变。

1. 民生促进民主

公共服务专项资金的投放激发了基层民众参与公共事务的热情。市场化改革以来，很多地方基层组织涣散，动员能力下降，公共事业凋敝，居民集体概念淡化，参与意识薄弱，村庄共同体和基层民主流于形式。对于一般性的"一事一议"，农民对自身有益的就赞成参加，无利的就反对，"搭便车"行为普遍，造成只议不决，公共事业因无经费投入而一拖再拖，深化农村改革内在动力严重不足。

相形之下，成都市公共服务和社会管理专项资金的投放和使用，为农村基层民主自治注入了实质内容，极大地调动了群众参与村级财务管理和监督的热情，有效促进了村级民主参与、民主决策和民主监督。

首先，公共服务专项资金的投放和使用给基层民众提供了学习民主的机会。村民对村级公共服务和社会管理基本政策、项目运行的知晓率、参与率都达到较高水平。围绕专项资金使用的民主表决和协商过程，不仅提高了资金使用的透明度，确保了农村居民对村级财务的知情权、决策权、参与权、监督权，而且还锻炼了村民的民主素质和民主能力，有助于培养他们正确理解和行使权利的观念、塑造社区共同利益的理念。

调查表明，居民对社区公共事务的参与达到较高水平。44.3%的居民表示，过去的一年曾就本村/社区的问题主动向政府部门（以现场、电话、网络或书面等方式）提出过建议或意见；21.6%的居民家庭为本村/社区或村/居民小组公共事务出资出物；45.4%的居民家庭为本村/社区或村/居民小组公共事

务投劳。80.9%的居民同意或非常同意"社区居民们关心公共事务"的表述。当问及"村/社区里可不可以将村级公共服务与社会管理专项资金直接发给村民"的问题时，85.3%的居民表示"不可以"，表明居民对这笔资金的性质理解正确，而且了解资金使用的程序规范。

"村级公共服务和社会管理"相关机制的建立和完善，加强了村级民主决策和监督，促进了不同群体利益的理性互动和对话协商，形成了农村党员群众参与面更加广泛，参与形式更加直接，参与频率更加经常的制度化权力结构。调查表明，98.2%的居民表示社区/村将专项资金项目实施进度进行了公示。72.2%的居民了解村/社区集体项目的立项、建设承包方案，20.9%表示基本了解；88.0%的居民表示了解或基本了解村/社区集体债权债务情况；92.2%的居民了解村/社区财务收支情况；93.1%的居民表示了解村/社区集体经济所得收益的使用情况。对村/社区财务公开状况表示"很满意"或"满意"的居民占94.8%。93.9%的居民表示同意或很同意"社区公共事务决策是公开透明的"的表述。

2. 民主保障民生

基层民众参与民主的热情、意识的提高，民主素质和能力的提升也成为改善民生的保障。

在成都统筹城乡发展的实践中，公共服务专项资金投入极大地激发了基层实践民主的创造性。成都市积极鼓励这些基层民主管理机制的创新，提倡各村因地制宜，发展适合自身的民主参与方式和民主管理办法。不同的基层社区各自进行了有益的探索，在实践中形成了"三步量分法""三会合治""双票民主""四议三公开二监督一满意"和"一提两议两公示"等具体的工作方法。

邛崃马岩村在试点实践中摸索出来"三步量分法"的工作经验。其实质是在使用村级公共服务专项资金进行公共服务建设中，坚持群众路线，坚持做哪些事、先做什么后做什么都由群众决定。操作流程为：第一步，"一户一表"界定实施范围。采取"一户一表"的方式征求群众意见，凡同一事项或类似事项提议户数在全村总户数的10%以上的，纳入村议事会收集整理议题的范围。第二步，"议事会票决"确定实施项目。村议事会对纳入议题的项目进行投资匡算，将条件许可的项目提交议事会逐一进行修改完善和表决，凡赞成人数在参会人数50%以上的确定为实施项目。第三步，"一户一票"决定实施先后。将确定的项目印制成票逐户征求意愿，各户对实施项目进行先后排序编号，实行排序计分，按照分数高低确定项目实施先后顺序。

崇州市江源镇江源村探索实践村民议事会、村民委员会、村民监事会"三会合治"的有效办法，做到事务"有人定""有人做""有人评"。金堂县淮口镇望江村通过推行"四议三公开二监督一满意"工作法，充分调动群众"自己议、自己定、自己干、自己管"的积极性。大邑县在村民表决中使用"双票票决"制，即每一村民代表通过征求村民意见后，代表村民对重大事项的决议投票表决，如果所联系的村民户一半以上赞成，则投2张赞成票，如果一半以上反对，则投2张反对票；如果一半赞成一半反对，则投1张赞成票、1张反对票，规避了简单多数票决制的弊端。这些民主形式的积极尝试，打破了原来村两委"包揽一切"的局面，从"代民做主"变为"让民做主"，实现了村级事务的民主决策、民主管理、民主监督。成都市尊重和鼓励基层和群众的创新精神，及时总结和推广这些创新经验，将其作为探索改革中难题解决之道的入手点，建立起居民表达自身偏好的民主程序。

成都市把农村产权改革中出现的村民议事会这一村民民主决策机制制度化、规范化，赋予其一定的法律地位，使之成为村民大会的常设机构，对相当广泛的村庄事务拥有决策权和监督权。2009年，成都市各区县市全面推行村民议事会，构建起以党支部为领导核心、村委会为执行主体、议事会为决策监督机构，责权明确、相互制衡的新型村级治理机制。议事会的制度设置具有合法性和代表性，并兼备可行性和有效性。按照相关规定，村民会议为村最高决策机构，议事会作为常设决策机构在村民（代表）会议授权范围内行使村级自治事务决策权、监督权。该制度的全面建立，解决了村民代表大会闭会期间书记、主任说了算的问题，由于召开时间不受限制，也解决了村民大会开会难等问题。议事会成员由村民选举产生，一般不少于21人，含村、组两个层面，实行结构席位制，成员不仅包括本村居民，也包括流动人口等，具有较大的开放性和代表性，保证了广泛的民意基础。在议事程序上，使用"六步工作法"等民主程序和决策方式，弥补了基层民主自治组织中监督环节的不足，使得权力运作符合民主原则，延伸和强化了村民自治功能，保障了基层治理机制的运行顺畅。① 调查结果表明，51.6%的涉农社区/村议事会每月开会。96.6%的居民知道社区/村议事会。在这些居民中，89.5%的居民表示参与了议事会成员选举的投票；90.8%的居民表示社区/村议事会经常召开会议；99.4%的居民表示所在的小组选出的议事会成员能够如实反映本人需求和意愿。

正是基于这样一套民主的公共产品决策机制，成都市通过"村级公共服务和社会管理改革"创新，不仅解决了农村公共产品供给总量不足的问题，而且优化了公共产品的供给结构，最大限度满足广大居民的实际需求。根据本次调查结果，"村公资金"主要用在农村基础设施（59.3%）、环境建设类（9.8%）、社会管理类（16.0%）、文体类（8.2%）等方面，凸显了目前农村基础设施和环境建设仍是居民最为迫切的需求（见表8）。

表8 2009~2012年成都市（调查样本）涉农社区/村专项资金投入情况

单位：万元，%

类别	投入总额	比例
文体类	1054.35	8.2
就业和社会保障类	164.52	1.3
基础设施建设类	7600.14	59.3
环境卫生管理和维护	1258.37	9.8
生产服务类	370.51	2.9
社会管理类	2055.32	16.0
村公议事运行及项目监督	41.80	0.3
融资还款	124.39	1.0
非公共服务和公共管理类	9.30	0.1
其他	141.13	1.1

与此同时，专项资金使用方向的多样化及变动性，体现了因时而变、因地而变的需求差异化偏好原则。中心城区在社会管理类、文体类的需求明显增加；而远郊市县居民需求则更集中在农村基础设施和环境建设类项目，但二圈层涉农社区/村对这方面的需求则呈现逐年减少态势（见表9）。这表明，不同区域、不同时期居民在公共服务和社会管理方面的需求存在差异。成都市村级

---

① 资料来源：成都市委组织部、市民政局2010年发布文件《成都市村民议事会组织规则（试行）》《成都市村民议事会议事导则（试行）》《加强和完善村党组织对村民议事会领导的试行办法》。

公共服务和社会管理改革的实践,充分尊重居民的选择、不搞"一刀切",实现了对农村公共产品供给决策制度的改革,建立起自下而上的需求表达机制,保证了公共产品供给的效率,更好地满足了广大居民在公共服务方面的实际需求。

表9 成都市涉农社区/村专项资金项目分布情况

单位:万元

类别	一圈层					二圈层					三圈层				
	2009	2010	2011	2012	总计	2009	2010	2011	2012	总计	2009	2010	2011	2012	总计
文体类	6.01	5.08	6.94	11.34	7.28	6.26	2.41	3.30	3.08	3.49	4.20	2.86	1.59	2.21	2.61
就业和社会保障类	3.80	3.35	2.83	8.53	4.19	1.35	2.00	16.66		7.61	1.47	1.46	2.60	1.72	1.73
基础设施建设类	6.59	6.50	13.96	9.05	9.61	23.40	16.97	17.82	14.80	17.63	13.99	9.97	12.21	13.01	12.23
环境卫生管理和维护	4.00	4.16	4.83	13.26	8.47	3.77	6.95	6.76	5.59	6.04	5.48	4.00	4.65	7.97	5.70
生产服务类			3.80	1.80	2.80	1.01	7.01	6.11	5.80	5.39	1.83	2.30	4.78	2.90	3.27
社会管理类	4.94	5.38	10.38	8.46	7.92	4.48	6.24	4.03	5.72	5.29	5.29	3.30	4.30	3.77	4.13
村公议事运行及项目监督	0.80	4.00		2.20	2.33		0.20		0.20	0.20	0.50	0.93	2.96	2.33	2.04
融资还款				1.80	1.80			23.00		23.00		10.50	22.70	21.84	19.92
非公共服务和公共管理类				1.80	1.80			3.50		3.50	1.00	1.00	1.00	1.00	1.00
其他			1.50	3.00	2.00	2.35	7.47	4.79	2.42	4.43	5.73	7.70	3.08	1.38	4.80

注:单元格内为均值。

3. 小结:民生与民主相结合

党的十八届三中全会提出,紧紧围绕更好保障和改善民生,促进社会公平正义,深化社会体制改革,改革收入分配制度,促进共同富裕,推进社会领域制度创新,推进基本公共服务均等化,加快形成科学有效的社会治理体制,确保社会既充满活力又和谐有序。成都在改革中将公共服务与社会管理相结合的做法，其实质是自上而下赋权与自下而上参与的结合，是民生与民主的结合，以民生促进民主，以民主保障民生。这一做法与党的十八届三中全会的精神是一致的。城乡发展一体化的基础是赋予城乡平等的地位，制定和规范城乡平等参与发展的规则，提供城乡平等参与发展的机会；城乡发展一体化的保障则是承认城乡各自在发展中的主体性和自主性，以城乡各自的需求为导向形成城乡互补、协调发展的格局。坚持民生与民主的结合，以民生促进民主，以民主保障民生，前者解决的是发展方向的问题，后者解决的是发展手段的问题，两者的结合正是实现城乡发展一体化的长效机制。

二 关于完善成都模式的几点建议

（一）公共服务专项资金投放模式的完善

城乡一体化改革以来，成都市已经建立了以逐年加大财政投入为基础的公共服务专项资金的持续投入机制。应当说，成都市的公共服务专项资金投放模式在改善农村基础设施、发展农村公共服务事业、缩小城乡公共服务差距上发挥的作用是显而易见的。并且，成都市在村级公共服务和社会管理专项资金的投放上也有相对灵活的根据不同社区的需求投放资金，且允许引入社会力量补充专项资金不足的机制。

但是调查也发现，随着情况的变化，有些措施还需进一步完善，尤其要注意的是要适应不同社区在不同发展阶段上的差异性需求。

1. 专项资金投放应满足差异性发展需求

从横向来看，不同社区在社会结构、经济水平、基础设施建设、公共服务资源和发展需求上的差异是相当大的，不同社区的发展轨迹和方向也是不同的。对于基础设施建设历史欠账较多的农村社区来说，现有的资金可能是杯水车薪，无法满足基本的生存需要，而对于经济水平较高、基础设施完善、以发展需求为主导的社区，现有的资金找不到用途的情形也不鲜见。

根据现有政策，针对不同社区的资金投放额度基本上是等量原则，虽有一定差异，但基本在一个水平上。因此，在不同社区公共服务事业发展存在巨大差异的基础上,希冀以投放资金额度的均等化来实现公共服务的均等化,不仅难以达到预期的效果,而且可能维持甚至拉大不同社区之间的公共服务水平差异。从调查结果来看,值得注意的是,最近两年成都市涉农社区/村公共服务与社会管理支出差距有拉大的趋势,从2011年的0.34上升为0.43(见表10)。

表10 成都市涉农社区/村居民公共服务满足情况及需求优先次序

单位:%

类别	满足情况				需求情况(分母为样本数)			
	总体	一圈层	二圈层	三圈层	总体	一圈层	二圈层	三圈层
法律服务	84.0	79.2	84.8	84.1	20.9	28.1	22.4	19.5
农技服务	83.7	64.8	79.5	87.8	17.4	12.3	17.8	17.7
医疗卫生	94.8	94.2	95.7	94.4	61.8	61.6	59.9	62.8
修路	94.6	89.4	92.3	96.2	45.6	21.0	40.8	50.1
职业介绍	75.1	83.7	73.2	75.2	16.3	14.9	18.6	15.2
技能培训	84.7	91.2	81.0	85.8	25.4	8.8	26.6	26.3
安全饮水	91.7	96.3	89.7	92.1	44.5	39.7	36.3	49.0
水利设施	90.0	74.4	89.2	91.9	21.0	16.3	17.6	23.1
文体活动	89.9	95.0	90.0	89.4	35.2	33.2	37.3	34.4
最低生活保障	61.9	74.0	56.2	63.5	11.7	13.2	9.0	12.9
义务教育	73.8	74.5	70.9	75.2	33.4	24.6	30.9	35.4
幼儿园	65.4	69.3	61.9	66.5	11.7	13.5	15.5	9.7
园林绿化	84.1	93.1	86.7	81.9	15.4	20.6	17.0	14.1
污水处理	84.0	92.1	84.2	83.0	21.9	25.2	24.4	20.4
垃圾处理	91.3	86.7	91.6	91.6	32.1	40.3	35.5	29.6
防灾减灾	85.8	87.2	85.4	85.8	9.8	12.4	11.8	8.6
社会治安	93.7	97.6	97.1	91.6	55.0	75.6	53.8	53.7
助老助残	78.9	87.9	80.7	77.0	14.8	31.9	19.0	11.1
其他	53.8	87.8	52.2	49.9	0.2	0.4	0.1	0.3
总计	83.4	85.1	82.4	83.8	494.1	493.8	494.4	493.9

虽然公共服务民主化的决策机制可以最大限度地保证财政支出满足广大居民的迫切需求,优化公共产品供给的结构,然而由于各类涉农社区/村在区位、禀赋方面的差异,仍有必要探讨"村级公共服务和社会管理专项资金"在总

量上投放的差异化原则。为了更好地促进公平、均衡发展，推进城乡一体化，在进一步的深化改革中，总量上专项资金可以考虑适当向偏远农村社区倾斜。不仅要"锦上添花"，更要"雪中送炭"。

2. 专项资金投放应匹配发展的阶段性需求

从纵向来看，每个社区都处在发展变迁过程中。一般来说，每一个社区对公共服务的需求都存在从生存主导到发展主导的发展曲线。专项资金增长幅度是否满足社区在发展过程中的阶段性需求，也值得进一步考量。因此，专项资金投放额度的增长幅度也应避免形式上的均等化，应针对每个社区的实际发展情况将资金投放的持续性与社区发展的持续性更好地匹配起来。

（二）公共服务项目运作模式的完善

市场化改革以来，人口流动的规模和幅度日益扩大，这一点已经对原有的社会管理体制构成挑战。在成都市公共服务改革中，人口流动也是一个不容忽视的问题。另外，城镇化过程中产生的过渡型社区的存在也对既定的公共服务项目运作提出了挑战。

1. 公共服务应满足流动人口的需求

按既有的设计，公共服务专项资金的投放是以社区为单位，专项资金使用的决策、实施和监督也是以社区为单位。事实上，社区的边界已经由于人口的流动而变得模糊，流出人口和流入人口的社区归属直接关系到如何界定公共服务的受众群体、决策人群、实施人群和监督人群，如何在公共服务发展中体现和照顾流动人口的需求和利益已经不只是一个项目运作中技术层面的问题，更是涉及发展公共服务事业的核心价值和终极目标的问题。当前，在农村，大批青壮年人群外出务工，村庄生活的主体以留守老人和儿童居多，这部分人群的需求是否代表村庄整体的需求，常年外出不在村生活的外出务工者的需求是否应该纳入村庄整体的需求，都是值得讨论的问题；在城市社区，流动人口大量增加，占据相当大的比重。虽然成都市已经破除了城乡户籍上的藩篱，制定了更开放的落户和自由择居的政策，但还是存在大量流动性较高的人口，其需求如何有效地纳入社区整体需求，仍是在发展公共服务事业时需要进一步探讨的问题。

2. 公共服务应满足特定社区的需求

城镇化过程中产生了一批特殊类型的社区，例如涉农社区。一方面，它们既不同于传统意义上的村庄，也不同于一般意义上的城市社区；另一方面，它们又兼具村庄和城市社区的特点，处于从村庄到城市社区的过渡阶段。涉农社区的一个显著特点在于居民的居住方式与生产和生活方式的诸多方面存在分离的状况，反映到公共服务的需求上则体现为多元化、差异化，甚至出现不同需求之间的冲突和无法调和。更极端的情况是，一个村庄在获得公共服务专项资金之后，转变为涉农社区或者城市社区，整体的需求发生了极大的变化，资金用途的变更是否具有可行性、变更的程序如何具有合法性，这些问题成为村级公共服务和社会管理改革需要面对的挑战。

3. 加强农村基础公共设施建设中的规划性

在未来的农村发展中，目前的村镇格局和农民居住格局会发生明显的变化。防止出现花了很大人力、物力、财力修建的基础设施由于未来新的规划而被废弃。而且，在规划明确的情况下，通过新的基础设施的修建，引导新的村镇格局和农民居住格局的形成。

（三）城乡发展一体化机制的进一步创新

成都市城乡发展一体化改革找到了打破公共服务二元结构这一行之有效的突破口。专项资金投放、公共服务供给模式的制度化和常规化，通过立法赋予改革过程中得到实践证明的制度创新以合法性，将是确保公共服务改革从项目运作走向可持续的关键环节。

通过公共服务项目运作的民主管理机制撬动基层民主，也是成都市在公共服务改革中收获的成功经验之一，改革实践也证明了在基层建立民生与民主相结合的城乡发展一体化长效机制的可能性。发挥这一经验的辐射作用，并通过进一步的制度创新，撬动村级民主的模式以合理、有效的方式复制到乡镇一级，实现自上而下的赋权与自下而上的参与在乡镇层面的结合，进而实现民生与民主相结合在村与乡镇之间的对接，将是确立、维护城乡发展一体化长效机制的保障。

B.11
四川省城郊宜居型旅游小城镇建设

王 瑗*

摘 要： 城尾乡头的小城镇是中国城市化进程中最为活跃的空间因子。"休闲消费时代"的到来开启了以服务业为主导的新型小城镇发展路径。其中尤以旅游小城镇的发展建设最为活跃。成都城郊旅游小城镇在近二十年的发展中主要形成了历史文化古镇和乡村旅游两种发展模式。本文在对传统旅游小城镇分析的基础上，提出了以推进新型城镇化，调整未来城市化形态，促进城市人群转移和农民就地城市化为发展目标的城郊宜居型旅游小城镇建设模式，并从区位特征、社会结构、功能空间、空间结构、景观体系和产业特征六大方面进行剖析，进一步提出一个具有良好基础设施、产业基础、城镇环境和生活品质的小城镇空间建设模型，期望能为中国的特色小城镇建设提供借鉴。

关键词： 旅游小城镇　特色小城镇建设　新型城镇化

小城镇广泛分布在我国各个地区，且连接着城乡两头。中国从城市到乡村两级的变迁都或多或少地影响着并依托于小城镇的发展，成为广大中间地带最活跃的空间因子。在以城市化为主调的宏观发展进程中，大城市扩张和农村城镇化都融合了小城镇不断演化的轨迹，经过了星星燎原之势的萌发、成长、壮大、停滞、衰落、转型，甚至消失的过程，这些铺陈在时间轨迹上的小城镇发

---

* 王瑗，博士，四川省社会科学院区域经济研究所助理研究员，主要研究方向为旅游规划。

展故事犹如一幅五彩斑斓的历史图卷。

根据小城镇的职能和经济特征来划分小城镇类型可知，传统小城镇主要包括：以农村及农业区域服务中心为主要功能的小城镇；专业化产业特征较强的工业主导型、农业主导型、商贸主导型、交通主导型小城镇；综合型小城镇。小城镇发展的驱动力、发展模式和形态都符合其所处的时代背景，是时代的产物。新的时代会酝酿出新的需求和新兴经济，符合时代需求的创新发展模式是小城镇需要探索的路径。

现今，随着中国消费力的上升，尤其是休闲消费占人均消费比重的增长，"休闲消费时代"的到来开启了以服务业为主导的新型小城镇发展路径。其中尤以旅游小城镇的发展建设最为活跃。旅游小城镇在近二十年的发展中，同样也历经了从萌发到逐步成熟，再走向多元化发展的道路，逐渐形成了一批颇具特色的发展样本和发展经验。其发展类型按照资源特征和功能特征可以归纳为：历史文化型、自然风光型、民俗村寨型、景区依托型、乡村旅游型、主题旅游型和特色商贸型。

一 四川旅游小城镇发展概况

四川自然文化资源丰富。在外围，广大的三州少数民族地区分布着许多集自然风光和民族文化于一体的旅游小城镇。在这些以发展生态经济为重点的区域，旅游成为推动地方发展的主导经济，在重要旅游区周边和旅游环线上形成了一些以旅游服务功能为主导的小城镇，例如九寨沟县、松潘县、茂县、汶川县、康定县、丹巴县、新都桥镇、泸沽湖镇等都是颇具知名度的旅游小城镇。

我们再将目光汇聚到本次研究关注的核心地带，即四川盆地中以成都为中心的平原城市群地带，其中又以成都城市边缘区地带的旅游小城镇发展最具代表性。大城市强有力的休闲消费人群、城郊地带优越的地理区位和自然、文化资源为旅游小城镇的发展奠定了基础，也提供了充足的市场发展动力。在经历了近二十年的发展以后，城市周边的小城镇逐渐形成了一批颇具知名度的旅游小城镇。其中，以黄龙溪古镇、街子古镇、洛带古镇、安仁古镇等为代表的历史文化古镇旅游，以及以三圣花乡、郫县农科村、龙泉山泉镇等为代表的乡村旅游，是平原城郊旅游小城镇建设的两种主要传统模式。在这些小城镇的建设中，城镇的风貌、基础设施和产业功能都以旅游为主导进行着调整和深化，建成了较为完善的旅游小城镇体系。

尽管它们各自存在资源特色和发展阶段上的差异，但我们仍尝试着概括出这些传统旅游小城镇所具有的共性。

外来游客是旅游小城镇的主要服务人群。游客的行为和需求将主导这个小城镇的功能结构、城镇景观、商业形态，乃至社会文化形态。小城镇原有的日常生活空间将以丰富游客体验和服务游客为主导重新组织空间秩序，旅游功能会逐步占据城镇的主要功能空间。原来居住在本地的居民通常退让至外围区域居住，或另建新镇，与旅游空间相对分离。小城镇原有的相对封闭独立的环境逐渐被打破，以更加开放的姿态迎接游客，开放性空间比例增大，居民的生活甚至成为游客旅游体验的一部分。小镇特有的自然、历史文化景观将被强化，精心营造为满足游客偏好的特质景观。资源特色不强的地方，也可以植入新的主题创意景观以赢得游客的青睐。大量的旅游活动和节庆被精心包装起来以吸引游客。大量的休闲消费业态将遍布于小镇的各个角落，应配套旅游的饮食行游购娱等要素。旅游商业行为发达也逐渐带动了一批旅游地产的繁荣。旅游经济成为地方主导经济。在新的经济刺激下，本地居民开始转变原有的生产生活方式，逐步向旅游产业转移。在这一过程中，外来的经济主体往往起到更为关键的推动作用，成为新一轮经营主体的重要构成。小镇固有的社会结构开始瓦解，成为以大量流动性游客、旅游经营者和居民共同构成的社会体。

旅游系统的开放性打开了小城镇较为封闭的区位、市场和社会文化形态，引导城市的能量向外部转移，探索出一条以休闲产业助推城郊、农村甚至边远区域小城镇发展的道路，成为城乡统筹发展进程中大力提倡的小城镇发展的重要方式之一。

虽然旅游经济常常为经济落后区域带来令人欣喜的发展机遇，使众多小城镇成为贫困地域上鲜活的经济飞地。但沿袭着传统模式建设的旅游小城镇也开始显露自身的特殊性和缺陷。以"游客"为服务主体的旅游小城镇无法规避人群的强烈流动所带来的影响。成熟的旅游小城镇，其显著的特征是场镇配套设施和商业设施以服务游客为主，而非本地居民。居民日常生活成本日益增高，生活、学习、医疗配套不完善或水平较低。传统旅游小城镇往往无法吸引固定居民的转移。近年来，大量兴建的旅游地产和旅游设施的低效使用及空置，极大地增加了城镇发展成本，造成了消极的影响。

研究的尺度观认为不同尺度的空间分析，需要不同的分析框架和研究重点问题，得到的结论也不普遍适用。在城郊地带，小城镇的发展承担着更为关键的责任，即推进中国城市化进程，调整城市发展形态。在这个空间尺度上，城市化是这个空间地带的主旋律和核心动力，旅游小城镇的发展也需顺应探索新的发展模式。因此，我们提出了宜居型旅游小城镇的概念。

二 宜居小城镇意象

在我们的印象里，总有一些小镇让人留恋，让人不想匆匆路过，期待能在这样的小镇里展开梦想中的生活。欧洲许多优美的小镇让人流连，如荷兰阿姆斯特丹附近的阿斯米尔，法国巴黎周边的吉维尼、安纳西和霞慕尼；瑞士的蒙特勒、伯尔尼和因特拉肯，奥地利的萨尔茨湖区小镇，以及捷克的克鲁姆洛夫。这些世界最知名的小镇沉淀了一个地域最独特的自然、人文之美。不仅是著名的旅游目的地，还是人们最向往的居住地。生活景观和旅游景观交织在一起，勾勒出一幅幅如美画卷。旅游小城镇的诞生最初是从人居地开始的，经久的日常生活积累并固化下来的点点滴滴，沉淀出一个地方最持久、最具耐性，也最独特的地域景观。日常生活之美的彰显最为真挚，也最具生命力，这是世界上优秀旅游小城镇的精髓。我们往往会觉得刻意建造的旅游小镇显得刻板而生硬，源自于以商业逻辑新建的小镇虽带有明确的商业秩序，但缺失了生活日积月累堆积的细节度、丰富性和柔软性。

在我国的土地上，也遍布着许多彰显我国地域文化特征的优秀小镇。颇感遗憾的是，在诸多小镇居住空间和商业空间的拉锯战中，旅游商业空间最终占据了小镇的主要地位，而居民往往退居城镇外围。小镇核心区域通常采用门票制或者景区管理办法将居住和旅游隔离成两个相对独立的空间。而二者之间的资源、景观、交通以及配套设施通常呈现断裂形态。

消费经济的繁盛创造了空前的特殊空间，特定的空间也被生产出来满足消费经济需求。博德里亚的空间生产理论在这个时代得到了印证，生成了诸多新兴人工景观。一系列"为旅游而生"的小镇脱离了原有的小镇生产生活和社会文化，以高超的营造技巧和商业手段，以商业的成功为根本出发点，将小镇整体包装为旅游产品向游客兜售。其导致的两个极端是：一方面，旅游产业将旅游空间与居住空间分离，相互排斥；另一方面又是以旅游地产开发为特征的商业地产抢占旅游小镇的优质资源。

传统旅游小城镇的开发是一定时期的产物，也代表了一个以旅游产业为绝对主导的小城镇建设模式。在当前时期，以推进城市化进程，统筹城乡发展为前提的小城镇建设中，我们尝试借鉴世界优秀旅游小镇的经验，提出宜居型旅游小镇概念，在传统旅游小镇的痼疾和旅游地产的过度商业化中寻求更好的途径，也为城郊小城镇的城市化进程探索新的模式。本文将从以下六个方面来剖析新型旅游小城镇特征，试图建构一种新型开发建设模式。

三　宜居型旅游小城镇特征

（一）区位特征

区别于旅游小城镇与中心城市较弱的依附性，宜居型旅游小城镇将主要分布在大城市近郊地带。这里是城市化进程推进的前沿区域，也是城市人群向外转移，作为第一、第二或是第三居所的主要地带。小城镇具有一定数量的常住人口和城镇化特征。由于位于城市向农村过渡的中间地带，其自然基底和地域人文特征通常得以保留，构成发展旅游经济和建设宜居环境的基础。连接中心城区与城郊之间的成熟、便捷的交通道路和私家车的日益普及是推动城市人群向外转移的技术条件。同时，城市生活成本的上升、环境的恶化也开始促使人们转向郊区寻求新的生活方式。而信息技术时代的到来也使城市产业空间向外转移成为可能。新兴经济时代和消费时代的到来为近郊小城镇带来了新的发展机遇。

（二）核心人群

我国小城镇的兴起和发展脱胎于乡村社会，同时又在形式上刻意模仿城市社会，因而在结构上具有二者的一些复合特点。它既具有城市化的商品经济和企业化特征，也具有乡村"熟人社会"较为稳固而封闭的家族主义特征。小城镇的社会结构呈现区别于"城市－乡村二元结构社会"的第三种社会特征。在城市化进程的冲击下，小城镇的社会结构趋于不稳定。而中国未来社会的发展取向，将取决于三种社会"变数"之间的互动。我们可能会看到这样一幅未来中国社会发展的图景：小城镇社会将逐步取代乡村社会，并与城市社会相交融。

旅游干扰小城镇固有社会结构的主要动力是为其注入大量高流动性的外来人员，形成以本地城镇居民为常住人口、游客和旅游从业人员为流动人口的社会结构特征。而旅游人群的临时性和高频流动对推动小城镇社会结构的转型是有限的。未来小城镇将承担的主要功能之一是转移大都市的人口压力，吸纳周边农村人群就地城市化。因此，我们将为旅游小城镇加入"宜居"的概念，吸引更多常住人口的入住。随着农村户籍的取消，未来的居住准入将更加灵活。人们选择居住地将不再受户籍制度的约束，而以地区的综合资源条件作为选择的首要要素。"城市近郊宜居地"将成为旅游小城镇调整发展的方向。未来形成以本地原有居民、城市转移常住人口、农村转移常住人口和游客、城市休闲人群、从业者等人口为特征的社会结构形态。

几者之间的需求共性及差异体现在：游客（以旅行为目的）追求的是特色的文化、标识性的自然风景、美丽的城镇景观、热闹的节庆活动，从而收获独特的旅行故事和人生体验；城市休闲人群（以近郊休闲度假为目的）更多的是希望享受城郊优美的自然环境，异于城市的郊区生活，从事丰富有趣的户外活动，品尝地方美食，度过轻松愉悦的休假时光。尽管这两类人都希望体验到不同于城市的生活，但现实是：消费惯性让大部分人希望能享受到较为完善和高品质的服务配套，包括较为发达的旅游商业业态。常住人口也希望能在优美而充满活力的小镇上购房置业。不同于旅游者的是，他们的居住行为是长期的，这决定了他们的需求将更加常态化和日常化，除了分享旅游空间的优美景致和发达的休闲业态外，他们还需要包括学院、医院、集市、餐馆、健身、社交在内的日常基本生活配套设施。这些功能通常是小城镇旧有基底的薄弱之处，也是传统旅游小城镇在发展过程中的弱项。

以宜居为目标的旅游小城建设需要一系列城镇功能的支撑，反之，以此为目标的小城镇形态建设也会随之调整，涉及功能空间、配套设施、景观体系、业态规划等各个方面。

（三）功能空间

传统小城镇主要为城郊地区的生活聚居区和生产服务区。小城镇常住人口的居住、生活、商贸活动，乡镇企业的生产，以及周边农村地区的生产服务功能多聚集在小城镇中。这些功能空间构成了小城镇的整体形态。

旅游空间介入后，通常会排挤日常化的生活生产空间，而壮大旅游核心空间，将旅游空间和生活空间隔离开来。传统旅游小城镇空间结构通常为：围绕或者毗邻旅游吸引力空间极核，外围形成人居空间和产业空间。外来资本，基础设施建设以及旅游人流将集中在旅游空间内，外围另行拓展的人居空间与旅游空间在功能配套和景观体系上相对分离（见图1）。我们希望看到旅居融合的空间形态，使旅游景观融入更为丰富和具有生命力的日常生活之美。我们设想的宜居型旅游小城镇未来的功能空间将呈现如下形态（四川省社会科学院区域经济研究所，助理研究员，见图2）。

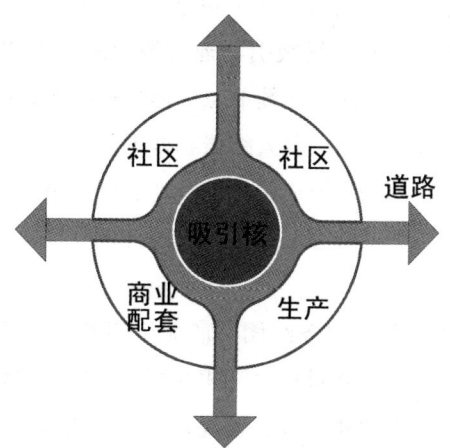

图1 传统旅游小城镇功能空间形态

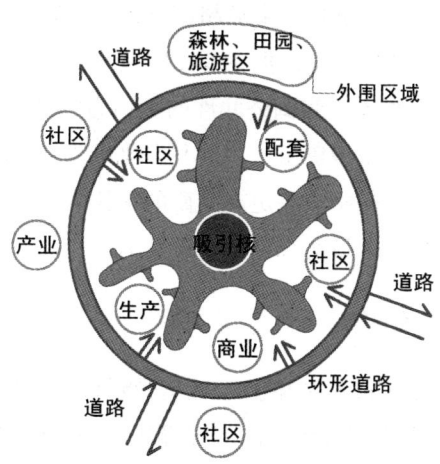

图2 宜居型旅游小城镇功能空间形态

（1）旅游空间、人居空间、配套空间和产业空间将并存于小城镇，形成和谐共生的功能空间体系。实现的关键在于：以关联、互助、融合为理念为指导，实施有效的小城镇总体规划和整体开发。

（2）未来形成连续的公共吸引力空间和组团式功能空间结合的功能空间形态。

（3）规划将放大吸引力空间，将吸引力体系通过游走体系延伸到小城镇的主要角落。游走体系体现为：串联小城镇内部各功能组团间及组团内部的街道、水系等各类通道，以及进出和环绕小城镇的外部通道。吸引力空间不仅局限于某个空间，还分布在小城镇的各个角落。旅游核心区仍保持一定的聚集。分布在周边的其他吸引物和新增吸引物通过节点式分布逐渐从核心向外围散布，形成不同特色、不同功能的连续节点，例如核心旅游区、休闲购物街、中央广场、街心喷泉、绿地公园、名人故居和外围的湿地、河流等。这些吸引力节点通过游走体系串联起来，形成一个连续的、规模更大的也更富于变化的吸引力空间，同时也是一个供游客和居民共享的开放空间，不仅服务于游客，也服务于邻里。

（4）各社区组团、配套服务组团、商业组团和生产组团都以组团形式嵌入吸引力空间，这些组团既相对独立又相互耦合。每个居住或商业邻里内，要鼓励不同类型和不同用途的建筑混合建设，这是欧洲和东方的城市、乡村具有不朽魅力和生命力，从而受到人们珍视的重要原因。配套服务组团要配备适宜城市人群居住需求的医院、学校、生活超市、银行、通信、文化、娱乐、运动健康等设施。部分可与游客共享，但主要以服务常住居民为主。

（5）新的功能空间形态，强调公共性的吸引力空间和配套服务空间建设，规避旅游地产开发抢占小城镇资源，大量私有化城镇空间的状况。同时，将人居及配套设施融入旅游空间中，满足高品质的常住需求，避免了旅游设施在淡季的低效利用，为城镇注入持久稳定的消费动力。

（四）旅游空间结构

现有的大部分小城镇改造和旅游小城镇受到行政区划和土地政策的影响，通常将开发边界局限在集镇红线以内（见图1），形成一个较为封闭的空间体系。尽管城镇红线以内的城镇区域是小城镇发展的重点，但将城镇考虑为完全独立的且与其外延景观（城市郊区、乡村和荒野发源地）分离开的区域，用孤岛思维进行规划。我们应该"综合"所有的因素，形成可能构想出的最佳居住环境。在更大的框架内，将构筑物和人的活动地区构想为与大自然和谐地共处。因此，我们要用区域规划和区域开发的思路将小城镇及其周边的外延景观联系为一个整体进行思考。

小城镇具有的天然优势是大多位于乡村地区或者自然特征较为突出的地带，从而具有颇为丰富的外延景观，例如田园、森林、山地、湖泊和河流等。这些资源是吸引人群前来旅游和定居的生态环境优势。

小城镇仍然作为居住、商业地带和旅游配套服务的集中地，但不是唯一的活动场所。应将更多具有旅游吸引力的项目和大型设施转移到城镇周边地区。旅游活动集中分布于城镇之中，会导致城镇功能过度集中，用地压力增大，风貌失控，环境恶化。城镇整体设施的旅游化倾向也易导致城镇过度依赖旅游产业，在旅游淡季以及旅游产业不景气时出现设施空耗和城镇衰落等负面现象。在周边地区发展旅游项目可以因地制宜，同时由于郊区具有更加丰富的开放空间，也有利于开展贴近自然环境、丰富多样且具有规模性的活动。随着中国农村土地综合整治项目的开展，农村集体建设用地的流转和使用趋于灵活，可以通过农民自建或社会资金参与方式进行新的用途开发，例如旅游、商业和娱乐等。这使旅游项目向农村地带转移成为可能。

在保护基本农田、限定禁止性开发土地、限制性开发土地等原则的控制下，通过对周边地区的地形和资源梳理，以小城镇为核心，勾勒整个开发区域的轮廓。将具有吸引力的旅游项目规划分布在这个区域的可建设用地中。通过城镇内游走体系的延伸，将更大区域内的旅游吸引力链接起来。城镇核心和外延最终消失了边界。通过对通道的设计和活动的引导，无边界地融合在一起，并形成真正具有地方特性的区域（见图2）。

（五）景观体系

无论是旅游还是居住，美好的环境是两种行为发生的基本要素。令人满意的旅游通常是一套连续而完整的审美体验，被旅游中每个经过精心包装过的环节组合起来。而外地人群选择小城镇购物置业也将基于优美的环境、可以营造的生活方式和未来地产增值的空间。在我们完成了对小城镇功能空间的规划

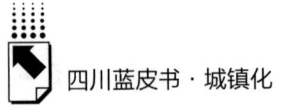

后,可将吸引力空间放大,并串联起各个功能组团,完美呈现各组团空间意象的基本途径实质上是一套完整的景观体系。

我们可以简单地将小城镇的景观体系抽象为点、线、面的组合,具体表现为:街道、溪流、河道、公园、广场、林地、风景区、建筑风貌以及点缀在城镇中的雕塑、喷泉、路灯、亭台楼阁等。在景观设计中,注意保护区域内的生态和文化资源,梳理地方原有的生动的街道肌理和生态肌理,提炼出独特的景观元素,进行强化和贯穿。例如,提到江南小镇便想到蜿蜒的河道、小桥、青瓦白墙交织而成的水乡景观。

通道是小城镇景观设计的重点。游走系统自身通过良好的规划成为景观丰富优美、行走生动有趣的旅游游线,可满足机动车、自行车、步行、游船、观光车以及轨道交通的运行。通过游走系统的规划将各景观元素串联成一套连续的体系,连通内部组团并延伸至外延区域。在开发区域内所有活动的通道,都应沿着蓝道走,或从包围和分割建筑群的田野和林地中穿过。反过来,也让城外自然中的水、土和植物渗透到稠密的城镇核心——便可使所有的人体验到他们与大自然结合的感觉,享受在大自然中的快乐。

在建筑风貌上,我们应该允许多元景观的存在。旧有的建筑和新建建筑、要有形式多样的屋檐、宽窄不一的间距,以及不同风格设计的店面等,这些丰富的景观正是许多优秀小镇保持吸引力的原因所在。景观设计不需要截然地整齐划一,而是要做好彼此之间的功能协调,进行梳理性改造和业态引导。

景观体系自身将成为小城镇重要的风景带和旅游区,同时也是重要的开放空间,要尽量实现景观带的公共性,让居民和游客共享。

(六)产业特征

小城镇发展的动力来自自身经济实力的持续增长和人口的不断集聚,并且两者之间互为因果。随着第二、三产业的比重上升,第一产业比重的下降,加上各次产业内部结构向高效益、高附加值转化,产业结构不断优化升级,使第二、三产业发展的适当集聚和规模化,对农村人口的吸引力增强,促进了小城镇的形成和发展,在很大限度上推动了城镇化发展。因此,小城镇发展从现象上看是小城镇数量的增加和规模的扩大,其本质特征是经济职能的非农化,即第二、三产业的形成。小城镇从以传统的农业生产、农村生活为主的单一型农村经济转向以第二、三产业为主的城镇经济,从以农业基本建设为主转向以工业发展和居民生活服务的城镇基础设施建设为主。我国传统的小城镇发展是以工业作为主要推动力量。但第三产业是更具活力的产业,随着经济的发展,第三产业对小城镇发展的促进作用越来越大,甚至成为主导产业。

旅游业是第三产业带动小城镇发展的重要类型,它开启了一条以非工业化途径推动小城镇和新农村建设的新型发展模式,也为生产资源匮乏、工业欠发达和生态涵养地区的小城镇带来了新的机遇。旅游经济向旅游体验经济强化,以及与地方原有产业的融合共生,助推地方经济发展,其实质是地方原有之农业、工业或服务业以观赏、休闲、娱乐、体验等为特征,强化向休闲服务业的产业链延伸,通过建立旅游经济与原有产业的关联性,延展了产品宽度,也促进了产品向深度的挖掘。例如农产品加工成为地方特产,也为小城镇提供补给。农业基地成为户外体验地,林地苗圃成为观光地。特色的工业产品可以作为纪念品被出售,特殊设计的生产流程也可以为游客开放参观。服务业更是在旅游的助推下提档升级,向更丰富、更高级的消费业态发展。旅游强化了城镇外围产业和内部经济的联系。

旅游业的发展为地方植入极具活力的新兴产业。同时,配合以宜居为前提的房地产产业的发展也会进一步加快小城镇第三产业的发展。旅游人群的到来,城市居民和周边农村居民的转移,常住人口增加会带来小城镇及周边土地价值的迅速增值。配合旅游活动和人居生活的一系列商业活动也会助推服务业经济的发展,提供更多的就业机会和税收收入。小城镇经济会加速向以第三产业为主导的产业结构调整。

四 宜居型旅游小城镇的未来蓝图

我们尝试从区位特征、核心人群、功能空间、旅游空间结构、景观体系和产业特征六个方面去勾勒宜居型旅游小城镇的轮廓,涉及更为详细的小城镇商业、社会、生活细节尚需我们结合个案进行更细致的观察。我们认识到:宜居型小城镇建设较之传统城镇改造和旅游小城镇开发是一个更为综合性的小城镇类型建设。不同于二者分别侧重于场镇居住场所的改善和旅游功能区的建设,也不同于通常旅游地产的主题式开发,宜居型小城镇的建设是以推进新型城镇化,调整未来城市化形态,促进城市人群转移和农民就地城市化为发展目标的。它将创造旅居融合的空间形态，使旅游景观融入日常生活之美，使旅游空间、人居空间、配套空间和产业空间并存于小城镇，形成和谐共生的功能空间体系。它倡导以区域化发展理念为指导，建立小城镇和周边区域的经济关联和空间关联。在经济上，通过旅游产业的带动性，使地方原有的农业、工业或服务业以观赏、休闲、娱乐、体验等为特征，强化向休闲服务业的产业链延伸，助推地方经济向第三产业发展；在空间上，将部分具有旅游吸引力的项目和大型设施转移到城镇周边地区，通过游走体系的设计和活动引导，实现城镇核心和外延区域的无边界融合，最终形成具有地方特性的区域整体。

当实现这一切后，我们将为这个优质的空间赋予一系列关于生活方式的塑造和阐释，建设一个让人们向往的有关"生活"的地点品牌。小城镇将成为一个具有良好基础设施、产业基础、城镇环境和生活格调的优质空间。但这仅仅是宜居型旅游小城镇推动小城镇发展的开始，我们还要期待更大的进步。这种更大的飞跃将来自宜居型旅游小城镇所创造的独一无二的优秀的空间价值给未来的城市能量转移奠定的基础。空间价值是这个小城镇一直以来为之努力，并将在未来的城市化进程中收获更大的惊喜。正如今天人们首先选择人居的郊区化，为小城镇带来机遇一般，随之而来的将是新兴产业的陆续转移。而基础设施良好、人口数量稳定、环境优越但成本更低的小城镇空间将会成为更多优秀企业的选择。小城镇将走上更加富有生命力的发展道路。我们期待这种发展模式能在未来的小城镇发展道路中获得更多的实践。

参考文献

〔法〕让·波德里亚：《消费社会》，刘成富、全志钢译，南京大学出版社，2000。

〔美〕约翰·O.西蒙兹、巴里·W.斯塔克：《景观设计学——场地规划与设计手册》，朱强等译，中国建筑工业出版社，2009。

建设部课题组：《新时期小城镇发展研究》，中国建筑工业出版社，2007。

孙天厌：《休闲——经济增长新亮点》，《发展研究》2002年第11期。

马惠娣：《休闲：人们美丽的精神家园》，中国经济出版社，2004。

林峰：《旅游引导的新型城镇化》，中国旅游出版社，2013。

陆大道、蔡运龙：《我国地理学发展的回顾与展望——地理学：方向正在变化的科学》,《地球科学进展》2001 年第 4 期。

陈修颖:《区域空间结构重组》,东南大学出版社,2005。

陈文波、肖笃宁等:《景观空间分析的特征和主要内容》,《生态学报》2002 年第 7 期。

辛秋水:《小城镇:第三种社会》,《福建论坛》2001 年第 5 期。

B.12 四川省新型城镇化进程中农业转移人口市民化公共成本研究

——以南充市顺庆区为例

戴旭宏 王娟 桑晚晴[*]

摘 要： 推进农业转移人口市民化的过程将面临诸多方面的挑战，其中成本问题就是亟须攻克的难题。在农民成为市民并被纳入城镇公共服务体系的过程中，各级财政将要承担多少支出，目前还存在着较大的争议。本文从财政支出角度对市民化成本进行测算。

关键词： 农业转移人口 市民化 公共成本

实现农业转移人口市民化是一项长期而艰巨的任务，就目前我国城镇化的发展情况来看，城镇化质量并不高，突出表现为农业转移人口市民化落后。2013年我国常住人口城镇化率为53.7%，但按户籍人口来测算城镇化率仅为35%左右，二者相差18.7个百分点。中国社会科学院研究表明，目前我国农业转移人口市民化程度综合指数仅约为40%。我国农业转移人口还处于一种"半市民化"状态，更多的农业转移人口并没有享受到城镇化应有的社会化服务待遇，即没有真正地实现由农民向市民的转变。因此，在城镇化的推进过程中，农业转移人口市民化不仅面临着量的增加，更面临着质的提升。

---

[*] 戴旭宏，四川省社会科学院农村发展研究所副研究员，主要研究方向为财政学；王娟，四川省社会科学院农村发展研究所副研究员，主要研究方向为城镇化；桑晚晴，四川省社会科学院农村发展研究所硕士研究生，主要研究方向为农村发展。

当前，有序推进农业转移人口市民化还面临着多个方面的挑战，其中农业转移人口市民化的成本问题就是亟须攻克的难题。但在市民化成本的测算上还存在着很大的争议，对其进行科学合理的测度是保证农业转移人口市民化的基础性工作。

一 农业转移人口市民化成本综述

（一）农业转移人口市民化成本的测算

农业转移人口市民化不能简单地理解为农民职业和身份的转变，最根本的是要平衡城乡两种身份所带来的利益问题，即能与城市居民享受同样的公共资源、社会福利和政治权利，并承担相同的市民义务，成为真正意义上的市民。农业转移人口市民化不可避免地增加了政府的财政支出成本，主要是指为容纳新市民人口，政府在随迁子女教育、社会保障、公共服务管理、保障性住房、城镇基础设施建设等方面的投入。但新增一个城市人口，政府到底需要投入多少钱，是我国推进新型城镇化建设关注的核心问题之一。

目前，大量研究学者也对其进行了研究测算，但更多的是对农民工市民化的成本测算，在成本构成口径、计算方法等上面还没有形成一致，社会成本视角下农业转移人口市民化成本也存在差异（1.5万~13万元），这些研究成果引起了各研究机构、专家学者的高度关注和讨论。

（二）农业转移人口市民化成本测算的比较分析

资料显示，2005年中国科学院研究报告《中国可持续发展战略报告》指出，每进入城市1个人，需要"公共支付成本"约为1.5万元。原建设部调研组（2006）报告，每新增一个城市人口需要增加市政公用设施配套费，小城市为2万元，中等城市为3万元，大城市为6万元，特大城市为10万元（不含运行和管理成本）。中国发展研究基金会《中国发展报告2010：促进人的发展的中国新型城市化战略》认为，中国当前农民工市民化的平均成本约为10万元。以上测算方法只是对市民化成本的一个大致估算，没有相对详细、完整的成本测算过程，难以对其进行深入分析。

最近几年，张国胜（2009）分地区、分类型对农民工市民化的社会成本进行了较详细的测算，根据其测算，东部沿海地区第一、二代农民工实现市民化所需成本分别为9.8万元、8.6万元。内陆地区第一、二代农民工实现市民化所需成本分别为5.7万元、4.97万元；2011年国务院发展研究中心对农民工市民化成本测算进行了实地调查研究，认为给农民工解决城市户口，政府支出的公共成本约为每个农民工8万元；2013年中国社会科学院城市发展与环境研究所发布的《中国城市发展报告NO.6》指出，中国农业转移人口市民化的人均公共成本约为13万元。以上研究都具有较强的影响力和参考价值（见表1）。

表1 三个测算方案的成本构成

类别	公共成本	个人成本	市民化成本
张国胜（2009）	社会保障成本、智力成本、城市住房成本、基础设施成本	城市生活成本	东部沿海地区第一、二代农民工实现市民化所需成本分别为9.8万元、8.6万元；内陆地区第一、二代农民工实现市民化所需成本分别为5.7万元、4.97万元
国务院发展研究中心（2011）	义务教育、居民合作医疗、基本养老保险、民政其他社会保障费用、城市管理费用、住房等	不考虑	8万元
中国社会科学院（2013）	含城镇建设维护成本、公共服务管理成本（包括一般公共服务支出、文化体育支出、医疗卫生支出三项）、社会保障成本（包括养老保险、失业保险的政府补助部分和城镇低保救助部分）、随迁子女义务教育成本（含城乡义务教育补差部分、新学校建设成本两项）、保障性住房成本（含保障性住房建设投入、廉租房的租金补贴）	生活成本（以城镇居民的年均消费支出扣除住房支出后的余额）、住房成本、自我保障成本	13万元

从表1可以看出，三个方案对农民工市民化成本的研究，由于研究角度不同，其研究的具体内容以及得出的相关结论也存在相当大的差异，具体表现在以下几个方面。

1. 市民化成本的主体、内涵和范畴不同

根据对上述三个成本测算方案的分析，张国胜和国务院发展研究中心是对农民工市民化的成本测算，中国社会科学院是对农业转移人口市民化的测算。到目前为止，学术界并没有严格的区分农业转移人口、农民工等概念，在对市民化成本的研究中还处于"大一统"的状态。但在现实的情况中，二者存在很大差别，并可能导致测算的结果相差甚远。对于市民化成本的测算，从表1可以看出，张国胜、中国社会科学院所测成本不仅包括财政支出成本，还包括个人成本，而国务院发展研究中心仅考虑的是政府需要支出的公共服务体系成本。从成本构成上来看，三个方案所包含的具体成本也不相同。

2. 计算方法不同

三个方案在具体测算方法和数据采用上存在较大的差异，从教育成本来看，张国胜所指的教育成本是指农民工的智力成本，即农民工为提高其劳动技能而进行的教育投入，用当地人均教育经费投入来代替；而国务院发展研究中心、中国社会科学院所指的教育成本是随迁子女教育成本，主要是农民工子女入学后所产生的财政转移拨付的生均教育经费和基本建设费用等；在社会保障上，张国胜的社会保障成本是指农民工市民化后自身所必须投入的最低资金，而国务院发展研究中心和中国社会科学院的社会保障成本是指政府对养老保险、医疗保险、医疗救助等的补助补贴部分，同时相应考虑了对市民化长期成本的折算，并且对保障性住房覆盖率的确定也不相同。

基于以上的分析，这些都在一定程度上造成了对市民化成本测算的差异，从研究范围上来看，他们都是从全国或从东西部地区进行的统筹测算，更多的是从研究的角度进行的理论测算，缺乏实践层面的具体测算。因此，2014年5月我们就这一问题在四川省南充市顺庆区进行调研，初步测算南充市农业转移人口市民化的成本及其构成，从财政的实际支出来测算农业转移人口市民化的成本。

二 南充市顺庆区农业转移人口市民化成本测算

南充市是省级统筹城乡综合配套改革试点地区，对农业转移人口市民化进行了大量的探索。同时，从南充市顺庆区目前的现实情况来看，当地外来人口较多，据顺庆区公安部门的初步统计，目前全区进城农业转移人口约为15万人,其中区外转移12万人,区内转移3万人。本次测算即以上述数据为基数,对顺庆区这些农业人口实质性融入城市的过程中,可以货币化的由政府承担的费用支出进行测算(政府必须负担且新增加的那部分支出)。

(一)计算方法与依据

本次测算的基本思路是计算财政所需要额外增加的那部分成本。对于区内转移的农业人口来说,迁入地政府只需增加城镇和农村补助的差额,对区外转移农业人口来说,政府需要承担其公共服务的全部支出。根据目前顺庆区政府提供的公共服务情况,政府负担的农业转移人口市民化成本主要包括随迁子女教育成本、社会保障成本、保障性住房成本、社会管理成本四项内容,农业转移人口市民化的人均成本模型为:

$$C = \sum_{i}^{4}(C'_{1i} - C_{1i}) + \sum_{i}^{4} C_{2i} (i=1,2,3,4)$$

其中 i 分别代表随迁子女教育成本、社会保障成本、保障性住房成本和社会管理成本。$C'_{1i} - C_{1i}$ 为区内农业转移人口中城镇与农村政府财政支出的差额,C_{2i} 为区外农业转移人口政府需要投入的财政资金。所有数据均为顺庆区政府提供财政近年的实际支出。

(二)南充市顺庆区农业转移人口市民化成本的分项支出

1. 随迁子女教育成本

在中小学义务教育阶段,教育经费主要为生均教育经费和基础建设经费,本次测算将现有的进城农业转移人口作为测算样本。据顺庆区公安部门统计,大约30%为夫妻一起进城务工,70%为单人农业转移人口,区内转移的农业转移人口中有2.55万个家庭,区外转移有10.2万个家庭。据第六次全国人口普查结果,四川省平均每个家庭有一个孩子,根据顺庆区公安部门统计,大约70%属于适龄子女,则区内转移家庭子女共有1.79万人就读,区外转移家庭子女共有7.14万人就读。

第一,在生均教育成本方面。针对区内农业转移人口,其随迁就读子女进城入学后,只需政府多投入城乡教育经费差额。顺庆区教育局根据2013年顺庆区《全国教育经费报表》统计数据，农村、城镇生均教育经费差距分别为：小学为2050元、初中为1761元（见表2）。按财政拨款占70%左右计算，政府每年在小学、初中教育中，平均每人新增投入1333.8元，按平均每人义务教育阶段学习6年计算，政府共需投入1.43亿元。

表2 农村与城镇生均教育经费

单位：元

类别	农村生均教育经费	城镇生均教育经费	城乡差距
小学	3942	5992	2050
初中	7197	8958	1761

从区外农业转移人口来计算，随迁子女进城入学属于净增投入，区级政府投入城区小学生生均为4194.4元/年，城区初中生生均为6270.6元/年，每人每年平均需投入5232.5元，6年为3.14万元。共计22.42亿元。

由此测算，区级财政生均教育经费投入为1.59万元/人。

第二，在基础设施建设成本方面。随着适龄儿童增加，城市需相应新建学校、校园文化建设、学校标准化建设等，城市学校这些方面的投入均高于农村学校，且农村学校建设由中央财政保障，额外的校舍建设等方面的投入基本用于区外转移来的农业人口子女。据顺庆区教育部门测算，新增学生占校舍面积小学为7.9平方米/人，初中为9.8平方米/人，按新建校舍建筑平均成本为3500元/平方米，新建中小学校舍一般使用年限为50年以上估算，则区财政需投入2.65亿元，人均177元。据现行的体制，市级财政也给予一定的补贴，综合测算人均约为714元。

通过综合测算，区级政府在教育领域方面，每增加一个城市人口，顺庆区地方政府需要承担的人均成本为15900 + 1769 - 714 = 16955元。

2. 社会保障成本

基本医疗保险方面，我国现阶段建立了城镇职工医疗保险、新型农村合作医疗和城镇居民医疗保险。参加城镇职工医疗保险的农业转移人口，一般由用人单位和职工按照国家规定共同缴纳基本医疗保险费，政府没有补助，不需要增加成本；目前城镇居民医疗保险和新农合财政补助水平已经实现基本统一，均是中央和省级财政补助每人每年320元，从农民转化为市民后，地方政府不需要新增额外成本；补充医疗保险为个人承担，无须政府投入；农业转移人口大病医疗救助经费城乡医疗救助标准一致，均为每人每次1600元，地方政府不需要新增额外成本。

社会养老保险方面，目前，中央、省、市均已将新农合和城镇居民社会养老保险制度合并为城乡居民社会养老保险，对参保人而言，农村居民和城镇居民缴费补贴标准一致，每人每年最低40元、最高160元。区内农业转移人口市民化后，不会增加财政成本；区外农业转移人口需要另外进行计算。以平均100元计算，农业转移人口人均每年养老保险参保补贴80元，按平均每人缴纳25年计算，则人均补贴为2000元。这里不再计算养老保险金补贴的远期缺口，只考虑当前成本。

最低生活保障方面。据顺庆区民政部门提供的数据，顺庆区2014年农村低保比例为12%，年人均补差为1140元；城市低保比例为11%，年人均补差为2400元。根据公式：区内农业转移人口市民化低保支出＝区内农业转移市民化人口×低保比例×（城市人均补差－农村人均补差）、区外农业转移人口市民化低保支出＝区外农业转移市民化人口×低保比例×城市人均补差。通过计算，人均成本为260.64元，按市、区财政4∶6比例分担，区财政需投入156.4元。

医疗救助方面，农村和城市政策一致，不存在财政支出成本增加。

3. 保障性住房成本

保障性住房成本虽然也与农民工的日常生活息息相关，但其更侧重与市场机制作用的发挥。据区建设部门估算，顺庆区保障性住房成本为3500元/平方米，按人均30平方米计算，同时，根据中国住房和城乡建设部，到"十二五"末，城镇保障性住房覆盖率将从目前的7%~8%提高到20%以上。既有20%的农业转移人口可享受保障性住房政策，则地方政府需投入人均资金为2.1万元。

4. 社会管理成本

根据南充市委统筹委课题组提供的相关数据，从农业转移人口市民化的短期成本和长期成本计算，每增加100户居民，政府每年需投入社区公共管理和服务经费3万元。按农业转移人口1户家庭有2个农业转移人口的占三成、有1个农业转移人口的占七成计算，顺庆区15万人中约有1154个百人户，政府每年共需投入3462万元，按44年计算，人均约为10155元，按市区财政3∶7

的比例分担,区财政投入7109元。

基础设施建设方面,据南充市委统筹委测算,区政府在城镇道路、供排水管网建设、绿化等领域约需投入6220元/人。

(三)南充市顺庆区农业转移人口市民化成本分析

综合对上述各项支出成本的测算,顺庆区实现农业转移人口市民化人均成本 $C=53440.4$ 元(见表3),要实现15万农业转移人口市民化所需成本总共为80.16亿元。

表3 南充市顺庆区农业转移人口市民化的人均成本测算结果

项目		城乡差距(元/人)	比重(%)
(1)随迁子女教育成本	生均教育成本	15900	31.7
	基础建设成本	1055	
(2)社会保障成本	基本医疗保险	0	4.0
	社会养老保险	2000	
	最低生活保障	156.4	
	医疗救助	0	
(3)保障性住房成本		21000	39.3
(4)社会管理成本	公共管理	7109	24.9
	基础设施建设	6220	
人均总成本(元/人)		53440.4	100

对上述成本进一步分析,我们可以看出以下几方面特点。

第一,农业转移人口市民化成本的实际测算并没有那么高。与上述国务院发展研究中心研究方案的8万元和中国社科院研究的13万元相比,据顺庆区的实际测算,人均市民化成本并没有那么高。并且从理论层面上进行分析,测算的农业转移人口市民化还包括一些在城镇化生活多年的农民工,从目前来看,城镇并没有因为农民工而新建公交、地铁、图书馆等实施,基础设施的建设基本上取决于政府的决策,是随着社会经济发展逐步提高保障水平。这部分成本支出应该算是政府需要支付的远期成本,而我们所测算的市民化成本主要是政府需要即期投入的费用,由此分析,顺庆区市民化成本应该比53440.4元还要低一些,这些还需要进一步探讨。

第二，从相对数来看，要全部实现农业转移人口市民化，顺庆区政府还面临着较大的财政压力。据顺庆区政府提供的相关材料，2013年顺庆区地方财政预算收入约为10.01亿元，与实现15万农业转移人口市民化的80.16亿元相比，还存在70.15亿元的缺口。一直以来，地方政府依靠自身财力增加公共服务供给，随着农业转移人口市民化的推动，将面临公共服务供给与需求日益不平衡的矛盾，这在一定程度上会导致地方政府在推动农业转移人口市民化的过程中动力不足。

第三，在顺庆区现有成本因素测算中，保障性住房成本和随迁子女教育成本所占比例最大。从表3中可以看出，保障性住房成本和随迁子女教育成本分别占人均总成本的39.3%、31.7%，这也是顺庆区政府在实现市民化的过程中需要大力投入的方向。

三 相关的对策建议

在推进农业转移人口市民化的过程中，成本问题要根据区域、类型等进行客观的判断，既不能夸大成本，给建设决策者造成误导，也不能忽略相关的财政支出成本。通过对以上成本的分析，其涉及的不仅仅是财政总量的投入问题，更多关系到财政支出结构的调整，要充分发挥顶层设计的关键作用，相应地调整政策来推动农业转移人口市民化。针对顺庆区农业转移人口市民化相关情况，提出以下几点政策建议。

第一，完善财政转移制度。加大中央财政的分担机制，针对农业转移人口市民化的随迁子女教育成本、社会保障成本、保障性住房成本、社会管理成本等，要相应地增加中央对随迁子女教育成本、社会保障补助的支出。同时，调整均衡性财政转移支付办法，财政部在安排财政支出时，应充分考虑外来人口因素，平衡流入地和流出地之间的财政关系，以解决流动人口带来的迁入迁出地公共服务保障不相匹配的问题。

第二，加强地方政府的投融资能力。在市民化的推动过程中，城镇基础设施建设、公共服务等方面都面临着较大的资金需求。要不断地完善财税体制改革，逐步建立地方主体税种，增强地方政府财权与事权的匹配。在放宽地方政府债务的同时，加强土地金融工具的创新，我国目前的城镇化财政主要靠土地财政,通过土地出让收入来获得财政资金,但这并不是一个可持续的资金保障渠道,可以通过发行土地债券来缓解地方财政压力,将土地转化为城镇化的建设资金。

第三,建立多元化的成本分担机制。合理分摊农业转移人口市民化成本是缓解地方财政压力的一项重要举措,农业转移人口市民化的实现需要政府资金和政策的共同推动,较高的市民化成本不应完全由地方政府独立承担,而需要不断推广政府和社会资本合作模式,积极引入企业、社会组织等主体参与相关公共服务的建设,减轻财政支出压力。保障性住房、基础设施建设的投入,政府可通过合理定价、政府补贴等公开透明的方式来吸引社会资本参与。

参考文献

王爱苹、孙超英:《四川城镇化进程中农业转移人口市民化的困境与应对——以成都、广元两市调查为基础》,《中共四川省委省级机关党校学报》2014年第2期。

国务院发展研究中心课题组:《农民工市民化进程的总体态势与战略取向》,《改革》2011年第5期。

中国发展研究基金会:《中国发展报告2010:促进人的发展的中国新型城市化战略》,人民出版社,2010。

冯俏彬:《构建农民工市民化成本的合理分担机制》,《中国财政》2013年第13期。

张国胜:《基于社会成本考虑的农民工市民化:一个转轨中发展大国的视角与政策选择》,《中国软科学》2009年第4期。

潘家华、魏后凯主编《中国城市发展报告NO.6》,社会科学文献出版社,2013。

B.13
自流井区舒坪镇农民集中居住区就业福利状况研究

张鸣鸣*

摘　要： 本文以自贡市自流井区舒坪镇农民集中安置区为典型案例研究集中居住农民就业福利状况。问卷调查及访谈显示，总体上看，集中居住区农民就业福利实现了增进，其中部分正向自我选择的劳动力在城镇扩大过程中获益较大，但是部分非主动选择进入城市的农民就业福利产生了损失。应进一步完善就业政策导向，在具体操作中也存在改进空间。

关键词： 集中居住农民　就业福利　积极心理

城镇化是农业部门人口非农化的过程，福利增进是农村居民向城市主动转移的根本动力，以人口集聚提高要素流动效率，推动经济增长。中国的城镇化道路具有三个特殊性：一是以较为成熟的农业经济社会为起点，农业经济形态稳定，农村社会格局完整，城镇化既是城镇规模扩张的过程，也是农村消亡的过程，大多数新增建成区建立在原有农村空间上。二是城镇人口增速前所未有，城镇化与改革开放同时起步，距今不过三十余年，1978~2013年，城镇人口增加5.6亿人，平均每年增加1596万人，最近十年年均增加人数达2074万[①]。新增城镇人口中除了约2.69亿农民工外，[②] 还有超过4000万的失地农民[③]。三是

---

* 张鸣鸣，博士，四川省社会科学院区域经济研究所副研究员，主要研究方向为城镇发展。
① 数据来源：《中国统计年鉴2014》。如未特别说明，本文数据均来源于此。
② 数据来源：国家统计局网站，《2013年全国农民工监测调查报告》，2014年5月12日。
③ 根据《中国城市发展报告NO.4》，中国失地农民的总量为4000万~5000万人，而且仍以每年约300万人的速度递增，预计到2030年时将增至1.1亿人。

市场和行政双重力量推进，市场在劳动力大规模的从农业部门向非农部门转移中发挥了决定性作用，与此同时，人口从农村向城市转移以及城镇空间规模扩张的规模和节奏则以行政力量控制。前两个特殊性表明，我国城镇化缺乏足够的空间和时间消化，直接导致了中国城镇化过程中出现了一类特殊的且规模庞大的城镇形态——农民集中居住区，而随着新一轮城镇化的展开，无论是新市民的"刚需"还是经济增长对土地要素的进一步需要，都会导致城镇对农村的替代，农民集中居住区的规模将持续扩大。

在对因城镇化而消亡的农村的原有居民进行安置时，经过数年的探索和完善，当前被征地农民一般能获得耕地占用的一次性货币补偿（年产值标准和区片综合地价）、多元安置（优先农业安置、留地安置、社会保障）和住房拆迁补偿（远郊和农村迁建宅基地、城乡接合部和城中村货币或安置房）等三类补偿[1]，基本达到了"被征地农民原有生活水平不降低，长远生计有保障"的目标。然而，需要引起足够重视的是，经济基础的深刻变化使农村居民呈现典型的异质化特征，其中部分具有融入城市的意愿和能力，同时还存在着部分农民缺乏城镇化的能力和动力，也有农村居民有意愿但能力缺失或有能力但无意愿，在城郊地区居民结构异质化尤为显著。集中安置的农民转变为城市居民的主要诱因是行政推动而不是主动选择，判断其城镇化的真实意愿十分困难，但实践中安置区农民确实未能成为推动城镇化发展的积极力量，在部分地区甚至成为制约城镇健康有序发展的不稳定因素。无论是从城镇发展质量还是从社会公平正义的角度，关注集中安置农民福利尤其是就业状况，使其成为推动城镇化的积极力量，具有至关重要的意义。

本文以自贡市自流井区舒坪镇农民集中安置区为典型案例，观察并描述安置农民在集中居住前后就业情况变化方向和程度，分析影响因素，进而提出完善相关制度建设和政策设计的对策建议。

一 概述

（一）调查方法

此次调查分两个阶段，采取关键信息人访谈和问卷调查相结合的方法。关

---

[1] 《国土资源部关于进一步做好征地管理工作的通知》，2010年6月26日发布。

键信息人访谈在2013年12月16～19日完成，问卷调查的时间集中在2014年9月16～18日。

——访谈舒坪镇相关信息人，包括舒坪镇干部、两个集中居住社区的干部、居民代表以及物业管理者。

——与自流井区相关职能部门相关负责人座谈，包括区社保局、就业局、发改局、财政局、经信局等部门。

——"一对一"的问卷采访。问卷调查活动在前期已经获得较为充分的访谈资料基础上展开，重点针对已经入住的集中居住区（久大社区和大田坝社区）的未就业人员。来自四川省社会科学院、四川大学的10名农业经济管理、产业经济学和社会学专业的研究生参与调查，共访问184户居民，获得有效问卷183份。调查员接受了专业培训，在调查采访的过程中通过和受访者的深入交流，获得了相对真实全面的信息。

（二）样本概况

183个样本平均户籍人口为3.41人，其中户口已经转入本社区的每户平均有2.83人，户均常住人口为3.45人，户均劳动力为1.96人。受访者平均年龄为53.64岁，平均受教育时间为5.39年。需要说明的是，调查是在工作日的白天进行的，已入住的家庭中约有半数居民不在家，通过与镇和社区干部访谈了解到，产生这种现象的原因是劳动力大多已外出就业。样本基本信息如表1所示。

表1　调查样本基本信息

单位：%，个

项目		频率	频数
性别	男	18.8	34
	女	81.4	149
婚姻状况	未婚	1.6	3
	已婚	83.1	152
	离异	4.4	8
	丧偶	10.9	20
健康状况	完全健康	59.0	108
	患慢性病等疾病	37.2	68
	残疾	3.8	7

续表

项目		频率	频数
主要社会身份	村干部	1.1	2
	组干部	1.1	2
	教师、医生等工薪人员	.5	1
	离退休职工	1.6	3
	曾担任过村组干部	1.6	3
	无(一般农民)	94.0	172
政治面貌	党员	1.6	3
	团员	1.1	2
	群众	97.3	178

二 舒坪镇集中居住区就业环境及政策

(一)背景及过程

舒坪镇位于自贡市主城区自流井区的南部,据市中心7公里。全镇辖10个村、1个社区,人口有2.4万人。舒坪镇交通便利,自舒(自贡－舒坪)、贡舒(贡井－舒坪)、王舒(王渡－舒坪)、舒富(舒坪－富全)等4条公路交汇镇中心,内昆铁路穿境而过。舒坪镇是自贡市最大的物资集散中心和商贸窗口,年吞吐量为400万吨左右的自贡南站(货运站)位于镇中心,包括四川自贡国家粮食储备库在内的各类仓储设施数十处,是自贡市重点工业区。

借助于优越的区位条件和前期经济基础,舒坪镇早在2005年就明确了成为自贡市综合物流中心和产业新城的发展定位。2008年,根据《自贡市城市总体规划(2001~2020)》,自贡市启动自流井工业集中区开发建设,舒坪镇成为园区的核心区。2013年结合自流井区和自贡高新技术产业园区自流井工业集中区经济发展实际情况,园区在原4.29平方公里的基础上,新增24.57平方公里作为扩展区,扩区后总面积为28.86平方公里,舒坪镇面积为22.34平方公里,除少数几个村民小组外,镇域绝大多数纳入城市规划区。按照规划,舒坪镇将成为自贡市"综合物流中心暨产业新城",成为城市新的增长极。工业集中区分为A、B、C三个功能分区,当前已经开工建设了一系列重大项目,如西南(自贡)无水港、普润产业博览城、大西洋焊接产业园和广西北部湾等,此外还入驻了20余家规模以上企业。目前舒坪镇有400余家法人企业,提供超过3000个就业岗位。

特殊的区位和优越的条件使舒坪镇一直以来都是区域人口集聚点,2005年舒坪镇户籍人口超过2万人,人均耕地面积仅为0.62亩。2006年在自流井工业集中区启动之前就已推进了农民集中居住区建设,2013年《自贡市城市总体规划(2011~2030)》获批后,舒坪镇加快了建设步伐,截至2013年11月底,共有7000余人被集中安置在2个建成社区,目前还有1个在建社区,该社区竣工后全镇集中安置农民将超过1万人。

(二)就业情况

土地稀缺加上交通优势,改革开放以来,物流搬运、商品贸易和建筑装修是舒坪镇农民的三个主要收入来源行业,农业只是辅助收入来源。集中居住区农民的就业渠道主要有三类:一是大多数劳动力延续之前的就业方式,男性主要在前述三类行业内就业,30~50岁女性以家政服务业为主。二是少数劳动力在园区内传统加工企业中就业。三是公益岗位就业,如社区巡逻员、城市保洁等。自流井工业集中区建设后,尽管就业岗位大幅增加,但舒坪镇劳动力就业方式和行业并无显著变化。这种情况产生的原因主要是企业用工需求与集中居住区劳动力供给之间存在劳动技能、年龄等方面的结构性失衡。

(三)就业公共服务情况

自流井区就业局提供以下多种形式的就业服务。

一是就业岗位发现和推介。一方面,直接面对用工企业和劳动力。每年1月举办"就业援助月"活动,春节期间为返乡农民工举办专场招聘会,5月举办民营企业专项招聘周,9月举办针对高校毕业生的新进企业或大项目的专场就业推介会,多种活动在一定程度上加强了不同类型的劳动力与用工企业之间的沟通衔接。另一方面,培育中介机构,当前自流井区有公办人力资源市场1个、就业中介机构16个,再就业对象推荐就业成功的中介机构可以获得200元/人的补助。

二是就业援助。一方面为就业困难对象("4050"人员、征地失地农民、残疾人、低收入家庭、登记失业连续失业1年以上的人员)和持有失业登记证的劳动力提供公益性岗位,解决了上千人的就业,舒坪镇集中居住区部分居民"农转非"后获得如城市管理、保洁、治安等公益性岗位。另一方面作为就业困难援助对象,失地农民就业(自主创业)可以享受2~3年税收优惠政策(8000元/年),同时,就业困难对象所在企业可以领取社保补贴。

三是技能培训。主要包括与培训机构联合进行项目式培训、与企业联手进行专项技能培训,以及送培训下乡等方式,从培训整体情况看,技能简单的低端培训如家政等效果较好。

四是建设就业公共服务平台。在城市社区设有劳动保障协理员,从2008年开始启动就业信息平台建设,对城市居民就业、失业状况实施动态登记,效果较好。

三 基于问卷调查舒坪镇农民集中居住区就业状况

(一)就业

1. 家庭劳动力及就业情况

183户受访者中有153户家庭中有劳动力,占83.6%。这153个家庭共有劳动力359个,户均2.35个,其中共有稳定就业劳动力224个,户均1.46个,稳定就业者占比为62.4%。表2显示了有劳动力家庭的劳动力稳定就业情况,0就业家庭有25个,占16.3%。灰色框内是全部家庭劳动力稳定就业的户数,共56个,占36.6%。

表2 有劳动力家庭的稳定就业情况

单位:个

类别		其中稳定就业劳动力数量						总计
		0	1	2	3	4	5	
劳动力数量	1	8	17	1	0	0	0	26
	2	11	30	28	3	0	0	72
	3	6	11	10	8	0	0	35
	4	0	2	3	9	2	0	16
	5	0	0	2	1	0	1	4
总计		25	60	44	21	2	1	153

2. 受访劳动力就业情况

为方便计算,我们未区分性别,将年龄在18~59岁、身体健康的受访者作为劳动力。

——不同年龄组劳动力就业情况

183名受访者中有87个劳动力,年龄结构如表3所示。其中"4050"人员占74.6%。

图1展示了不同年龄段受访者的就业情况。完全不就业的(0天)和全年就业(10~12个月)的占比都较高。四组劳动力中,全年就业劳动力占比最高的为30~39岁组,随着年龄增长,就业时长逐渐减少。值得注意的是,这一年龄组完全不就业的劳动力占比也较高,为30.77%。18~29岁年龄组中完全不就业占比较高的主要原因是4位受访者均为女性,在家带孩子或备产而无工作。

表3 劳动力年龄结构

单位:次,%

年龄段	次数	百分比	有效的百分比	累积百分比
29岁及以下	10	11.5	11.5	11.5
30~39岁	13	14.9	14.9	26.4
40~49岁	26	29.9	29.9	56.3
50~59岁	38	43.7	43.7	100.0
总计	87	100.0	100.0	—

——不同性别劳动力就业情况

图2表明,男性在就业上与女性有显著差别。完全不就业的男性低于女性约25个百分点,而全年就业的男性比女性高出约12个百分点。这主要是女性在家庭中的定位导致的,大多数受访者并不具备专业技能,只能从事低端工作,同时做家务、接送孩子会占用大量时间,因此女性劳动力就业情况不理想是十分容易理解的。

——不同受教育组就业情况

高中及以上受教育程度的受访者就业情况较好。图3表明,初中及以下受访者零就业和全年就业的情况接近,而高中与高中以上受访者的情况接近(其间的较小差异是样本量较小所导致,并不具备统计学意义)。

自流井区舒坪镇农民集中居住区就业福利状况研究

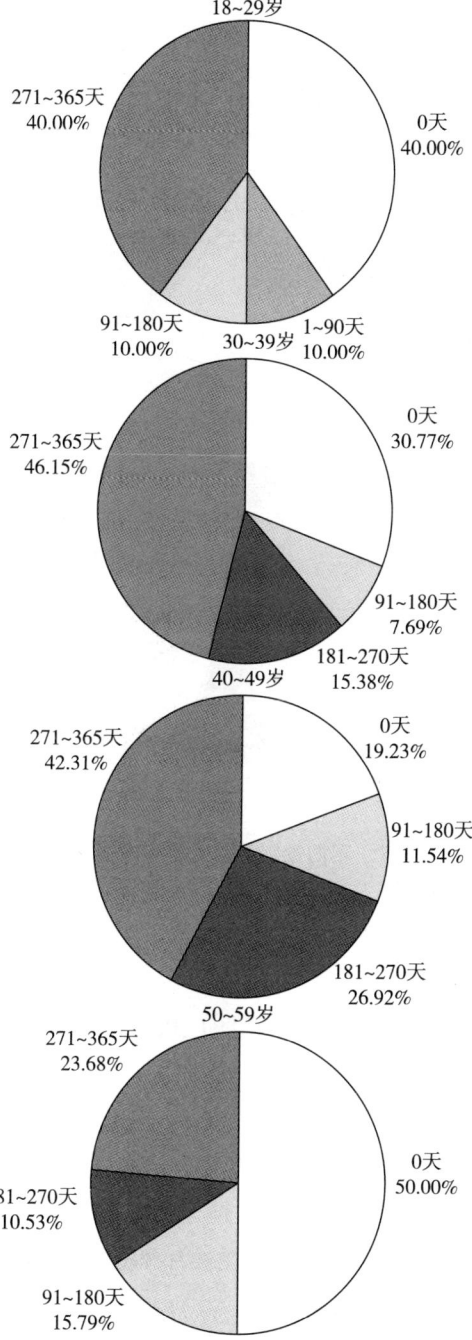

图1 不同年龄组劳动力就业时长比较

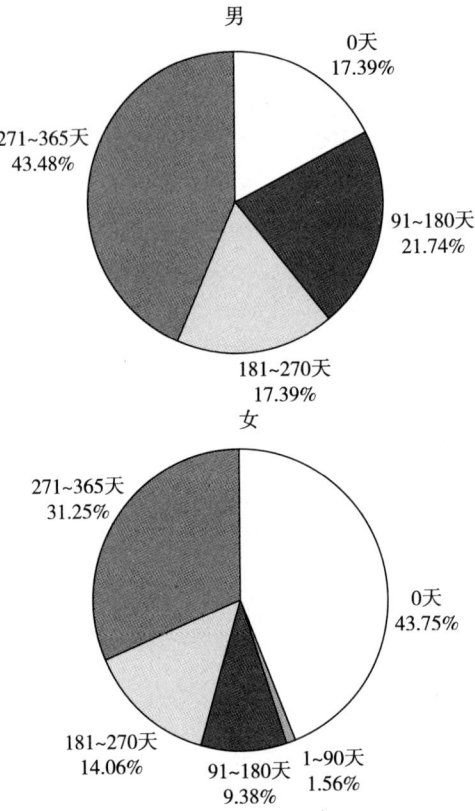

图2 不同性别劳动力就业时长比较

3. 受访劳动力就业途径

43%的受访劳动力"自己到市场找工作",26.6%的通过"亲友介绍工作",通过正规中介机构和政府(含社区)找到工作的受访者为7.6%。

4. 受访劳动力就业满意度

受访劳动力中有53位对就业满意度进行了打分,最低为1分,最高为10分,平均为4.576分,标准偏差为2.4297分(见图4)。

对就业满意度的影响因素进行相关性分析可发现,就业满意度与受访者的就业时长显著相关,但与年龄、性别、受教育程度、劳动收入等并无显著关联。

5. 受访劳动力对就业的看法

87名受访劳动力中有20人有专业技能,约占23%。对于是否担心找不到

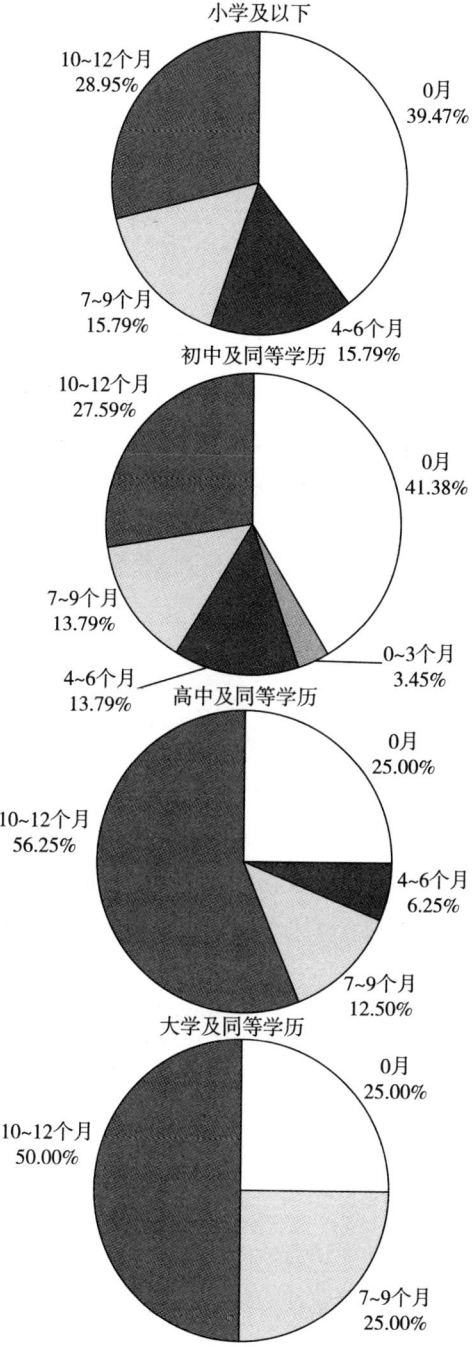

图3 不同受教育程度受访者就业时长比较

活这一问题,有53.8%的受访者表示"担心",同时,有58.8%的受访者表示,"即便找得到活,也担心赚不到足够的钱"。

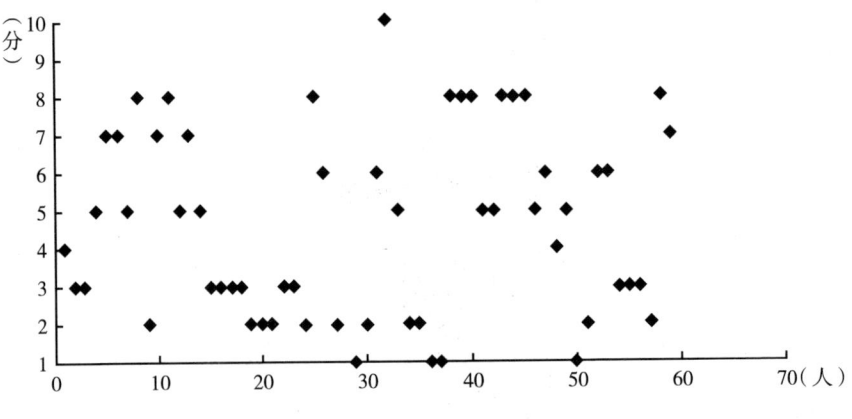

图4 受访者就业满意度情况

(二)实际收入

1. 家庭实际收入

——收入水平低于城镇居民可支配收入

2013年受访者家庭平均年收入为25005.60元,人均年收入为8505.15元,远低于自流井区当年城镇居民24230元的人均可支配收入,也略低于9600元的农民人均纯收入。考虑到受访者在调查中往往倾向于隐瞒收入情况,初步判断集中居住后受访者人均收入水平处于自流井区城镇居民和农民之间。这与受访者对生活情况的主观评价基本一致(见图5、图6)。55.19%的受访者表示与集中居住前相比生活变好了,但是只有2.73%的受访者认为自己比当地城里人过得好。

——收入变化方向不一

与集中居住前相比,受访者中有49.2%表示收入增加,25.7%表示收入没变化,25.1%表示收入下降。

进一步分析,48.9%的受访者收入增加主要来源于转移性收入,33.3%来源于工资性收入,14.4%来源于非农经营收入。

表示收入减少的受访者中,农业经营收入减少的占63%,非农经营收入和工资性收入减少的受访者分别占17.4%和15.2%。

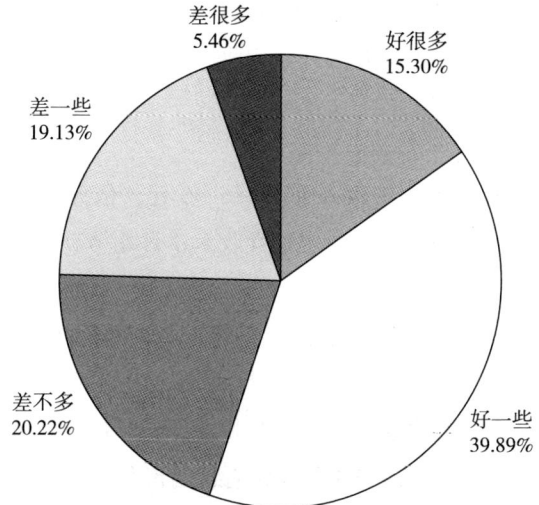

图 5　与集中居住前相比生活变化情况

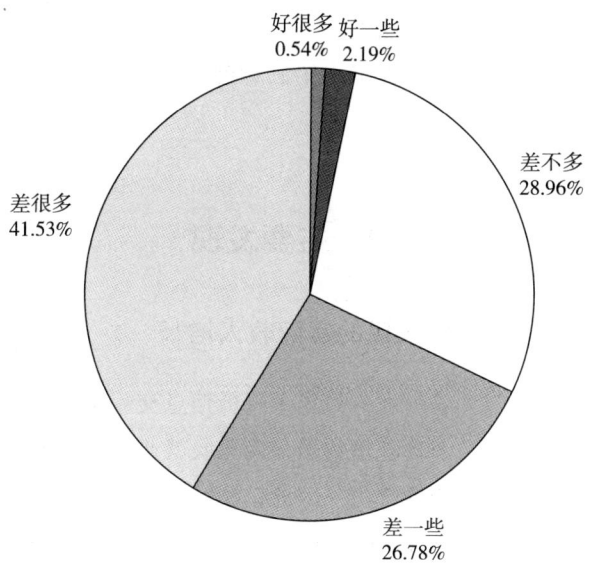

图 6　与当地城里人相比生活情况

——支出增加

与集中居住前相比，83.48%的受访者表示支出增加，其中超过四成的受访者认为支出"大幅增加"。有2.3%的受访者认为支出略有下降。支出增加的主要方向是生活开支和人情开支。结合收入变化情况,初步判断受访者实际占有的生活资料并未增加。

2. 劳动者收入

2013年受访劳动力人均年收入为15686.46元,依然低于当地城镇居民收入。劳动者收入主要为非农就业的工资性收入,日均劳动收入为62.14元。

3. 社会保障

受访者养老保险和医疗保险参保率分别为76.3%和92.9%,高于全省和自贡市平均水平。

对于集中居住前后养老保障水平变化情况,69%的受访者认为有提高,其中约1/3认为有大幅提高,29.5%的受访者认为没什么变化,只有1.55%的受访者认为养老保障水平略有降低。

医疗保障方面,受访者中有66.77%认为医疗保障水平提高了,26.97%认为没变化,5.27%认为降低了。认为医疗保障水平降低的受访者主要理由是医保缴费标准提高,性价比降低了。

总体而言,受访者的社会保障水平满意度最高为10分,最低为1分,平均为5.632分。

四 主要发现

(一)城镇化并未使农民的实际收入增长

城镇的本质是通过非农就业人口集聚降低信息交流、公共资源共享等交易成本,提高劳动生产率,实现经济集聚,而非农就业人口集聚的根源则在于城镇化以后的实际收入高于农业部门。因此,城镇可持续发展需要建立在城镇化对象实际收入增长的基础上。但是调查表明,舒坪镇集中居住区居民"农转非"后,部分家庭扣除开支后的实际收入并未增长,除食品、水电以及人情等生活支出大幅增加外,还有三个方面的主要原因。

第一,当前的社会保障水平与农村差异不显著。一是养老保障,符合年龄集中居住区居民都参加了失地农民社会保险,能够获得远高于农村的养老保险，但是如果加上土地的养老保障功能，即60岁以上居民也能从土地中获得收入，失地农民社会保险与农村的社会保障功能之间的差异就并不显著了。二是医疗保险，从2014年起集中居住区居民均有资格购买城市医疗保险，年缴费280元，受访者大多表示，虽然保险额度提高了，但是缴费水平远高于农村，从实际的心理感受来说享受的医疗保险水平并未提升。

第二，农民享受到的公共资源并未大幅增加，甚至在某些方面降低。就业方面，作为被动非农化又在空间上相对集中的群体，集中居住农民就业能力、就业需求均具有特殊性，但未得到更有效率的针对性就业公共服务，依然以个体劳动关系的构建为主（表现为就业渠道、培训评价等）。基础设施和公共服务方面，集中居住后社区基础设施并未显著改善，社区内发生过多起入室盗抢事件，给排水管道老化，基本无绿化，学校、医院、幼儿园等公共服务质量有待提升，社区居民对社区内生活设施、公共服务设施、治安等的打分情况并不乐观，分别为4.7分、5.1分和5.5分。在人际关系上，过去以家族、血缘和长期居住空间一致所形成的社会关系网络发生了较大变化，居民给社区或村干部的平均分为6.1分，人际关系是所有打分项目中的最高分，也仅为7.1分。

第三，住房资源显著减少。除对农民旧房进行货币补偿外，集中居住区还给予每人30平方米的实物补偿，但调查表明，这个水平远低于拆迁前的平均住房面积。更重要的是，大多数受访者认为现有房屋质量不如之前自建房，住房状况的平均分仅为4.4分。

（二）非自我选择导致集中居住农民处于就业劣势

对于集中居住区的农民而言，非农转换有两种情况：正向自我选择和非自我选择。建设产业新城新增大量就业机会，使自我选择非农就业的劳动者通过流动获得更高的收入，而且由于实现了就地就近就业，劳动者就业时不存在户籍障碍和融入困难，集中居住对这部分正向自我选择的劳动力实际收入具有积极作用。但是，还有部分过去以农业为主的劳动力属于非自我选择式迁入，他们在农业上积累了大量的经验和技术，集中居住后这些优势消失，成为收入处于劣势的群体。

（三）现有征地拆迁补偿制度对非农就业未形成有效激励

征地拆迁过程中农民主要获得三类补偿，一是针对土地的现金补偿，这部分补偿给村集体；二是房屋补偿，拆旧房按照590元/平方米补偿，除每人30平方米房屋补偿外，"农转非"人员还可以按成本价（800元/平方米）购买20平方米集中居住小区房屋；三是失地农民社会保险；此外过渡期每月每人能够获得50~300元的过渡安置费。依靠这些补偿，适龄失地农民"上楼"以后每月获得转移性收入基本可以满足生存需要，但由于在搬入集中居住区时一次性支付了较大金额的居住费用，加上"上楼"后生活成本的提高以及非农就业的不适应，使这部分失地农民缺乏发展所需的资金积累。农民既有非农就业的压力，又缺乏向上流动的能力，导致其就业福利受损。另一项研究也发现，征地补偿和社会保险参与度与失地农民的就业质量存在负相关关系，社会保险在就业过程中更多地起到"保健作用"，对提升失地农民的就业质量所起到的激励作用不大；征地补偿与职业向上流动呈显著负相关关系，征地补偿较高的农民自愿退出劳动力市场的比例也较高。①

（四）集中居住后居民就业呈现两极分化态势

城市规模每扩大1%，个人就业概率平均提高0.039~0.041个百分点，城市规模扩大的就业促进效应对于受教育程度不同的劳动者并不相同。总的来说，较高技能和较低技能组别的劳动力均从城市规模的扩大中得到了好处，其中低技能组别劳动力的受益程度最高。② 舒坪镇农民集中居住区的调查印证了这一判断，2008年单纯的产业集中园区升级为2013年的"产业新城"，新增重大项目带来较高劳动技能岗位，如某企业生产新型低温阀门，项目一落地就产生了上百个工作岗位，而制造业部门每增加一个就业机会，会为不可贸易品

---

① 王晓刚、陈浩：《失地农民就业质量的影响因素分析——以武汉市江夏区龚家铺村为例》，《城市问题》2014年第1期。
② 陆铭、高虹、佐藤宏：《城市规模与包容性就业》，《中国社会科学》2012年10期。

部门带来1.59个就业机会,并且高技能类制造业就业增加的乘数效应更为显著。① 同时,由于城市扩张及商贸物流业的规划,带来了更多的就业岗位,舒坪镇集中居住区劳动力"只要愿意,都能找到工作"(受访者),因此"过去外出打工的劳动力这几年大多都回来了"(社区干部)。对于拥有一定劳动技能的青壮年劳动力,产业新城无疑是家门口的高质量就业岗位,技术工月收入一般在3000元以上,部分为5000~10000元,扣除劳动成本后,部分从业者实际收入大幅增加。

然而,需要重视的是,产业新城同时导致了部分农民出现就业不适应的情况。"失地"意味着生活方式和生产方式的双重根本性转变,整个集中居住区农民在同一时点进入城市,统一将非农收入作为主要收入来源,前述已经适应非农就业市场的劳动力还需适应城市生活,而以农业为主的或者预期以农业为主的居民不仅需要适应生活方式的转变,还需要同时适应非农就业市场,事实上这部分居民非农就业能力偏低,他们主要由女性、"4050"人员构成。

(五)就业满意度与劳动者搬入新社区时长之间存在显著关联

如前所述,农民集中居住后面临的是需要同时适应非农就业和城市生活两个重大变化,调查发现,受访劳动力的就业满意度与年就业时长显著相关,就业时间越长的受访者就业满意度越高。调查同时发现,就业满意度与劳动者家庭总收入和支出变化方向并无显著关联,但与劳动者个体特征有关,受教育年限较高者、男性以及较年轻受访者的就业满意度较高。

值得注意的是,劳动者就业满意度与其搬入集中居住区年份呈现相关性,较近年份搬入集中居住区的劳动者就业满意度较高,但与搬离原村庄的年份并无显著关联。一个可能的解释是,较好的公共服务能够提高劳动者对生活方式发生巨变的适应性,推动其积极心理的形成,使其尽快地将重心转移到劳动就业上。当前舒坪镇共有2个集中居住区,分别为久大社区和大田坝社区,前者是第一批集中安置房,建成于2008年,道路、给排水、绿化等基础设施和公

---

① E. Moretti, "Local Multipliers," *The American Economic Review*, vol. 100, No. 2, 2010, pp. 373-377.

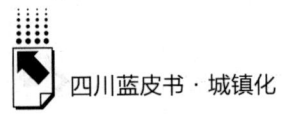

共服务供给水平显著低于后者,在与受访者面对面交流时能清晰地感觉到两个社区居民的生活满意度差异(见表4)。

表4 受访劳动力搬入新社区年份统计

单位:次,%

年份	次数	有效的百分比	累积百分比
2008	21	24.1	24.1
2009	16	18.4	42.5
2010	12	13.8	56.3
2011	10	11.5	67.8
2012	5	5.7	73.6
2013	7	8.0	81.6
2014	16	18.4	100.0
总计	87	100.0	—

五 基本结论和对策建议

(一)基本结论

自流井区将城镇规模扩大与产业转型升级叠加推进,又同步推进制造业和生产性服务业,并且与原有城市形成产业互补和互动,能够大幅增加新城区的非农就业机会和就业质量,对于征地拆迁而集中居住的低技能劳动力能够产生长期的积极意义,特别是部分正向自我选择的劳动力在城镇扩大过程中获益较大。总体上看,集中居住区农民就业福利实现了增进。

然而,进一步观察,对于部分非自我选择迁入城市的农民来说,就业福利并未显著增进,甚至受损。一是集中居住劳动力实质上是就业和生活的双重"格式化",导致部分劳动力的非农就业和城市生活双重"不适应"。调查显示,尽管存在性别、年龄等差异,但是超过半数的非自我选择迁入城市的劳动力,对就业的看法是"担心找不到工作",同时"担心即便找到工作也不能获得足够的收入"。事实上,在对多种类型利益相关者进行深度访谈发现,当地能够提供的就业岗位较为充足,但与集中居住区所能供给的劳动力之间存在错配,劳动者的"担心"是客观存在的。二是对于部分"4050"人员以及身体健康的老人，缺乏专业技能、年龄偏大等使其在就业市场竞争能力偏低，失去土地的同时意味着失去了就业能力。

就业福利损失的根本原因主要有两个方面。一方面，城镇扩张过程中更多地考虑了产业发展需求，但缺乏整体设计和相应的制度安排，部分劳动力难以在自由竞争中胜出，单纯的劳动技能培训或就业援助都难以在劳动力市场化中解决就业问题。另一方面，在破解难题时更多地考虑了非农就业需要而忽略了从业者适应城市生活的现实需求，未能重塑其参与劳动力市场竞争的积极心理。具体而言，就业政策导向应进一步完善，具体操作也存在改进空间。

（二）对策建议

1. 将就业福利全面增进作为持续推进城镇化的根本手段

以经济集聚为城镇化的发展目标，把人口集聚后的就业福利全面增进作为提高经济运行效率的根本手段，将城市扩张与农村消亡作为一个系统整体看待，从战略高度加强对农民集中居住区建设的方向控制。将集中居住区农民就业福利纳入产业新城整体建设，对集中居住区建设的原则、目标、关键环节、主要任务、就业配套政策、生活适应性支持政策等进行总体把握。

在组织运行上，改变当前镇政府负责农民拆旧房和工业园区负责集中安置房建设的"分家"现状，形成以政府为引导、农民为主体、"建管合一"的集中安置区建设模式，从源头上推动农民生活和就业的双重适应。

2. 构建农民集中居住和新型集体经济形态的可持续发展机制

应构建集中居住区的新型集体经济形态。一是统筹安排和全面部署农民集中居住区建设，通过市场机制发挥决定性作用，实现有效的土地资产化，形成明确的收益预期，由此成为农村集体和农民主动参与耕地确权量化、集体经济组织成员权确定等一系列农村产权制度改革的内在动力。

在此基础上，在推动全域城市化过程中，不应采取简单的以补偿个人的方式征用土地，而应在农村产权制度改革基础上，将土地资源转化为产权清晰的个人资产和集体资产，如建设集体所有的生产经营用房，支持集体建立股份制公司等。在这一过程中，提升集体经济组织公共产品供给和解决再就业难题等能力，恢复和重塑社区自治能力，使其成为成员基本生活保障的重要来源和化解社会矛盾的基层单元，构建城市近郊城镇化的安全阀。

3. 打造"飞地"农业

针对非自我选择进城的集中居住区农民以及其他非农就业困难群体，应在适宜地区打造基础设施完善、以土地经营权有序流转为基础的农业产业园，并以适度规模划分，鼓励这部分劳动力进入。同时应完善相关金融支持政策。

4. 建设集中居住农民生活适应性支持体系

一是建立民主化监督机制，推动社区自我管理和自我服务。在社区内形成以德高望重者、热心参与者等为主体的居委会（业委会、监委会）等，形成居民自我治理格局，在社区内形成居民广泛参与社会管理的民主机制。

二是建立政府购买社会组织服务机制，满足社区居民多元化公共服务需求。通过多种途径培育本土化社会组织，如老年舞蹈队、社区志愿服务队等；同时引入专业化社会组织，如量身定做就业培训服务、更具针对性的居家养老服务等。

三是构筑数字化预判机制，推动社区动态平衡建设。随着改革深化，作为社会基本单元的社区必然会更加开放和动态，对社区整体及其有机构成系统的未来和发展做出有预见性的判断显得尤为重要。应建立完善的数字化信息系统，快速、准确地进行社区人口及资源统计分析，把握社区动态特征，为前瞻性地制定应对策略和措施提供参考。

附录
Appendix

B.14
四川省城镇化发展大事记

1978 年 1 月 原广汉县金鱼公社实行"分组作业、以产定工、联产计酬"制,成为我国实行联产承包责任制最早的地方之一。

1978 年 2 月 第五届全国人大一次会议召开,通过了新的《政府工作报告》,报告中明确指出在工业建设和城镇发展的过程中,要贯彻"工农结合""城乡结合"的具体方针。新的大型建设项目不要都挤在大城市,要多建设中、小城镇。

1978 年 8 月 四川广汉开始进行人民公社体制改革的试点,将生产队改为独立的农业生产合作社;取消人民公社管理委员会,成立了乡政府;取消了生产大队,设立了行政村。

1980 年 10 月 全国城市规划工作会议召开。大会明确提出了"控制大城市规模、合理发展中等城市、积极发展小城镇"的城市发展基本战略。

1982 年 5 月 14 日 《国家建设征用土地条例》正式发布,条例规定国家进行经济、文化、国防建设以及兴办社会公共事业时可以依法征用集体土地,且土地补偿费用和安置补助费用的总和不得超过被征用土地年产值的 20 倍。

1983 年 1 月 中共中央发布一号文件《当前农村经济政策的若干问题》,

提出要改革人民公社体制，实行生产责任制和政社分设，继续推行联产承包制和其他各项农村政策，促进农业从自给半自给经济向着较大规模的商品生产转化。

1983年2月 四川省率先进行城市经济体制改革，中央批准重庆为全国第一个实行经济体制综合改革试点的大城市。随后成都市也实行了计划单列。

1984年1月5日 国务院正式发布《城市规划条例》。该条例中所指城市为国家行政区域划分设立的直辖市、市、镇及未设镇的县城。城市按照其市区和郊区的非农业人口总数可以划分成三级：50万人口以上的为大城市，20万人口以上但不足50万人口的为中等城市，人口不足20万的为小城市。

1984年10月13日 国务院发出《关于农民进入集镇落户问题的通知》，要求各级人民政府积极支持有经营能力和有技术专长的农民进入集镇经营工商业，公安部门应准予其落为常住户口，统计为非农业人口。

1985年1月 中共中央出台《关于进一步活跃农村经济的十项政策》，政策的第九项内容提出"进一步扩大城乡经济交往，加强对小城镇建设的指导"，允许农村地区性合作经济组织按规划建成店房及服务设施自主经营或出租。小城镇的建设一定要根据财力和物力的实际情况，通过试点来逐步开展，注意避免盲目性，防止工业污染。

1985年3月 四川省政府发出《关于增强企业活力，加快城市经济体制改革的通知》。四川省对流通领域农产品统派购制度进行改革，代之以合同定购和市场收购；改基层供销社的"官"办为"民"办；建立各种农产品的批发市场、专业市场、发展农村集贸市场；允许农民进入流通领域。

1985年7月 国务院公安部发布《关于城镇暂住人口管理的暂行规定》，决定对流动人口实行暂住证和寄住证等制度，允许暂住人口在城镇内留下来。

1986年3月 四川省成都市荷花池市场开市。它后来发展为全国十大批发市场之一。这也标志着成都市成为西南地区最大的商品批发集散地。

1986年4月19日 国务院批转民政部《关于调整设市标准和市领导县条件的报告》，适当地降低了县改市以及市领导县的人口和产值等标准，大量的县级市开始出现。

1986年6月25日 《中华人民共和国土地管理法》正式通过，自1987年1月1日起施行。规定任何单位和个人进行建设，需要使用土地的，必须依法申请使用国有土地；但是，兴办乡镇企业和村民建设住宅经依法批准使用本集体经济组织农民集体所有的土地的，或者乡（镇）村公共设施和公益事业建设经依法批准使用农民集体所有的土地的除外。

1988年7月 西南地区首家以企业产权为商品的特殊市场——成都企业产权交易市场开业。成都市的城市功能发展再上一个台阶。

1989年12月26日 第七届全国人大第十一次常委会通过《中华人民共和国城市规划法》，是我国在城市规划、城市建设和城市管理方面的第一部法律，是涉及城市建设和发展全局的一部基本法，它对于我们建设具有中国特色的社会主义现代化城市，不断改善城市的投资环境和劳动、生活环境，具有重大的指导意义。

1990年7月 第四次全国人口普查开始，此次普查采用了新的城乡划分标准，同时还第一次得出了国内的城镇化率——26.23%。

1991年4月 第七届全国人大四次会议通过了"八五"计划纲要，初步提出"积极推进住房制度和社会保障制度的改革"。加快住房保险制度的改革，同时逐步改变低租金及无偿分配住房的办法，调动社会各方面积极性，加快住宅建设，改善老百姓的居住条件。

1993年3月 第八届全国人大一次会议通过《政府工作报告》，报告提出需加大力度发展乡镇企业，尤其是要积极扶持中西部地区的乡镇企业的发展。合理规划，逐步推进小城镇的建设。

1993年5月17日 国务院同意批转民政部《关于调整设市标准的报告》。为了适应经济、社会发展和改革开放的新形势，适当调整设市标准，对合理发展中等城市和小城市，推进我国城市化进程，具有重要意义。要求各地认真总结设市工作的经验，坚持实事求是的原则，搞好规划，合理布局，严格标准，有计划、有步骤地发展中小城市。

1994年7月18日 国务院正式下发《关于深化城镇住房制度改革的决定》，把各单位建设、分配、维修、管理住房的体制改变为社会化、专业化运行的体制；把住房实物福利分配的方式改变为以按劳分配为主的货币的工资分配方式。全面推行住房公积金制度，积极推进租金改革，稳步出售公有住房，同时加强经济适用住房的开发与建设。

1995年9月 党的十四届五中全会通过了《中共中央关于制定国民经济

和社会发展"九五"计划和2010年远景目标的建设》，该文件提出"相对集中地发展乡镇企业，并与小城镇建设相结合，才能创造更加良好的投资环境和提高经济效益"。"加大力度推进住房制度改革，加快住房商品化的步伐"。

1997年6月10日 国务院同意批转公安部《小城镇户籍管理制度改革试点方案》和《关于完善农村户籍管理制度的意见》。两个文件都提出了户籍管理制度的改革，逐步改革小城镇户籍管理制度，完善农村户籍管理制度，是国家一项重要的基础性工作，事关经济发展、社会进步和维护社会稳定的大局。要统一城乡户籍登记制度，理顺农村户籍管理体制，实施严密管理并改进管理手段，逐步实现农村户籍管理的制度化、规范化和现代化，促进农村经济发展，维护社会稳定。各地区要在省级人民政府的领导下，从实际出发，有组织、有步骤地开展这项工作，抓紧完成常住人口登记表、居民户口簿和门牌的制发工作，逐步在全国农村建立健全户籍管理机构，在20世纪末基本统一城乡户籍登记管理制度，切实改变农村户籍管理薄弱的状况。

1998年7月3日 国务院下发《关于进一步深化城镇住房制度改革加快住房建设的通知》。通知要求停止住房实物分配，逐步实行住房分配货币化；建立和完善以经济适用住房为主的住房供应体系；继续推进现有公有住房改革，培育和规范住房交易市场；采取扶持政策，加快经济适用住房建设；发展住房金融，加强住房物业管理。

1998年8月29日 《中华人民共和国土地管理法》（1998年修订）正式颁布。该法再次提高了征地补偿的标准，规定土地补偿费和安置补助费用的总和不得超过土地被征用前三年平均年产值的30倍。

1999年3月 第九届全国人大二次会议通过《政府工作报告》。报告提出要加快小城镇建设，要抓好小城镇户籍管理制度改革的试点，制定支持小城镇发展的投资、土地、房地产等政策。小城镇的发展更要科学规划，合理布局。

1999年12月6日 国家统计局发布《关于统计上划分城乡的规定（试行）》，正式采用"行政地域+实体地域"的城乡人口划分标准，首次把人口密度作为衡量指标纳入了城镇划分体系。

2000年6月13日 《中共中央、国务院关于促进小城镇健康发展的若干意见》出台，指出"发展小城镇，是带动农村经济和社会发展的一个大战略"。当前，各地积极贯彻落实中央精神，小城镇的发展形势总体而言是好的。但也存在着一些不容忽视的问题：一些地方缺乏长远、科学的规划，小城镇布局不合理；有些地方存在不顾客观条件和经济社会发展规律，盲目攀比、盲目扩张的倾向；多数小城镇基础设施不配套，影响城镇整体功能的发挥；小城镇自身管理体制不适应社会主义市场经济的要求。

2000年11月 第五次全国人口普查。按照《关于统计上划分城乡的规定》的统计口径，得出全国城镇化率为36.09%。

2001年3月20日 国务院批转公安部《关于推进小城镇户籍管理制度改革的意见》，规定小城镇户籍管理制度改革的实施范围是县级市市区、县人民政府所在地的镇及其他建制镇。凡在上述范围内有合法固定的住所、稳定的职业或生活来源的人员及其共同居住生活的直系亲属，均可根据本人意愿办理城镇常住户口。

2002年3月 第九届全国人大五次会议通过《政府工作报告》，报告明确提出扩大城乡经济往来有利于明显增加农民收入，各级政府要为农民进城务工经商提供方便，切实保障他们的合法权益和利益。同时积极稳妥推进城镇化，促进农村劳动力向非农业产业转移。

2003年8月31日 《国务院关于促进房地产市场持续健康发展的通知》发布。该通知首次提出了房地产行业已经成为我国国民经济的支柱产业之一，并坚定地指出需要正向促进房地产市场和房地产行业的健康持续发展。

2003年12月31日 中共中央发布一号文件《中共中央国务院关于促进农民增加收入若干政策的意见》。文件指出要"繁荣小城镇经济"。小城镇的建设要同壮大县域经济、发展乡镇企业、推进农业产业化经营、移民搬迁结合起来，引导更多农村劳动力进城，加速城镇化建设。

2004年5月8日 《四川省人民政府办公厅转发省发改委〈关于开展我省"十一五"规划编制工作意见〉的通知》。该《意见》指出，编制区域规划要着眼于提高区域整体竞争能力，打破地区行政分割，发挥各自优势，统筹重大基础设施、生产力布局和生态环境建设，把经济中心、城镇体系、产业聚集区、基础设施等落实到具体的地域空间。

2004年10月21日 国务院发布《关于深化改革严格土地管理的决定》。牢固树立遵守土地法律法规的意识。严格依法管理土地，积极推进经济增长方式的转变，实现土地利用方式的转变，走符合中国国情的新型工业化、城市化道路。进一步提高依法管地用地的意识,要在法律法规允许的范围内合理用地。对违反法律法规批地、占地的,必须承担法律责任。完善征地补偿办法。县级以上地方人民政府要采取切实措施,使被征地农民生活水平不因征地而降低。要保证依法足额和及时支付土地补偿费、安置补助费以及地上附着物和青苗补偿费。

2005年5月24日 国务院办公厅转发建设部等九部门《关于调整住房供应结构稳定住房价格的意见》,指出要按照科学发展观的要求,坚持落实和完善政策,调整住房结构,引导合理消费;坚持深化改革,标本兼治,加强法治,规范秩序;坚持突出重点,分类指导,区别对待。各地区,特别是城市人民政府要切实负起责任,把调整住房供应结构、控制住房价格过快上涨纳入经济社会发展工作的目标责任制,促进房地产业健康发展。

2005年6月 国务院开始进行综合配套改革的试点工作。批准重庆市和成都市成为全国统筹城乡综合配套改革试验区。

2005年10月 党的十六届五中全会通过了《中共中央关于制定国民经济和社会发展第十一个五年规划的建议》,提出促进城镇化健康发展。坚持大中小城市和小城镇协调发展,提高城镇综合承载能力,按照循序渐进、节约土地、集约发展、合理布局的原则,积极稳妥地推进城镇化。有条件的区域,以特大城市和大城市为龙头,通过统筹规划,形成若干用地少、就业多、要素集聚能力强、人口分布合理的新城市群。建立健全与城镇化健康发展相适应的财税、征地、行政管理和公共服务等制度,完善户籍和流动人口管理办法。统筹做好区域规划、城市规划和土地利用规划,改善人居环境,保持地方特色,提高城市管理水平。

2006年4月 根据国土资源部的《关于规范城镇建设用地增加与农村建设用地减少相挂钩试点工作的意见》,四川省被列为首批城乡建设用地增减挂钩试点地区。

2006年10月 党的十六届六中全会通过了《中共中央关于构建社会主义和谐社会若干重大问题的决定》,要求落实区域发展总体战略,促进区域协调发展。继续推进西部大开发,振兴东北地区等老工业基地,促进中部地区崛起,鼓励东部地区率先发展,形成分工合理、特色明显、优势互补的区域产业结构,推动各地区共同发展。严格控制征地规模,加快征地制度改革,提高补偿标准,解决好被征地农民的就业和社会保障。

2007年1月30日 四川省政府办公厅公布了《关于进一步加强城乡居民收入调查工作的通知》。该通知意在全面落实对于城乡居民实际收入的具体调查工作,要进一步提高城乡居民收入调查资料的真实性和代表性,客观、准确地反映四川省城乡居民收入及生活状况,满足落实科学发展观、构建和谐社会的决策需要。

2007年6月8日 《四川省人民政府办公厅转发建设部等七部门〈关于加强协作共同做好房地产市场信息系统和预警预报体系有关工作的通知〉的通知》,要求尽快建立房地产市场信息系统。各地牵头部门要根据预警预报信息系统建设的要求,依托现有的业务管理部门、管理体系和管理手段,充分利用现有的硬件设备和成熟的软件系统,在对房地产交易与权属管理信息系统和房地产开发项目动态管理信息系统资源进行整合的基础上,建立统一的信息收集平台,实行部门之间互联互通、信息共享,加大对相关部门已有信息资源采集、整理,确保信息数据的全面性、准确性、及时性和各项指标的可操作性。加快制订预警预报体系的建设和运行方案。各地牵头部门要在完善房地产市场信息系统的同时会同有关部门制订预警预报体系的建设和运行方案,建立统一的房地产市场信息系统和预警预报体系并定期召集相关部门联席会议,分析房地产市场运行形势。

2007年6月 《四川省人民政府办公厅关于转发省建设厅〈四川省住房制度改革工作要点〉的通知》,明确指出须树立科学发展观念,推动住房制度改革深入进行,分类指导,分步实施,抓紧住房分配货币化实施工作。切实加强房改资金的监督管理,建立健全以经济适用住房和廉租住房为主体的住房保障体系。

2007年7月26日 《国务院关于编制全国主体功能区规划的意见》正式发布,意见认为编制全国主体功能区规划,就是要根据不同区域的资源环境承载能力、现有开发密度和发展潜力,统筹谋划未来人口分布、经济布局、国土利用和城镇化格局,将国土空间划分为优化开发、重点开发、限制开发和禁止开发四类,确定主体功能定位,明确开发方向,控制开发强度,规范开发秩序,完善开发政策,逐步形成人口、经济、资源环境相协调的空间开发格局。四川省也根据该意见,将省内可开发的国土空间划分成了四个开发区域类型。

2007年10月28日 《中华人民共和国城乡规划法》颁布。此法的宗旨在于加强城乡规划管理，协调城乡空间布局，改善人居环境，集约高效合理利用城乡土地，促进城乡经济社会全面科学协调可持续发展。

2007年11月28日 《四川省人民政府办公厅关于印发〈四川省第二次土地调查实施方案〉的通知》。该《方案》以农村土地调查为基础，以地理信息系统为图形平台，以大型关系型数据库为后台管理数据库，存储各类土地调查成果数据，实现对土地利用的图形、影像、属性等空间数据及其他非空间数据的一体化管理，最终基本得到农村土地和城镇土地的调查数据库及管理系统。

2008年4月2日 国务院发布《历史文化名城名镇名村保护条例》，明确了对于历史文化名城、名镇、名村的保护必须遵循科学规划、严格保护的原则，保持和延续其传统格局和历史风貌，维护历史文化遗产的真实性和完整性，继承和弘扬中华民族优秀传统文化，正确处理经济社会发展和历史文化遗产保护的关系。

2008年4月13日 《四川省人民政府办公厅转发省国土资源厅〈关于调整征地补偿安置标准等有关问题的意见〉的通知》，该《意见》内容主要涉及关于征收土地的地类、面积和权属，关于前3年平均年产值，关于征收土地补偿费和安置补助费的计算倍数，关于征地地上附着物和青苗补偿标准以及关于被征地农民的安置等问题。征收土地涉及住房拆迁的，要按有关规定采取有效措施，切实保障被征地农民的基本居住条件。实施征地拆迁政府提供的基本住房建筑面积不得少于每人30平方米。被拆迁的农民在基本住房建筑面积内不支付购房费用，也不享受原住房拆迁补偿。原被拆迁住房面积超出基本住房面积的部分按附着物补偿标准给予补偿。以统一修建安置用房的，安置房建设要提前准备，原则上做到先建房，后拆迁。

2008年10月13日 全国首个综合性农村产权交易所在成都诞生。

2008年12月20日 国务院办公厅下发《关于促进房地产市场健康发展的若干意见》，该《意见》提出争取用3年时间基本解决城市低收入住房困难家庭住房及棚户区改造问题。基本解决747万户现有城市低收入住房困难家庭和240万户现有棚户区居民住房的住房问题。

2009年1月14日 四川省政府办公厅出台《关于切实做好灾后恢复重建扩大内需用地保障严格规范用地管理工作的通知》，强调必须切实做好土地征收批后实施工作,加强建设项目用地的供应和保障服务,坚决落实最严格的节约用地制度,强化建设用地动态实时监控,强化用地保障和监管责任。

2009 年 3 月 17 日 《四川省城乡环境综合整治工作行政过错责任追究办法(试行)》公布,使省内城乡环境的综合治理工作过程中,行政方面的权责得以明确界定。

2009 年 3 月 28 日 四川省政府办公厅印发《关于四川省棚户区改造工程实施方案的通知》。从 2009 年起,用 3 年时间完成四川省棚户区改造工程建设任务,改造面积约 2605 万平方米(以最终核实和规划数为准),使 36.7 万户 117 万人的居住和生活条件得到明显改善。

2009 年 4 月 7 日 四川省政府办公厅出台了《关于将大学生纳入城镇居民基本医疗保险的实施意见》。该《意见》本着自愿原则,将大学生纳入城镇居民基本医疗保险范围并继续做好日常医疗工作。中央确定基本原则和主要政策,省级政府制定实施意见,地区制定具体办法,对参保大学生实行属地管理。该《意见》的公布,标志着政府对川内大学生的社会保障措施有了突破性进展。

2009 年 4 月 28 日 四川省政府办公厅发布《关于进一步加强地震灾区农房重建建材质量监管工作的通知》,为确保地震灾区农房重建建材质量安全,稳定灾区建材市场秩序,省政府决定进一步加强灾区建材质量监管。加强宣传教育,增强群众建材质量安全意识,全面推行进销货台账制度,落实监管责任制,加大监测力度,严防劣质建材进入施工现场,加强监督管理,严厉打击违法行为。

2009 年 5 月 25 日 四川省政府办公厅发布《关于进一步加强地震灾后重建城镇规划公众参与工作的通知》,该《通知》提出,要充分认识重建城镇规划公众参与的重要性,依法做好重建城镇规划公众参与工作,建立重建城镇规划实施的公众监督机制。

2009 年 7 月 17 日 四川省政府出台《关于加快推进城乡绿化工作的决定》。该《决定》强调搞好城乡绿化,是贯彻落实科学发展观,建设生态文明,维护生态安全,改善人居和发展环境,全面建设小康社会的重要基础工作。提出要抓紧编制城乡绿化专项规划,切实抓好重点区域和重要部位绿化,积极推进林地流转,切实保障造林绿化者的合法权益。

2009年8月18日 四川省政府办公厅出台了《关于进一步规范有序进行农村土地承包经营权流转的意见》。该《意见》坚持农村基本经营制度,以稳定农村土地承包关系为基础,建立健全规范有序的土地流转机制,切实保障农民对承包土地的占有、使用、收益等合法权利,促进土地流转与创新农民持续稳定增收利益联结机制相协调,与推进农业产业结构调整和确保粮食安全相统一,与建设现代农业产业基地和发展农业产业化经营相结合,与推进农村全面小康建设和新农村建设相一致,维护农村经济秩序和社会稳定。

2009年9月14日 四川省政府办公厅公布《关于公布第四批省级历史文化名镇(名村)的通知》,各地、各有关部门要按照《中华人民共和国历史文化名城名镇名村保护条例》《中华人民共和国文物保护法》等法律法规及规定,切实加强历史文化名镇(名村)规划建设指导,认真编制和完善保护规划,制定严格的保护措施,做到修旧如旧,保持原有历史风貌;坚决杜绝违反保护规划的建设行为发生,严格禁止将历史文化资源整体出让给企业用于经营;进一步理顺管理体制,全面做好历史文化名镇(名村)的保护、建设和管理工作。

2009年12月5~7日 中央经济工作会议全面召开。会议主要基调为"保增长,促发展",提出"积极稳妥推进城镇化,提升城镇发展质量和水平"。要坚定不移地走中国特色城镇化道路,促进大中小城市和小城镇的统筹协调发展,着力提升城镇综合承载能力,发挥好城镇对农村的辐射带动作用。

2010年4月17日 国务院发出《关于坚决遏制部分城市房价过快上涨的通知》,要求各地区、各有关部门切实履行稳定房价和住房保障职责,坚决抑制不合理住房需求,增加住房有效供给,加快保障性安居工程建设,加强市场监管。

2010年5月15日 四川省政府发布了《关于2010年一季度扩权试点县(市)经济加快发展的分析报告》,该《报告》指出全省59个扩权试点县(市)的工业发展加快,投资增长较快,消费品市场增长平稳,财政有所增收,城乡居民收入增加,扩权试点县(市)经济呈现加快发展态势。然而其产业结构水平相对较低,经济增长质量不高,发展压力大仍然是客观存在的主要问题。分析报告也从侧面反映了四川省城镇化建设是稳中求进。

2010年6月3日 国务院批转住建部等7个部门发出《关于加快发展公

共租赁住房的指导意见》。在全国范围内大力发展公共租赁住房，是完善住房供应体系、培育住房租赁市场、满足城市中等偏下收入家庭基本住房需求的重要举措，是引导城镇居民合理住房消费，调整房地产市场供应结构的必然要求。各地区、各部门要统一思想，提高认识，精心组织，加大投入，积极稳妥地推进公共租赁住房建设。

2010年7月5日 四川省政府办公厅出台《关于切实做好汶川地震灾区城镇重建住房分配安置工作的通知》，为切实加强灾区城镇重建住房的分配及安置入住管理，确保公平合理，实现"家家有房住"的重建目标，必须要健全分配制度，严格审核分配对象，加强价格管理，抓好配套服务，强化监督检查机制。

2010年7月9日 四川省政府办公厅印发了《省发展改革委关于全省2009年统筹城乡综合配套改革试点工作进展情况和2010年工作安排的通知》，强调推进"三个集中"步伐需加快，农村产权制度改革和农村投融资体制改革必须稳步推动。城乡公共服务均衡发展，行政社会管理体制的改革也要进一步深化。

2010年9月21日 四川省政府办公厅落实了《关于切实加强汶川地震灾区学校医院等重建公共设施管理工作的通知》，各级政府是学校、医院等重建公共设施管理的责任主体和工作主体，要逐一落实管理部门、单位和责任人，加强组织协调，采取有效措施，确保管理维护责任落实到位。承担重建公共设施具体管理的部门和单位要制订切实有效的管理办法，落实专人负责日常监管和维护，确保公共设施管理落实到人，做到运行过程有人监管、管理责任有人承担；对损坏的公共设施，要及时修缮更换，确保正常使用。

2010年10月 党的十七届五中全会通过《中共中央关于制定国民经济和社会发展第十二个五年规划的建议》，该《建议》明确指出要完善城市化布局和形态，加强城镇化建设和城镇化管理。按照统筹规划、合理布局、完善功能、以大带小的原则，遵循城市发展客观规律，以大城市为依托，以中小城市为重点，逐步形成辐射作用大的城市群，促进大中小城市和小城镇协调发展。科学规划城市群内各城市功能定位和产业布局，缓解特大城市中心城区压力，强化中小城市产业功能，增强小城镇公共服务和居住功能，推进大中小城市交通、通信、供电、供排水等基础设施一体化建设和网络化发展。要把符合落户条件的农业转移人口逐步转为城镇居民作为推进城镇化的重要任务。大城市要加强和改进人口管理，中小城市和小城镇要根据实际情况放宽外来人口落户条件。注重在制度上解决好农民工权益保护问题。合理确定城市开发边界，提高建成区人口密度，防止特大城市面积过度扩张。城市规划和建设要注重以人为本、节地节能、生态环保、安全实用、突出特色、保护文化和自然遗产，强化规划约束力，加强城市公用设施建设，预防和治理"城市病"。

2010年11月 第六次全国人口普查，得出全国的城镇化率为49.68%。

2010年11月 四川省成都市出台《关于全域成都城乡统一户籍实现居民自由迁徙的意见》，该《意见》从机制体制创新上提出了12条具体措施，旨在彻底破除城乡二元结构，彻底消除隐藏在户籍背后的身份差异和基本权利不平等。《意见》明确指出人口自由流动，户籍也跟着自由迁徙，实现户口登记地与实际居住地的一致性。城乡居民凭合法固定住所证明进行户口登记，户口随居住地变动而变动。农民进城不以放弃农村宅基地使用权、土地承包经营权、林地承包经营权等原有利益为代价，农民的各项权益不因居住地的迁徙、职业的改变而受到侵害。要建立城乡统一的就业失业登记管理制度，统一的失业保险待遇标准和城乡统一的社会保险制度。

2010年12月8日 四川省政府公布《关于进一步贯彻落实房地产市场调控政策的通知》。提出严格差别化信贷税收政策，抑制不合理住房需求；加强住房建设和用地管理，增加住房有效供给；加大工作力度，加快推进保障性安居工程建设；进一步加强房地产市场监管，规范市场秩序；加快住房信息系统建设，加强舆论正面引导。

2011年4月1日 四川省成都市非城镇户籍从业人员综合社会保险与城镇职工社会保险正式并轨，农民工在成都市内也能享受到城镇职工的社会保险待遇。

2011年9月28日 《国务院办公厅关于保障性安居工程建设和管理的指导意见》颁布，大力推进以公共租赁住房为重点的保障性安居工程建设，落实各项支持政策，提高规划建设和工程质量水平，建立健全分配和运营监管机制。对于廉租房、公租房和经适房等规范其准入审核，严格租售管理，加强使用管理，健全退出机制。

2012年4月1日 四川省政府办公厅发布《关于印发2012年四川省成都

天府新区建设推进工作方案的通知》。依据成渝经济区区域规划和天府新区总体规划，遵照"再造一个产业成都"的指导思想，按照现代产业、现代生活、现代都市"三位一体"、"产城融合"和发展组合型新型城市形态的要求，2012年天府新区建设要充分体现"快速起步、重点突破"的阶段性特征，突出"一城"的支撑带动作用和"六区"的功能定位，基本形成新区规划体系，启动建设一批支撑性重大基础设施项目、先导性重大生态绿地项目、标志性重大公共服务项目和引领性重大产业项目，制订出台支持政策，切实落实保障措施，确保天府新区起步建设尽快上规模、聚人气、上档次、树形象。

2012年5月16日 《国家基本公共服务体系"十二五"规划》正式公布，其基本目标是在"十二五"时期，要本着尽力而为、量力而行，统筹城乡、强化基层的原则，进一步创新体制机制，增强公共服务供给能力，加快建立健全符合国情、可持续的基本公共服务体系，努力提升基本公共服务水平和均等化程度，推动经济社会协调发展，为全面建成小康社会夯实基础。

2012年9月17日 四川省政府办公厅宣布"成都市创新流动人口服务管理工作取得实效"，在创新流动人口管理模式、搭建管理平台、深化体制机制改革等方面进行了积极探索，走出了一条适应城乡统筹、解决流动人口问题的新路子。破解体制制约问题，构建全新的服务管理格局；破解基础薄弱问题，创建全新的日常保障机制；破解资源分散问题，搭建全新的信息应用平台；破解手段单一问题，组建全新的行政管理模式。

2012年11月 党的十八大全面通过《坚定不移沿着中国特色社会主义道路前进 为全面建成小康社会而奋斗》的工作报告。该《报告》指出，根据我国经济社会发展实际和新的阶段性特征，针对现阶段我国发展面临的突出矛盾，围绕人民最关心最直接最现实的利益问题，从战略全局上对我国改革发展做出规划和部署，科学制定适应时代要求和人民愿望的行动纲领和大政方针，全面推进中国特色社会主义事业。坚持走中国特色新型工业化、城镇化、信息化和农业现代化的道路，努力推动工业化和城镇化的良性互动，信息化和工业化的深度融合，全面促进工业化、城镇化、信息化和农业现代化的同步发展。

2013年5月10日 四川省政府颁布《关于2013年加快推进新型城镇化的意见》。提出努力走集约智能绿色低碳的新型城镇化道路，全面提升城镇化发展质量和水平。坚持加速与提质并重，坚持城乡统筹和区域统筹，坚持因地制宜和分类指导，以人口城镇化为核心，以科学规划为引领，以产业发展为依托，以基本公共服务均等化为根本，以增强城镇综合承载能力为支撑，加快发展四大城市群、重点发展区域性中心城市、积极发展中小城市和小城镇，创新体制机制，加强政策引导，狠抓工作重点，加快构建四川城镇化发展新格局。

2013年6月26日 四川省政府办公厅转发省发改委《关于住房城乡建设厅四川省绿色建筑行动实施方案的通知》，其总体要求是坚持以科学发展观为指导，认真贯彻党的十八大和省委十届三次全会精神，牢固树立生态文明理念，深入实施"两化"互动、统筹城乡发展战略，用绿色、循环、低碳理念指导城乡建设，切实转变城乡建设模式和建筑业发展方式，集约节约利用资源，提高建筑舒适性、健康性、安全性。坚持政府引导与市场推动相结合、全面推进与突出重点相结合、因地制宜与分类指导相结合、立足当前与着眼长远相结合，全面推进绿色建筑行动，实现建筑领域节能减排目标，加快推进资源节约型和环境友好型社会建设。

2013年7月20日 省政府办公厅印发《关于芦山地震灾后恢复重建城乡住房建设等11个专项规划的通知》，根据《四川芦山"4·20"强烈地震灾害评估报告》和资源环境承载能力综合评价，在国家有关部委的大力支持和指导下，省政府组织编制了《芦山地震灾后恢复重建城乡住房建设专项规划》《芦山地震灾后恢复重建城镇体系建设专项规划》《芦山地震灾后恢复重建农村建设专项规划》《芦山地震灾后恢复重建基础设施建设专项规划》等11个芦山地震灾后恢复重建专项规划。规划坚持以人为本、民生优先，始终将城乡居民住房建设放在优先位置，切实把保障和改善民生落实到重建的每项工作中。

2013年11月 党的十八届三中全会通过《中共中央关于全面深化改革若干重大问题的决议》，该决议全面贯彻落实了党的十八大关于全面深化改革的战略部署。从社会保障、收入分配、反腐倡廉、住房保障、医疗改革、稳定物价、食品药品安全、法律法制、行政体制改革和国防建设十个方面给予了全面的回应并采取了一系列举措。此外，还出台了六大新政："单独"生育二胎政策、逐步推迟退休年龄、城市户籍制度改革、房地产税立法、权利清单制度以及个人所得税制。决议一出，可见改革力度之大，对城镇化发展和住房保障事业的影响力度也空前巨大。

2014年3月19日 四川省政府公布《关于加快推进危旧房棚户区改造工作的实施意见》。坚持宜居为首，完善配套设施，改善人居环境。充分发挥政府规划引导、政策资金支持和组织实施作用，调动群众积极性，支持群众自主改造，注重发挥市场机制作用。坚持综合整治与改造相结合，避免简单大拆大建，合理控制开发强度。创新投融资机制，鼓励民间资本参与，争取金融支持，拓宽融资渠道。

2014年4月21日 四川省政府出台《关于建立统一的城乡居民基本养老保险制度的实施意见》。该《意见》坚持和完善社会统筹与个人账户相结合的制度模式，巩固和拓宽个人缴费、集体补助、政府补贴相结合的资金筹集渠道，完善基础养老金和个人账户养老金相结合的待遇支付政策，强化长缴多得、多缴多得激励机制，建立基础养老金正常调整机制，健全服务网络，提高管理水平，为参保居民提供方便快捷的服务。

2014年5月15日 《四川省人民政府办公厅印发了〈关于加快城镇基础设施建设实施意见〉的通知》，主要围绕实施"三大发展战略"，坚持"规划引领、民生优先、安全为重、绿色优质、机制创新"原则，着力稳增长、调结构、促改革、惠民生，科学规划、统筹实施，加快城镇基础设施建设步伐，强化城镇基础设施运行安全保障，创新完善体制机制，努力构建四川省功能配套、管理科学和安全高效的城镇基础设施支撑体系，推动城镇节能减排，改善人居和发展环境，加快提升全省新型城镇化的质量和水平。

2014年7月3日 四川省人民政府办公厅出台《关于印发建立健全全省农村道路交通安全管理工作机制实施方案的通知》，加强农村道路交通安全管理工作，是省政府开展道路交通安全综合整治攻坚行动六项重点工作之一。重点要突出设计规划层面、操作实施层面以及执行落实层面的任务。全面落实工作机制和保障机制，实现农村道路交通安全管理工作机制健全、机构人员落实、管理制度完善、经费保障到位、考评考核过硬的格局。

2014年7月10日 四川省政府办公厅公布了《关于印发健全住房保障和供应体系专项改革方案的通知》，提出公共租赁住房和廉租住房制度并轨，建立统一的公共租赁住房制度。探索建立共有产权住房制度，推进公共租赁住房"租改售"试点工作，促进"农民工住房保障行动"的制度化。将向农民工定向供应公共租赁住房的工作制度化，每年将竣工公共租赁住房的一定比例

(2014年确定为30%）定向供应农民工，形成长效机制。完善住房公积金缴存和使用制度，坚持市场化原则，优化市场供应结构。

2014年7月14日　《四川省政府办公厅关于印发〈川东北经济区发展规划（2014~2020年）〉的通知》。标志着川东北广元、南充、广安、达州、巴中五市迎来了新一轮的工业化、城镇发展契机。

2014年9月13日　四川省政府落实《关于加强城镇地下管线建设管理的意见》。全面开展城镇地下管线普查，建立健全地下管线综合管理信息系统，科学编制地下管线综合规划，强化地下管线建设的基本建设程序，统筹推进地下管线工程建设。

2014年9月26日　四川省政府办公厅落实了《关于进一步加强节约集约用地的意见》。提出要从严调控建设用地总规模，优化城乡建设用地布局，加强城镇建设用地边界管控，实行差别化计划指标管理。此外，在提高土地利用效率方面，要规范园区用地管理，强化工业用地管理，推进土地立体开发利用。

2014年10月8日　四川省人民政府办公厅公布了《关于推进城区老工业区搬迁改造的实施意见》。该《意见》以新型工业化和新型城镇化为引领，大力实施"三大发展战略"，坚持改革开放，创新体制机制，突出城区老工业区产业重构、城市功能完善、生态环境修复和民生改善等工作着力重点，与城市新区、产业园区建设和危旧房棚户区改造相结合，统筹企业搬迁改造和新兴产业培育，促进改造提升和转型升级，把城区老工业区建设成为经济繁荣、以人为本、功能完善、生态宜居的现代化城区，增强城市发展活力和辐射带动作用，形成多点多极发展的重要支撑。

（邹执寰　执笔）

Abstract

The Third Plenary Session of the 18th CPC Central Committee proposed clearly to follow the New Type of Urbanization in a Chinese way, which is to be one of the important national strategies from now on and over a period of time. The New Type of Urbanization has particular value for Sichuan, giving its important role in balancing regional development between the East and the West of China, promoting industrial relocation and transformation, and optimizing population distribution in China.

Since the National Eleventh Five-Year Plan, Sichuan's urbanization rate increased from 34.3% to 44.9%, with an average annual increase of 1.51 points. But the overall process of urbanization in Sichuan lags behind the national level. The urbanization rate of Sichuan has 10.04 points lower than the national average in 2006 and 8.83 points in 2013. We saw an acceleration of urbanization in Sichuan during the Twelfth Five-Year Plan, mostly because of the rapid economic growth of Sichuan in recent years. It is expected that Sichuan's urbanization rate will reach about 47% in 2015.

From the internal view of Sichuan, the inequality of regional development is substantial. Chengdu is the single most urbanized city, with the rate of urbanization reached 68.4%, far beyond the rest of regional districts. Most minority areas and impoverished mountain areas have urbanization rates that are about 30%. These areas also have disadvantages of consistent underdevelopment and environmental vulnerability.

The pressure of population transformation from rural to urban is increased as well. The scale of migrant workers in Sichuan continued expanding and reached 24.55 million in 2013. More than half of them migrated within Sichuan. Meanwhile, the attributes of rural-to-urban migration change. More and more rural-to-urban workers move with their family, stay with their job in city, get wage payment that increases steadily, receive low-level social security in city, and featured as the new generation of migrants. As a policy implementation, the Supply of Public

Rental Housing for rural-to-urban migrant workers improves their living conditions and thus has social and economic benefits.

As an important though vulnerable part of the Yangtze River Economic Belt, Sichuan has to promote its quality of urbanization, focus on the formation of urban agglomeration, coordinate urban and rural development, implement administrative reform for some important towns, and include minority areas into the process of urbanization. Moreover, Sichuan needs to carry out reforms of land system in that the efficiency of land use is the key to the expansion of urban population.

Contents

B I General Report

B. 1 Measure and Prospect on Sichuan's Urbanization Development
Project Group / 001

Abstract: Since the eleventh plan, the urbanization development of Sichuan Province has made remarkable achievements. The urbanization rate increased from 34.3% to 44.9%, the urban population reached 36400000. The measurement system of urbanization development level is built by 6 respects, including populations, industrial structure, infrastructure, the public service, resources andenvironment, and coordinated development. It may be concluded that the urbanization level of Sichuan has a general increase, which economic growth as its main characteristics. In addition, The urbanization development of cities is relatively lagging behind. The influencefactors contain both fundamental reasons, such as level of industrialization, urbaninfrastructure and differences in industrialstructure model, the population base, and consumption customs. We predict there will be a promotion in the development of new urbanization speed and quality, and the level of sustainable development of city. But the pressure of the resources and the environment is still immense; the regional urbanization level will not balance.

Keywords: Status and Characteristics; Measurement; Prospect; Sichuan

B II Migrant Workers Urbanism Reports

B. 2 General Feature of Sichuan Rural-urban Migrant Workers
Bureau of Statistics of Sichuan / 045

Abstract: This chapter ascribes the new feature of rural-urban migrant workers.

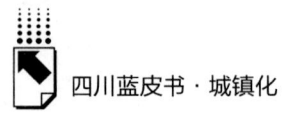

Based on a sampling survey, it covers three aspects of the major feature of Sichuan off-farm labors, including living condition, employment and social welfare, and the inclination of being urban resident. The results show that those rural-urban migrant workers have much stable living status in city, receive low-level social security in general, feel uncertainty to the change of Hukou from rural to urban, and have insufficient protection of labor right in workplace. They expect to improve conditions of living, working, and housing, and get necessary help when running into specific troubles in city.

Keywords: Off-farm Labor; Urbanism; Rural-urban Migrant Worker; Sichuan

B.3 Survey on Sichuan Rural-Urban Migrant Worker's Housing Security

Project Group / 069

Abstract: In the process of China's new-type urbanization, the issue of rural-to-urban migrant worker's housing security has been brought into government's agenda. Since the implementation of Housing Security for Off-Farm Worker, public rental housing has a remarkable effect on improving off-farm worker's living conditions, promoting off-farm worker's stable employment, and carrying out the strategy of rural-urban integration. However, the supply of public rental housing does not meet the demand of off-farm worker to some extent. Further reforms on policy design and policy implementation is required.

Keywords: Housing Security; Public Rental Housing; Off-farm Worker; Sichuan

B.4 The Urban Inclusion Situation of Migrant Workers as Viewed from Cultural Capital

Cuiping You, Xia Shi and Shengli He / 118

Abstract: Different from economic capital and social capital, cultural capital is reflected in many asppeces including individual values, literacy, thinking mode, education level, sustainable learning ability and interpersonal skills. The amount of cultural capital affects directly individual's professional status, career expectation and career competitiveness, thus his economic status and political status. The cultural capital situation of Sichuan migrant workers is not optimistic in view of their employment opportunities, employability and all aspects of urban life. The government and the whole society should promote migrant workers' cultural capital in an all-round way such as guaranteeing their public cultural service, developing their compensatory education and paving the way for returning-home workers to start business and accelerate their urban inclusion.

Keywords: Cultural Capital; Migrant Workers, Public Cultural Service, Adult Compensatory Education, Return

B Ⅲ Urbanization Development Quality Reports

B.5 Report on Sichuan's Urban Agglomerations Development and Reform Commission of Sichuan

Bureau of Statistics of Sichuan / 132

Abstract: This chapter focuses on the measure and analysis of the Sichuan urban agglomerations' development. The construction of development index system concludes 6 areas that arethe level of economic development, quality of economic growth, industrial structural condition, and the major demands of urbanization, urban and rural incomes. The main factors restricting the development are not consummate in the city system, not equitable in the industrial structure and not proper in the division of labor.

Keywords: Urban Agglomeration; Economic Strength; Index System

B.6 The Status of Sichuan Industrialization-urbanization Interacting Development and Balancing Urban and Rural

Yi Lu / 154

Abstract: Sichuan is in the period of accelerating industrialization and urbanization. Chengdu was established the national urban and rural comprehensive reform pilot area. In order to seize the opportunities for development, Sichuan launched a lot of practices such as promoting industrial structure adjustment, change the mode of development, industrial parks and industrial new town construction, innovation driven development, open and cooperative development, the reform of property right system, the equalization of public services, basic level autonomous development.

Keywords: Industrialization-urbanization Interacting Development; Balancing Urban and Rural; Sichuan

B.7 Surveyon "Top 300 Developed TownsReformation Pilot project" in Sichuan Province

Zhongjiang Gu, Yi Sheng and Ruirui Chi / 168

Abstract: "Top 300 Developed Towns Reformation Pilot Project" in Sichuan has been last almost two years, The pilot town has summarized many good experience and practice to share, meanwhile, they also manifest lack of "the seven factors", which were scientific plans, the leading industry, management systems, developing funds, the construction land, professional human resources and a clear-cut standard. On the base of knowing again to The Pilot Construction, we offered several policy suggestions, such as the plan, the industry, power expansions, public finances, construction lands, human resources, construction standards, the work guide, etc.

Keywords: Top 300 Developed Towns Reformation Pilot Project; Small Cities and Towns; Power Expansion

B.8 Report on the Urbanization Development in Sichuan Ethnic Areas

Jianxing He / 187

Abstract: The level and quality in Sichuan ethnic areas kept increasing in recent years. But the urbanization rate is only about 30% by 2013, which is not only far lower than developed areas, but also lower than the average Sichuan level 15 percent.

The main problems are that the low industry level, the lag of infrastructure and the unreasonable city system.

Keywords: Minority Concentrated Region; Urbaniing on the Basis of Conservation; Motive Mechanism

B. 9 The coordinated development between land urbanization and population urbanization in Sichuan province *Jie Gao / 201*

Abstract: In the process of Sichuan's urbanization, there is a problem that land urbanization and population urbanization are not coordinated. The fundamental reason is that, the institution of land and population fails to adapt to the new demand of urbanization. Therefore, we should promote a reform about the land system, the rural and urban employment system and the household registration system to promote the coordinated development of land urbanization and population urbanization.

Keywords: Land Urbanization; Population Urbanization; Coordination

ℬ Ⅳ Case Reports

B. 10 Evaluation on the Public Servicing and Social Management of Chengdu Urban-rural Communities *Project Group / 220*

Abstract: To prefect the Urban-rural Integrationsystem, Chengdu creatively combined the reform of the supply of grassroots' public services and social management with the improving of grassroots democracy system. The equalization level of urban-rural public goods mechanisms has been increased and the grassroots governance structure has been gotten better by the way. It is the key to realize the sustainable and healthy urbanization development.

Keywords: New-type Urbanization; Urban-rural Integration; Equalization of Public Services; Grassroots Democracy; Chengdu

B. 11 TheLivable Tourism Town Construction in Urban Fringe

Yuan Wang / 243

Abstract: Based on the strengths and weaknesses of the traditional tourism towns, this essay is trying to analyze a new town model, the livable tourism town in the suburb area, from the aspects of location, social construction, functional space, spatial structure, landscape and industry. This new town mode is expected to play a positive role in promoting the construction of the new pattern urbanization in China.

Keywords: Tourism Town; Small Town Construction; New-type Urbanization

B. 12 Survey on ThePublic Cost of the New Migrant Citizens:
       For Example of Shunqing District

Xuhong Dai, Juan Wang and Wanqing Sang / 256

Abstract: In the process of promoting the agricultural population transfer citizenization, also faces many challenges. Which cost issue is the need to overcome. The farmers become citizens and incorporated into the process of urban public service system, financial departments at all levels will have to bear much of the spending, there still exist great controversy. Therefore, has the important practical significance to calculate the public cost from the specific expenditure.

Keywords: The Transfer of Agricultural Population; Urbanization; Public Cost

B. 13 Survey on the Employment Wellbeing of Ziliujing's
       Centralized Residence of Rural Residents

Mingming Zhang / 266

Abstract: In Ziliujing District, the new citizens who lived together by industrialization gained more employment wellbeing. But for the farmers that were unwilling to give up their farmland, the level of employment wellbeing was decreased because it is difficult for them to find new jobs at the same time to adapt the urban lives. During the urbanization process, to build a new system for the special group and promote positive psychology is necessary.

Keywords: Centralized Residence of Rural Residents; Employment Wellbeing; Positive Psychology

ⅠB Ⅴ Appendix

B.14 Abstract Chronicle of Sichuan Urbanization Development / 285

皮书起源

"皮书"起源于十七、十八世纪的英国,主要指官方或社会组织正式发表的重要文件或报告,多以"白皮书"命名。在中国,"皮书"这一概念被社会广泛接受,并被成功运作、发展成为一种全新的出版型态,则源于中国社会科学院社会科学文献出版社。

皮书定义

皮书是对中国与世界发展状况和热点问题进行年度监测,以专业的角度、专家的视野和实证研究方法,针对某一领域或区域现状与发展态势展开分析和预测,具备权威性、前沿性、原创性、实证性、时效性等特点的连续性公开出版物,由一系列权威研究报告组成。皮书系列是社会科学文献出版社编辑出版的蓝皮书、绿皮书、黄皮书等的统称。

皮书作者

皮书系列的作者以中国社会科学院、著名高校、地方社会科学院的研究人员为主,多为国内一流研究机构的权威专家学者,他们的看法和观点代表了学界对中国与世界的现实和未来最高水平的解读与分析。

皮书荣誉

皮书系列已成为社会科学文献出版社的著名图书品牌和中国社会科学院的知名学术品牌。2011年,皮书系列正式列入"十二五"国家重点图书出版规划项目;2012~2014年,重点皮书列入中国社会科学院承担的国家哲学社会科学创新工程项目;2015年,41种院外皮书使用"中国社会科学院创新工程学术出版项目"标识。

中国皮书网

www.pishu.cn

发布皮书研创资讯，传播皮书精彩内容
引领皮书出版潮流，打造皮书服务平台

栏目设置：

- □ 资讯：皮书动态、皮书观点、皮书数据、皮书报道、皮书发布、电子期刊
- □ 标准：皮书评价、皮书研究、皮书规范
- □ 服务：最新皮书、皮书书目、重点推荐、在线购书
- □ 链接：皮书数据库、皮书博客、皮书微博、在线书城
- □ 搜索：资讯、图书、研究动态、皮书专家、研创团队

中国皮书网依托皮书系列"权威、前沿、原创"的优质内容资源，通过文字、图片、音频、视频等多种元素，在皮书研创者、使用者之间搭建了一个成果展示、资源共享的互动平台。

自 2005 年 12 月正式上线以来，中国皮书网的 IP 访问量、PV 浏览量与日俱增，受到海内外研究者、公务人员、商务人士以及专业读者的广泛关注。

2008 年、2011 年中国皮书网均在全国新闻出版业网站荣誉评选中获得"最具商业价值网站"称号；2012 年，获得"出版业网站百强"称号。

2014 年，中国皮书网与皮书数据库实现资源共享，端口合一，将提供更丰富的内容，更全面的服务。

法律声明

"皮书系列"（含蓝皮书、绿皮书、黄皮书）之品牌由社会科学文献出版社最早使用并持续至今，现已被中国图书市场所熟知。"皮书系列"的LOGO（ ）与"经济蓝皮书""社会蓝皮书"均已在中华人民共和国国家工商行政管理总局商标局登记注册。"皮书系列"图书的注册商标专用权及封面设计、版式设计的著作权均为社会科学文献出版社所有。未经社会科学文献出版社书面授权许可，任何使用与"皮书系列"图书注册商标、封面设计、版式设计相同或者近似的文字、图形或其组合的行为均系侵权行为。

经作者授权，本书的专有出版权及信息网络传播权为社会科学文献出版社享有。未经社会科学文献出版社书面授权许可，任何就本书内容的复制、发行或以数字形式进行网络传播的行为均系侵权行为。

社会科学文献出版社将通过法律途径追究上述侵权行为的法律责任，维护自身合法权益。

欢迎社会各界人士对侵犯社会科学文献出版社上述权利的侵权行为进行举报。电话：010-59367121，电子邮箱：fawubu@ssap.cn。

社会科学文献出版社